翻译教学与翻译人才培养研究

林韶南 著

北京工业大学出版社

图书在版编目（CIP）数据

翻译教学与翻译人才培养研究 / 林韶南著 . — 北京：北京工业大学出版社，2022.1
　ISBN 978-7-5639-8244-8

Ⅰ . ①翻… Ⅱ . ①林… Ⅲ . ①翻译－教学研究②翻译－人才培养－研究 Ⅳ . ① H059

中国版本图书馆 CIP 数据核字（2022）第 026912 号

翻译教学与翻译人才培养研究
FANYI JIAOXUE YU FANYI RENCAI PEIYANG YANJIU

著　　　者：	林韶南
责任编辑：	任军锋
封面设计：	知更壹点
出版发行：	北京工业大学出版社
	（北京市朝阳区平乐园 100 号　邮编：100124）
	010-67391722（传真）　　bgdcbs@sina.com
经销单位：	全国各地新华书店
承印单位：	北京亚吉飞数码科技有限公司
开　　　本：	710 毫米 ×1000 毫米　1/16
印　　　张：	16.75
字　　　数：	335 千字
版　　　次：	2023 年 4 月第 1 版
印　　　次：	2023 年 4 月第 1 次印刷
标准书号：	ISBN 978-7-5639-8244-8
定　　　价：	72.00 元

版权所有　翻印必究

（如发现印装质量问题，请寄本社发行部调换 010-67391106）

作者简介

林韶南（1981年—），女，籍贯福建福清，研究生学历。2003年开始任教于福建技术师范学院（原福建师范大学福清分校）外国语学院工作至今，现为副教授、日语专业主任，主要研究领域为日语语言学、社会语言学、汉日互译。

主持教育部产教融合协同育人项目一项、省校级横纵向课题项目十余项，在《福建技术师范学院学报》《长春师范大学学报》《钦州学院学报》等期刊上发表学术论文十余篇，著有译著《日语敬语研究》。

前　言

　　翻译教学是为了培养学生的翻译能力而进行的教学与实践活动。随着国际交往的日益频繁，我国对翻译人才数量的需求和质量的要求大大提高。教育部门要求加快推进翻译教学改革，通过组建优质的师资队伍构建新型的翻译人才培训体系，增强翻译者的跨文化意识。我国的翻译人才培养，既要满足经济发展的需要，又要让翻译人才承担起文化交流的重任。这就需要增强翻译人才的跨文化意识，提高其文化沟通能力，促进我国与他国的文化交流。因此，在翻译教学中，使学生具备基本的翻译能力是教学的重难点。

　　全书共八章。第一章为翻译教学的基本理论，主要阐述了翻译的理论基础、翻译教学的界定、翻译教学的理念、翻译教学的价值等内容；第二章为翻译教学的学科设置，主要阐述了翻译教学的学科定位分析、翻译教学中教材编写问题、翻译教学中课程设置问题、翻译教学中专业建设问题等内容；第三章为翻译教学的历史与现状，主要阐述了我国翻译教学的发展历史和国内外翻译教学的现状等内容；第四章为翻译教学的原则与方法，主要阐述了翻译教学的原则和翻译教学的方法等内容；第五章为翻译人才培养的理论，主要阐述了翻译人才培养的理论框架和价值取向以及翻译人才培养的本土化身份重构等内容；第六章为翻译人才的培养目标、模式与路径，主要阐述了翻译人才的培养目标、翻译人才的培养模式、翻译人才的培养路径等内容；第七章为翻译教师的核心素养与能力建设，主要阐述了翻译教学师资的要求、翻译教师的核心素养、翻译教师的能力建设等内容；第八章为翻译教学的未来发展与策略，主要阐述了生态哲学视角下的翻译教学展望和高校翻译教学的发展策略等内容。

　　为了确保研究内容的丰富性和多样性，笔者在写作过程中参考了大量理论与研究文献，在此向涉及的专家学者表示衷心的感谢。

　　限于笔者水平，加之时间仓促，笔者难免存在一些不足之处，在此恳请同行专家和读者朋友批评指正！

目 录

第一章 翻译教学的基本理论 ……………………………………… 1
    第一节 翻译的理论基础 ………………………………………… 1
    第二节 翻译教学的界定 ………………………………………… 31
    第三节 翻译教学的理念 ………………………………………… 34
    第四节 翻译教学的价值 ………………………………………… 36

第二章 翻译教学的学科设置 ……………………………………… 43
    第一节 翻译教学的学科定位分析 ……………………………… 43
    第二节 翻译教学中教材编写问题 ……………………………… 49
    第三节 翻译教学中课程设置问题 ……………………………… 60
    第四节 翻译教学中专业建设问题 ……………………………… 66

第三章 翻译教学的历史与现状 …………………………………… 70
    第一节 我国翻译教学的发展历史 ……………………………… 70
    第二节 国内外翻译教学的现状 ………………………………… 77

第四章 翻译教学的原则与方法 …………………………………… 88
    第一节 翻译教学的原则 ………………………………………… 88
    第二节 翻译教学的方法 ………………………………………… 97

第五章 翻译人才培养的理论 ……………………………………… 131
    第一节 翻译人才培养的理论框架和价值取向 ………………… 131
    第二节 翻译人才培养的本土化身份重构 ……………………… 138

第六章 翻译人才的培养目标、模式与路径 ······ 157
第一节 翻译人才的培养目标 ······ 157
第二节 翻译人才的培养模式 ······ 160
第三节 翻译人才的培养路径 ······ 165

第七章 翻译教师的核心素养与能力建设 ······ 176
第一节 翻译教学师资的要求 ······ 176
第二节 翻译教师的核心素养 ······ 180
第三节 翻译教师的能力建设 ······ 183

第八章 翻译教学的未来发展与策略 ······ 211
第一节 生态哲学视角下的翻译教学展望 ······ 211
第二节 高校翻译教学的发展策略 ······ 243

参考文献 ······ 259

第一章 翻译教学的基本理论

翻译理论是对翻译现象的反思和再反思。学习和掌握翻译理论知识不仅是搞好翻译教学和从事翻译实践的基础，而且是翻译工作者本身必须具备的知识。本章分为翻译的理论基础、翻译教学的界定、翻译教学的理念、翻译教学的价值四部分，主要内容包括翻译的基本内容、中西方翻译理论、翻译的理论基础、翻译教学与教学翻译、翻译教学的重新界定。

第一节 翻译的理论基础

一、翻译的基本内容

（一）翻译的定义

随着世界经济全球化的不断加深，国与国之间的交流日益频繁。翻译作为媒介和信息转换的手段，其重要性也日益凸显。事实上，自翻译活动产生以来，人们对翻译的各种研究就没有停止过。

翻译活动至今已经走过了几千年的历史，可以说，无论是在东方还是西方，翻译活动都源远流长、历史悠久。但是，对于到底什么是翻译，学术界一直众说纷纭，不同的学者有不同的看法。下面笔者将从国外和国内两个视角来介绍不同的学者对翻译的界定。

1. 国外较有代表性的翻译定义

①英国18世纪学者约翰逊（Samuel Johnson）认为，翻译就是将一种语言换成另一种语言，并保持原文意思不变。

②美国翻译理论家尤金·奈达（Eugene A. Nida）认为，所谓翻译，是指从语义到文体，在译语中用最贴近且最自然的对等语再现源语的信息。这是国外比

较有代表性的翻译定义。

③杜波斯（Dubois）认为，翻译是把一种语言（源语）所表达的东西用另一种语言（目的语）重新表达出来，并尽量保持语义与语体方面的等值。

④英国著名语言学家和翻译理论家卡特福德（J. C. Catford）认为，翻译是一种语言（源语）的话语材料被另一种语言（目标语）中的对等的话语材料替代。卡特福德认为，翻译主要有两种存在状态：一种是源语，即译出语；另一种是目标语，即译入语。

⑤纽马克（Peter Newmark）认为，翻译是把一种文本的意义按原作者所意想的方式移入另一种文本。

⑥韦努蒂（Venuti）认为，翻译是译者依靠解释所提供的目的语中的能指链替代构成源语文本的能指链的过程。韦努蒂反传统的"对等"角度对翻译的定义，否定了结构主义所信奉的所指与能指的对应关系，认为能指和所指是可以分裂的，符号与意义之间是不一致的，因此文本意义具有不确定性。在韦努蒂看来，翻译只是用一种表层结构代替另一种表层结构。

⑦图瑞（Gideon Toury）认为，在任何情况下，译文都表现为或被认为是目的语文化中的一种目的语文本。这一定义提出了"目的语文化"这个概念，并使翻译研究的范畴从语言层面向文化层面拓展。

⑧考利（Malcolm Cowley）认为，翻译是一门艺术，它涉及用另一种语言为不同背景的读者重新创作一部作品。

⑨塞杰尔（J. C. Sager）认为，翻译是由外力激发，以信息技术为支撑，随交际方式的变化而变化的一种产业活动。这一定义进一步扩大了翻译概念的外延，将翻译视为一种产业活动，认为其动力来自外部，并以信息技术为辅助手段。

⑩威尔斯（Wilss）认为，翻译是从源语言文本开始的，目标语言文本应尽可能接近对等语言，前提是理解原文的主张和风格。

2. 国内较有代表性的翻译定义

①茅盾认为，文学翻译是用一种语言把原作的艺术意境传达出来，使读者在读译文的时候能够像读原作一样得到启发、感动和美的感受。

②吕俊认为，翻译是一种跨文化的信息交流与交换活动，其本质是传播，是传播学中的一个有特殊性质的领域。

③林煌天认为，翻译是语言活动的一个重要组成部分，是把一种语言或语言变体的内容变为另一种语言或语言变体的过程或结果；或者是把一种语言材料构

成的文本用另一种语言准确而完整地再现出来。

④沈苏儒认为,翻译是把具有某一文化背景的发送者用某种语言(文字)所表达的内容尽可能充分、有效地传达给使用另一种语言(文字)、具有另一种文化背景的接受者。

⑤王克非认为,翻译是将一种语言文字所蕴含的意思用另一种语言文字表达出来的文化活动。

⑥孙致礼认为,翻译是把一种语言表达的意义用另一种语言传达出来,以达到沟通思想情感、传播文化知识、促进社会文明,特别是推动译语文化兴旺昌盛的目的。

⑦林汉达认为,正确的翻译就是尽可能地按照当地语言的习惯,忠实地表达原文中所有的意义。

⑧王以铸认为,好的翻译绝不是把原文的一字一句硬搬过来,而主要是传达原来文章的神韵。

⑨范仲英认为,翻译是人类交流思想过程中沟通不同语言的桥梁,它能够使通晓不同语言的人通过原文的重新表达而进行思想交流。翻译是把一种语言(源语)的信息用另一种语言(译语)表达出来,使译文读者能知晓原文作者所表达的思想,得到与原文读者大致相同的感受。

⑩张今认为,翻译是两个语言社会(language-community)之间的交际过程和交际手段,它的目的是促进本语言社会的政治、经济和文化进步,它的任务是把原作中包含的现实世界的逻辑映像或艺术映像完好无损地从一种语言移注到另一种语言中去。

由此可见,无论是外国学者还是中国学者,都将翻译视作一种文字之间的转换活动。具体来说,这种转换活动具有以下特征:一是在信息和风格上要力求使翻译作品与源语言作品等值;二是这种等值应是尽可能地接近,而不是机械地生搬硬套,一味追求形式上的对等而牺牲某些更重要的东西;三是要注意不同体裁的作品在各个方面的诸多不同,不能千篇一律,要注意各种文体在个性上的差别。

(二)翻译的性质

翻译是什么?不同的人对此问题有不同的看法,不同的看法会产生不同的翻译方法和策略。以下是持不同翻译观的学者对翻译的解释。

语言学翻译观可分为传统型和当代型两种。

传统型语言学翻译观以19世纪以来的传统语言学理论为基础研究翻译问题。

例如，英国的语言学家卡特福德认为"翻译是一项对语言进行操作的工作，即用一种语言（SL）中的文本（text）来替代另一种语言（TL）的文本的过程"。我国翻译家张培基认为"翻译是用一种语言把另一种语言所表达的思维内容准确而完整地重新表达出来的语言活动"。苏联语言学家巴尔胡达罗夫则认为"翻译是把一种语言的连贯性话语在保持其内容（意义）的情况下，改变为另一种语言的连贯性话语的过程"。

当代语言学翻译观主要受当代语言学的影响，把研究的观点从语言本身扩展到交际语境、语域、语用等领域，认为翻译是一种交际活动，进而从语言的功能和交际的角度来研究翻译，一般注重的是翻译信息而不是文字，目的是与接受者沟通。在西方翻译理论上，持交际翻译观的代表人物之一是尤金·奈达。奈达认为"翻译就是在译入语中再现与源语的信息最贴近的自然对等物，首先是就意而言，其次是就文体而言"。这条定义常常被人们引用。奈达认为，理想的译文应该由读者的反应来衡量，即译文读者对译文的反应应该与原文读者对原文的反应大致相同。我国翻译理论家刘宓庆则认为"翻译的实质是语际的意义转换"。蔡毅也认为翻译的定义应该是"将一种语言传达的信息用另一种语言传达出来"。

文艺学翻译规则从文艺学的角度来解释翻译。持文艺学翻译观的学者们认为，翻译是艺术创作的一种形式，强调语言的创造功能，讲究译品的艺术效果。巴斯奈特（Bassnett）、兰伯特（Lambert）、拉斐维尔（Lefevere）等人是典型的文艺学派，他们认为"翻译就是对原文重新摆布"。在我国，持文艺学翻译观的学者也很多。例如，傅雷的"神似说"和钱锺书的"化境说"。傅雷认为"以效果而论，翻译应当像临画一样，所求的不在形似而在神似"。钱锺书在《林纾的翻译》一文中提出，"文学翻译的最高理想可以说是'化'。把作品从一国文字转变成另一国文字，既不能因语言习惯的差异而露出生硬牵强的痕迹，又能完全保存原作的风味，那就算得入于'化'境"。

文化学翻译规则以文化为重点来研究翻译。持文化翻译观的学者们认为，翻译不仅是语言符号的转换，而且是一种思想文化的交流，如"翻译是将一种语言所蕴含的意思用另一种语言文字表达出来的文化活动"（王克非），又如"翻译是跨语言、跨文化的交流"（沈苏儒）。不少西方学者使用"跨文化"来形容翻译这一活动。如斯内尔－霍恩比（Snell-Hornby）把翻译看成"是一种跨文化的活动"。又如巴斯奈特和拉斐维尔认为，"翻译研究进入20世纪90年代，其历史性的转折点是文化研究"。

从以上持不同翻译观的学者和翻译理论家对翻译的定义或解释来看，翻译过程不仅涉及两种语言，而且涉及两种文化。由此可见，翻译既是一种语言活动，也是一种文化活动。语言是文化的载体。翻译是通过语言机制的转换连接或沟通自身文化与异国文化的桥梁。

（三）翻译的标准

翻译标准是翻译理论中的核心问题。翻译标准是衡量译文的标尺，也是指导翻译实践的准则。关于文学作品翻译的标准，在翻译界一直被作为一个重要问题在探讨，历来也是大家争论不休的话题。古今中外，不少学者都对翻译标准提出了自己的观点，对翻译标准下的定义也是十分丰富，对翻译标准的论述也非常广泛。

然而，对于翻译，目前并没有确立一个被大家广泛认可的标准。历史上，有很多翻译名家，他们提出的翻译标准在翻译史上曾经产生过相当大的影响，但是他们提出的标准仍然未能"一统天下"。随着历史的演进和社会的发展，尤其是不同文化之间交流的加深和共享，翻译的标准逐步变为一个动态的因子。广泛的交流一方面为翻译理论研究带来了一定的困难，另一方面也带来了翻译理论研究的繁荣与发展。关于翻译标准的讨论，我国早在汉唐时期就有"文"与"质"之争。主张"文"的翻译理论家们强调译文的修辞和通顺，即译文的可读性；强调"质"的翻译家们则强调翻译的忠实性。

其实，任何单纯地强调"文"或"质"的观点都有其片面性。三国时期，支谦在其翻译的《法句经序》中就提出了翻译标准——当令易晓，勿失厥义，即翻译出来的东西一定要让人容易懂，而且不要失掉原文固有的意义。

后来，钱锺书先生做过考证，认为严复在翻译《天演论》时提出的翻译之"信、达、雅"即由此而生。

1. 严复的"信、达、雅"标准

1898年，严复提出"信、达、雅"的翻译标准。严复在其著作《天演论·译例言》中说，译事三难为信、达、雅。

严复认为，合格的译文不仅要忠实原文，而且语言要流畅。严复在"译事三难"中引用《易经》中的"修辞立诚"、《论语》中的"辞达而已"和"言之无文，行之不远"，说明此三者乃"文章正轨""译事楷模"，缺一不可。作为知名的学者和翻译家，严复在其译著中不可能不留下他自己的鲜明风格。一方面，他从小饱读诗书，对传统文化烂熟于胸，他的身体里流淌着的是中华民族灿烂文化的血液；另一方面，他在英国研究过西学，深受西方工业文明的影响，头脑中也有西方文明的思潮。严复的翻译作品，既传播了学术思想启蒙了国人，又必然带有他作为学者的风范和那个时代文化的烙印。他的译文古雅雕琢，文言味十足，充分显示出其深厚的古文功底。

严复提出的"信、达、雅"翻译标准之说对我国翻译界影响极大。一个世纪以来，我国译界对于严复的翻译标准提出了一些不同的解读。"信"和"达"标准至今还在沿用。翻译之所以称为"翻译"而不是"文学创作"，首先必须要做到"信"，即译文一定要"忠实于"原文，这是翻译的底线。至于"达"，就是要用目的语做到译文通顺、符合逻辑和语法规则，用这些把原文的意思流畅地予以表达。关于"雅"，有很多译者对此标准持有不同的态度。他们认为译文应该与原文在风格上保持一致：原文高雅，译文也应高雅；反之，原文粗俗，译文也应译得粗俗。这就是对"雅"这一标准持怀疑态度的原因。因此，他们认为严复的"信、达、雅"翻译标准有其片面性。

2. 傅雷的"神似"主张

1951年，我国翻译家傅雷先生提出了"神似"的翻译主张。他认为："以效果而论，翻译应当像临画一样，所求的不在形似而在神似。"他的这一主张提出以后，中国译学界很多人表示赞同。"神似说"是另一种有实用价值的文学作品翻译标准。那么，究竟什么是"神似"呢？罗新璋先生对此曾做过解释，他说："'神似'，也即'传神'，顾名思义，就是传原文的精神，透过字面，把字里行间的意蕴曲达以出……'神似者，妙语原文而为译者也。'"

"神似"是文学作品翻译的最高境界，有助于破除形式主义的翻译倾向。"神似说"提醒广大译者，千万别满足于交出一篇字面意思准确但是艺术上平淡无奇的文学译作，而应该向更高的目标努力。尽管如此，"神似"主张也有其片面性。因为仅提"神似"而不提"形似"，就会助长片面强调"神似"的风气。因此，在具有一定前提的条件下，我们不妨把"神似"当作文学作品翻译的一条标准使用。

3. 钱锺书的"化境"说

1964年，钱锺书先生在《林纾的翻译》中指出："文学翻译的最高标准是'化'。把作品从一国文字转变成另一国文字，既不能根据语义习惯的差异而露出生硬牵强的痕迹，又能完全保存原有的风味，那就算得上'化境'。"钱锺书先生提出的"化境"说也可以作为文学作品翻译的一条标准。这条标准既针对译文的艺术内容提出了要求，又针对译文的语言形式提出了要求，可以说是用文学家的语言对翻译的真实性原则和艺术性原则都做出了清楚的诠释。

4. 泰特勒提出的三大翻译原则

18世纪英国翻译理论家泰特勒（Tytler）在他的《翻译原理简论》中提出，翻译必须遵循三大原则：①译文应该完整地传达原作的思想；②译文的风格与笔调应和原作相同；③译文应与原作同样流畅。

一直以来，古今中外译界学者都苦苦求索一个能够得到广泛认可的翻译标准，以期能指导翻译过程，客观评价翻译作品的优劣，为译界新人提供翻译指南。以上所列的这些标准都对翻译和翻译研究产生了重要影响，促进了翻译研究的发展。文学翻译的标准，究其根本，主要应遵循忠实、通顺、神似、格调一致的原则。翻译是通过信息加工给译语读者提供信息，翻译毕竟不是创作，顶多算是二次创作。翻译的性质决定了它必须忠实、准确地传达出原作的精神风貌，而不能随心所欲、任凭译者自由发挥。

因此，译文应该忠实于原文，遵循忠实性法则。而对于文学翻译者来说，仅忠实与通顺是远远不够的。一个没有独特风格的作品很难被广大读者接受，正如一个人没有个性就难以被人注意到。译者给翻译的作品以风格，原作中人物的形象才会跃然纸上、栩栩如生。在文学翻译中，译者应力求传达或再现原作的这种精神风貌，使其具备原创文学所包含的各种功能和特性。这意味着译作不仅要传递信息和实现交际目的，还要展现原作的审美、教育、感化等多种功能。总之，文学是艺术，翻译文学也要具备艺术的特点。

综上所述，文学翻译是形象的翻译、艺术的翻译、审美的翻译，而审美活动是无法用"准确"的标准来衡量的。实际上，译者在翻译中所采取的每一个策略都基于自身的审美意图和审美标准。在此意义上，翻译标准是译者在长期翻译实践中所形成的审美原则，也是译者翻译技艺的组成部分。

（四）翻译的分类

1. 不同视角下的分类

"翻译"这个术语是一个笼统的概念。从广义上来讲，翻译包括语言和非语言符号之间的转换。我们要讨论的翻译一般集中在语言上，就是将某一语言活动的言语产物转换到另一种语言中去。一般来说，整个翻译活动可以按照不同的处理方法把翻译分为若干类型。

就翻译所使用的源语和目的语而言，翻译可分为语内翻译（intralingual

translation）、语际翻译（interlingual translation）和符际翻译（intersemiotic translation）。语内翻译是指在同一种语言内部的不同语言变体之间进行翻译。例如，将古代汉语译为现代汉语、上海话译为普通话、四川话译为广东话等。语际翻译就是把本族语（native language）译为外族语（foreign language），或将外族语译为本族语。例如，将汉语译为英语、将德语译为汉语等。符际翻译是指各种非语言符号之间的转换。例如，当我们处在一个陌生的语言环境中，尽管自己不懂该环境的语言，但当我们看到公路上的红绿灯亮了，仍能解读出其含义。

就翻译的活动方式而言，翻译可分为口译（interpreting）、笔译（translation）、机器翻译（machine translation）和网络翻译（online translation）。口译多用于外交会晤、经贸谈判、学术研讨和参观游览等场合。笔译多用于公文往来、商务信息、科学著作和文学翻译等活动。机器翻译主要利用计算机和其他设备进行，人工只起辅助作用。网络翻译则是随着计算机网络的普及而发展起来的一种新兴、快捷的翻译方式，主要依靠网络进行。

就翻译材料的文体而言，翻译可分为新闻文体、科技文体、应用文体、文学文体和论述文体。新闻文体包括新闻报道、电讯、新闻评论等。科技文体包括科学著作、实验报告、情报资料、设备和产品说明等。应用文体包括广告、启事、通知、契约、合同、公函、私信等。文学文体包括小说、散文、诗歌、戏剧等。论述文体包括社会科学著作、政治文献、演说报告等。

就翻译活动的处理方式而言，翻译可分为全译、节译、摘译、编译。全译就是把原文原封不动地照译出来，译者不得任意增删或自行改动，但必要时可加注说明或加序评论。节译就是根据原文内容把原文的部分内容进行翻译，但应保持原作内容相对完整。摘译就是译者根据实际需要摘取原文的中心内容或个别章节进行翻译，内容一般是原作的核心部分或内容概要。编译是指译者在译出原文的基础上以译文为材料进行编辑加工。

就译文文字的表达方式而言，翻译主要可分为直译和意译。

2. 雅各布森的分类

美国语言学家、翻译理论家罗曼·雅各布森（Roman Jakobson）认为，翻译是用另一种语言解释原文的语言符号。他在《论翻译的语言学问题》（*On Linguistic Aspects of Translation*）中，从语言学和符号学的角度，按所涉及两种代码的性质，将翻译分为语内翻译、语际翻译和符际翻译。可以说，这三种类型的翻译几乎包括了一切语言交际活动。

（1）语内翻译

语内翻译是用同一语言的另一符号来阐释其言语符号。换句话说，语内翻译是同一语言不同语言变体间的翻译，如把用古英语写的《贝奥武夫》译成现代英语，把用古汉语写的《史记》译成现代汉语，把客家话译成普通话，把黑话、行话译成普通语言等。简言之，语内翻译就针对语言材料用同一种语言换一种说法，即重新解释一遍。语内翻译包括古代语与现代语之间、方言与民族共同语之间、方言与方言之间的转换。英语学习中解释疑难句子常常用到的 paraphrase 其实也是一种语内翻译，即同一种语言内部的翻译。

语内翻译不一定要指向某个预设的真理，它还可以沿着不同的路线导向不同的目的地。唯一能够确定的是，对同一文本的阐释有着共同的出发点。在某种程度上，语内翻译不需要将意指对象完整、真实地显现出来，它仅是一种表现形式，体现着人类精神相互沟通和相互阐发的过程。而正是人类精神文化的不断沟通和阐发才使人类文化不断丰富起来。

（2）语际翻译

语际翻译是运用另外一门语言的符号来阐释言语符号。换句话说，语际翻译是一种语言的符号与另一种语言的符号之间的口头或笔头的转换，如英译汉、汉译英等。实际上，语际翻译也就是人们通常所说的真正意义上的翻译，也可以说是狭义的翻译。

语际翻译是对原文符号在另一种文化中的解读，原文中所有的符号都置身于一个宏观的文化背景中，或者说是"非语言符号体系"中。要想达到语际翻译层面的对等，就要使处于源语文化中的符号在目的语文化中得到正确的解读与传译。

从符号学的角度来讲，一个语言符号的指示意义由三种意义共同构成：语义意义、句法意义和语用意义。如何准确地传达出这三种意义便是实现语际翻译的重点所在。

（3）符际翻译

符际翻译就是运用非言语符号系统来阐释言语符号。也就是说，符际翻译是语言与非语言符号间或非语言符号间的翻译，如语言与手势语间的翻译、英语与计算机代码间的翻译等。数学符号、音乐符号、美术符号、手势语与旗语间的翻译等都属于符际翻译。例如，数学公式 $s=vt$，表示的意思是路程等于速度乘以时间。

南京大学外国语学院教授许钧指出，所谓符际翻译就是人类掌握的语言文字、音乐、绘画、舞蹈等几种符号之间的翻译。这需要译者通过感知领悟音乐、绘画、文字和数理等符号系统。一般来说，译者掌握的符号越多，其符号之间的翻译能力就越强，感知世界的能力也就越强。

可见，符际翻译是指原文符号在非言语层面上的解读。它并不传递原文的意义，而是传递对原文的直接感觉，是对基于图像符号意义本身的特性的翻译。具体来说，符际翻译对等表明了原文与译文的一些相关的物理特征。在翻译实践中，英汉差异使译文在长度、标点符号使用上难以达到对等，但在符际层面上至少要达到外观结构上的大致对等。

（五）翻译的意识

"意识"一词在翻译中，主要指译者感觉某种必要性或可能性的能力。它是理论和技巧在实践中得到适当运用的一个必要条件，也是弥补语言能力、国情文化知识、专业技术知识不足的一个重要因素。翻译的意识大致可归纳为四种，即寻知意识、求证意识、趋佳意识和创新意识。

1. 寻知意识

译者的知识面是决定译文水平的一个重要因素。译者知识的不足往往导致其译作成为他人笑话的错译或乱译。对翻译来讲，知识面的不足不是最可怕的缺陷，可怕的是不懂装懂、"无知加无畏"的翻译态度，这样的态度缺少了译者应有的起码意识——寻知意识。

寻知意识要求译者在遇到不知道、不理解或不清楚的知识和语言现象时，能够及时地感觉到寻知的必要性，运用各种手段使问题得到解决之后再来翻译。不仅是语言外的知识，面对纯语言现象也是这个道理。

满足于似懂非懂，硬着头皮去译，想当然地去译，是初学翻译者常见的问题，其实质就是缺少寻知意识。所以，培养学生的寻知意识是翻译教学中绝对不能忽视的一个环节。

2. 求证意识

第一感觉也称直觉，往往是译者处理具体词句的出发点。但由于种种原因，如源语接受能力不强、对文化差异不够了解、粗心大意等，会使译者的第一感觉常常有可能是不正确或不完美的。这就要求译者不能满足于第一感觉而惰于验证，而要根据上下文及原文以外的各种参照物对直觉提供的方案加以验证，从而确认有无必要重新理解原文或选择另外的翻译手段。这种及时地对第一选择产生怀疑并感觉到验证之必要的能力,就是我们所说的求证意识。

翻译工作者不仅要在练习和实践中注意培养自己的求证意识,在阅读他人译作时也应在这方面多下功夫。因各方面因素所限,前人译作中难免有理解错误和表达不当之处。因此,翻译工作者一旦对他人译文的正确性产生怀疑,就要想方设法证实自己的怀疑是否有道理。这样做不仅可以避免盲目地接受原作,而且对翻译工作者本人翻译意识的培养和翻译水平的提高也大有益处。

3. 趋佳意识

下棋有俗手和妙手之分,翻译也应有俗笔和妙笔之论。所谓俗笔,指的是满足达意,而不在句子之通畅凝练、用词之精雕细琢、语气之贴切无误上有所追求的译文;而所谓妙笔,则是不满足于一般处理,在遣词造句上仔细斟酌、反复推敲后得到的翻译佳作。如果译者没有趋佳意识,如此佳作是很难得来的。趋佳意识是译者在翻译过程中及时感觉到现有方案的不足并进而寻找最佳方案的能力。要培养这种意识,译者首先要常常自问:是否这么译就可以?还有没有其他的处理方法?相比之下哪种方法更好?长此以往,译者就能逐渐戒除满足于一般性处理的不良习惯,减少译文中的俗笔和败笔。

趋佳意识的培养,不仅对提高译者的翻译水平有极大作用,而且对翻译技巧的总结和翻译理论的发展也有很大的促进作用。大量翻译技巧都是翻译界前辈在趋佳意识的支配下摸索出来的,而新的翻译理论的提出也往往以趋佳意识为主要动因。在文学作品尤其是诗歌的翻译中,趋佳意识是保证译文质量的重要主观条件。

4. 创新意识

翻译是一种具有很高创造性的活动,文学翻译如此,其他翻译亦如此。一方面,翻译过程中出现的大量复杂问题,仅依靠现已确定的语际对应关系、仅采用简单的技术操作是难以解决的。译者常常要考虑有无必要寻找非语际对应手段。另一方面,由于语言的发展,尤其是译语的发展,原来确定的语际对应关系以及原来常用的某些具体翻译方法,有可能逐渐过时,译者应随时准备自行确立新的语际对应。

一般说来,临机创新所包括的范围比较广,只要译者使用的是现有语际对应(主要指词义对应和语法对应)以外的手段,即可归入此例。但临机创新不是随心所欲的乱译,起码要符合下面两个条件:一是在原有语际对应不便搬用的情况下有创新的必要;二是创新的结果不造成交际效果的差异。为创新而创新,脱离原文的客观规定性而盲目创新,可能比守旧更加有害。因此,我们所说的创新意识，要求译者要有"剑胆琴心"，胆大而心细。也就是说，临机创新的基础是译者对原文内容的透彻理解和对其交际功能的准确把握。只有在此基础上发挥译者的创造力，才可能使复杂问题得到比较圆满的解决。

定式创新分为两类：一是源语中某一句式或结构在译语的既有对应定式已经过时，需要寻找和确定新的对应形式；二是译语中根本没有确立定式对应，需要立新创造。无论哪种情况，都要求译者有很强的定式创新意识。一般来说，译者先是在解决某一具体问题时发现创新的必要，进而感觉到这种创新是否具有普遍性，然后通过类比和归纳，总结出相对固定、相对常用的新的对应关系。

这里所说的创新，不必是前所未有的发明创造，只要译者发现并运用了自己从前没有掌握的对应关系，便体现了译者的创新意识。

上述四种翻译意识之间有着紧密的相互联系，不能孤立地理解和运用。寻知意识是译者正确理解和深入把握原文的先决条件，求证意识有助于译者自觉地验证自己对原文的理解是否正确、处理方案的选择是否得当，趋佳意识可促使译者由此及彼地推敲和寻找最佳方案，创新意识则支配译者穷则思变，在看似没有理想方案的情况下创造出理想的方案来。四种意识环环相扣，构成了翻译思维和翻译心理的一条重要轴线，是保证译文质量的重要主观因素，也是翻译理论和翻译技巧在实践中得到恰当运用的重要保障。因此，译者翻译意识的培养，不仅是一个亟待解决的理论问题，而且是翻译教学面临的一个重大实践课题。

（六）翻译的基本要求

翻译是一种极其古老的人类活动形式，在人类历史上刚刚形成一些语言不同的集团时，就出现了帮助语言不同的群体之间进行交往的"双语人"。可以说，翻译从一开始就肩负了重要的社会功能，使人们的语言交往成为可能。其实说到翻译，大概总离不开这十二个字：辩证论译、实践出艺、才学打底。不管当今的译论如何繁多、如何精彩纷呈，也不管今后翻译如何发展，新术语如何层出不穷，抑或引进多少令人炫目的新系统、新模式，都要始终坚持这十二个字。因为它们是翻译的纲领，可以用来指导人们的翻译教学、实践与理论研究。

翻译是一种语言活动，其应用范围极其广泛，涉及人们生活的方方面面。如引进外国的家用电器、医药食品、护肤化妆品等产品时需要翻译使用说明书；撰写论文时要摘译一些国外文献、书籍的部分篇章或段落；随着国际交往的日益增多，尤其是在我国加入世界贸易组织之后，国际经济交往日趋频繁，再加上科学技术的迅猛发展，翻译需求不断增加。今天，翻译要求译者不仅拥有扎实的外语基本功，而且拥有本国语的语言基础和丰富的文化知识。

译者的语言素养是翻译质量最基本的保证。英国文人约翰逊博士曾说，译者必须精通两门语言，他的语言知识必须严谨，他的本国语知识必须实用。

鲁迅也说过："我向来以为翻译比创作容易，因为至少无须构思，但到真的一译就会遇到难关，比如一个名词或动词写不出，创作的时候可以回避，翻译上却不成，也还得想，一直想到头昏眼花，好像在脑子里摸一把急于要开箱子的钥匙，却没有。"这段话明确地告诉译者，翻译无法回避原文，要完整地、不折不扣地再现原作的风采。

随着文字的产生，除做口译的人外，又出现了笔译工作者，他们翻译各种官方的、宗教的和商业的文件以及各民族的精神文化成果。笔译的推广使人们能够广泛地了解其他民族的文化成果，使不同民族的文化能够互相作用、互相丰富。翻译在许多民族语言和文学的形成和发展中起了重要作用，一类作品的出现往往以翻译为先导。

众所周知，翻译是一门涉及问题较多、较复杂的学科，这是由以下因素导致的：①翻译范畴的不确定性；②翻译体裁的多样性；③翻译内容的广泛性；④翻译主体对客体理解的差异性；⑤译者时空位置的变化性；⑥译文读者口味要求的不同性等。诸多变化的因素，决定了翻译是一门跨学科、跨文化的综合学科。

翻译涉及哲学（翻译学的指导学科）、语言学、符号学（语言学和符号学是翻译学的两大主要基础学科）、心理学、文化学、文艺学、美学、社会学、人类学、系统论、信息论等。翻译作品介绍了新的语言形式和文学形式，培养了广大读者。不少欧洲国家的语言和文学方面的成就应归功于古典作品的翻译，翻译在古代俄罗斯文学中占有重要地位，在其他许多民族文学的形成过程中也发挥了重要作用。翻译对东方的印度、中国以及亚洲其他国家文化发展也具有重大贡献。

翻译是人类社会发展到一定阶段产生的一种必不可少的语言中介手段，它是一种社会现象，是一种语际交际。因此，翻译所提出的问题，所遇到的矛盾，往往是多领域、多方位、多层次的。这就是为什么有的学科可以列举出很多定理、公式，而翻译中的几乎每一个重大问题都存在争论、分歧，长期得不到解决，始终没有一个"放之四海而皆准"的"翻译模式"被世人普遍接受与认同。

翻译是把一种语言话语转换为另一种语言话语的行为，但并不是任何语际转换都是翻译。也就是说，翻译或语际转换必须严格控制在一定范围之内，超出这个范围，就不能称为翻译了。既然是翻译，那么在用译语话语替换源语话语时必须保留某种不变的东西，保留的程度决定译文和原文的等值程度，而翻译的目的是尽可能使不懂原文的读者了解原文的内容。换言之，翻译应当忠实而完整地用另外一种语言的手段传达原文语言手段表达的内容。

译者在翻译途中经常会遇到陷阱，包括语言陷阱、文化陷阱、历史陷阱等。译者稍有不慎，就会身陷其中，出现译文有悖原文的错误。同时，译者常常会遇到"剪不断，理还乱"的各种关系与矛盾。这些关系与矛盾表达得是否确切与完整是翻译同改写、转述或简述等的区别所在。但是，保持原文表达的内容只是相对而言，在语际转换中不可避免地会有所损失。也就是说，译文绝不可能与原文百分之百地等值，翻译只能争取尽可能等值，争取把损失减少到最小。

二、中西方翻译理论

（一）西方翻译理论

西方翻译理论迄今已有两千多年的历史，大体可以分为古代至中世纪、文艺复兴时期、近代及现当代四个阶段。

1. 古代至中世纪的翻译理论

（1）西塞罗的翻译理论

经过大量翻译实践活动的西塞罗（Marcus Tullius Cicero）毕生对社会多流派、多阶层、多方面的文学巨制进行过翻译，其中包括《荷马史诗》以及柏拉图的《蒂迈欧篇》等。

《论最优秀的演说家》与《论善与恶之定义》两部作品体现了西塞罗的主要学术观点。在前部著作中，他把翻译分为"演说者"翻译和"解说者"翻译两种类型。这部著作呈现出西方翻译史上最具有代表性的原始语言风格。而在后部著作中，一种灵活多变、富有创新意义的文学翻译方式开始展现，也就是意译的方法。因此，在西方翻译史上，西塞罗被誉为第一位翻译理论家。

（2）贺拉斯的翻译理论

《致皮索兄弟书简》（又名《诗意艺术》）集中体现了贺拉斯（Quintus Horatius Flaccus）的翻译思想，其中"忠于原作品的翻译者不会逐字翻译"，在后世成了对直译和死译进行批评的重要理论。

西塞罗的翻译理论被贺拉斯所认可，他认为，翻译应该尽可能意译，但是自由翻译与胡乱地随机翻译显然不同。同时，他高举希腊翻译典范的大旗，鼓励翻译者去创造、去发挥。他的理论以一种平和的方法以及众人可接受的语言风格成为那个时代的翻译原则,对思想解放时期的很多译者起到了重要的指导作用。

(3)昆体良的翻译理论

昆体良(Marcus Fabius Quintilianus)一生虽然著有三部文学典籍,然而不幸的是,如今仅有《修辞学原理》保留了下来。

总体而言,昆体良的翻译理论观点如下:①翻译可分为直接翻译和意译两种类型;②翻译和解释是两种不同的理论;③如果创造性的意译能够提高翻译的可读性,那么翻译时应该以此为主要方法。

2. 文艺复兴时期的翻译理论

(1)马丁·路德的翻译理论

马丁·路德(Martin Luther)是德国宗教改革领袖和翻译家。他根据希腊原文翻译的《新约》和根据希伯来语翻译的《旧约》先后于1522年和1534年出版,其德语译本《圣经》成为德语的典范,对德国民族语言的发展产生了空前的影响。此外,他翻译的《伊索寓言》也具有极高的文学价值。他对译论的杰出贡献在于:①他主张用通俗明了、能为广大民众所接受的语言翻译。他坚持人文主义的语言观,认为不同的语言无法在结构、词汇上求得完全等同。既然《圣经》的读者对象是人民大众,那么"翻译中必须使用地道的德语,而不用拉丁语化的德语",摆脱了《圣经》只能用拉丁语直译的传统原则。②他认为,只有使用意译才能在某种程度上再现原文的形式、风格和精神实质。③他提出,译者应尊重原文,深刻理解原文的精神实质。为了再现原文的精神实质,译者可以增补原文字面上没有但字里行间蕴涵的意义。④他认为,翻译应依靠集体的智慧,集思广益。⑤他提出了翻译应遵循的七条原则:可以改变原文词序;可以运用语气助词;可以增补连词;可以省略;可以用词组替代单词;可以将比喻改为非比喻用法,反之亦然;注意文字的变异和翻译的准确。

路德的译论吸取了荷兰翻译理论家伊拉斯谟的研究成果,并将伊拉斯谟的语言学方法应用于对《圣经》的解释,认为这是理解原文的关键。在路德之后,法国的多雷、英国的诺斯、荷兰德和查普曼等译论家,都为民族语言的翻译活动进行了理论上的探索。他们的成果使古典译论冲破中世纪宗教势力的樊篱,向近代译论顺利过渡。

(2)多雷的翻译理论

多雷(Etienne Dolet)曾编辑过柏拉图的《对话录》,发表有翻译论文《论如何出色地翻译》,对翻译事业的贡献卓著。他认为,翻译水平的高低体现在以下几点：①译者应该对原作者所表达的主题思想有所了解；②译作不应该破坏原作风格的和谐，所以译者要熟练把握源语言和目标语言的使用；③译作应该对原文排序有所协调；④译者的翻译文字要尽可能地接地气；⑤不能生搬硬套，刻板地按字词句进行翻译。

3. 近代翻译理论

（1）歌德的翻译理论

在整个欧洲翻译界，有几个翻译极佳的作品，如切利尼的《切利尼自传》、狄德罗的《拉摩的侄儿》以及卡尔德隆的一些戏剧翻译，它们皆出自歌德之手。

歌德的翻译理论可概述为以下几点：①不管原作文艺程度如何，最好使用明朗的散文体来翻译；②不同文化之间的共性是翻译传播的发生条件；③翻译在世界交际活动中是极为重要的组成部分；④可以把翻译归为三大类：逐字翻译；意译；改编性的翻译。

（2）洪堡的翻译理论

洪堡（Humboldt）的作品有《按语言发展的不同时期论语言的比较研究》以及《论人类语言结构的差异及其对于人类精神发展的影响》，这两部作品对后世都有深远影响。

洪堡指出，辩证关系源于翻译活动中的可译性和不可译性。翻译的第一要务是忠于原作，但是这种"忠"不是计较翻译中多余的小细节，而是必须指向原文的真实特征。此外，他的突出贡献是"二元论"的语言视角。近现代翻译理论的基础就是在吸收了洪堡、索绪尔等现代语言学家研究的语言二分法理论的基础上形成的。

（3）泰特勒的翻译理论

泰特勒在18世纪末发表了《论翻译的原则》，在该书中提出了对翻译界影响深远的"三原则"：①译者应该将原作的中心情感表达出来；②原文中的语言风格和修辞手法应该被保留下来；③行文流畅是对译者的基本要求，此外还应保持文学的连贯可读性。

在泰特勒看来，一位能力较强的译者本身就应该诗书满腹，凭自己的才华来满足受众的阅读要求，而那些关于原作中的习语的问题应要求译者使用与他们所处时代相称的写作风格以及讲话方式。

作为一部全面、系统的翻译理论，《论翻译的原则》无疑在西方翻译理论史上画下了浓墨重彩的一笔。

4. 现当代翻译理论

（1）语言学派

①奈达。奈达是语言学派最具代表性的灵魂人物之一，被公认为是现代翻译理论领域的先驱。奈达从 1945 年开始发表著作，共发表了 250 多篇文章，40 多部著述。这些作品不仅数量多，而且拥有完美的系统、详细的审查、高质量的水平，这在西方翻译理论史上是前所未有的。

《论〈圣经〉翻译的原则和程序》是奈达在 20 世纪 50 年代发表的，这篇作品的问世使西方语言学派开始注重"科学"翻译研究。奈达首次提出"翻译的科学"这一理念，"翻译科学派"的称号也由此产生。

此外，奈达首先提出了"动态对等"的翻译原则，在此基础上提出了"功能对等"的原则来呼应语言交际功能和社会语言学的观点。此原则在西方翻译理论领域扮演着举足轻重的角色。

②雅各布森。雅各布森于 20 世纪 50 年代末发表了《论翻译的语言学问题》，开创性地引入了语言学、符号学，使翻译学更加科学、合理。《论翻译的语言学问题》为当代语言学派翻译研究的理论方法提供了指导，被当作翻译研究经典流传于世。

此外，雅各布森是第一个对翻译进行分类的人，他认为翻译应该分为三种类型——语内翻译、语际翻译与符际翻译，以便人们更好地理解翻译的本质，这对译者群体产生了深远的影响。

雅各布森的语言功能理论不仅为理论层面做出了贡献，而且在实践层面也深有研究，如探讨了语言的意义、等值、可译性和不可译性问题，从而为翻译研究开创了一种新的语境模式，推开了 20 世纪翻译研究的语言学派的大门。

（2）功能学派

①莱斯。莱斯（Katharina Reiss）是德国翻译功能学派早期的先驱人物之一，他的学生也非常有名，如费米尔（Hans Vermeer）、曼塔利（Justa Holz Manttari）和诺德（Nord）。

莱斯在 20 世纪 70 年代初期发表了《翻译批评的可能性与限制》一书，书中创造性地在翻译批评领域引进了功能范畴，使以原文与译文功能关系为基础的翻译批评模式得以发展。这笔者的问世开创了一门新的翻译学派，即功能学派。

莱斯把语篇分为三种类型，即重形式（form-focused）文本、重内容（content-focused）文本、重感染（appeal-focused）文本，并认为应使用适当的翻译方法来处理不同类型的文本。此外，他认为，确定目标文本形式的因素是可以在目标范围内实现的功能和目的，而功能是可以改变的，以满足不同的接受者的需要。这种分类对有效地连接文本的概念、翻译的类型和翻译的目的有很大的帮助，并为完整的功能翻译理论的形成提供了理论指导。

②费米尔。费米尔是莱斯的学生，其对莱斯的语言学和翻译理论进行筛选，取其精华，去其糟粕，开创了目的论。

费米尔提出，翻译不仅是语言符号的简单转换，而且是一种非言语行为。因此，在与莱斯合著的《普通翻译理论基础》中，费米尔为翻译目的论提供了一个基本理论。翻译目的论的理论意义是深远的，功能学派有时被称为"目的学派"。

③曼塔利。曼塔利提出了翻译行为理论，并提出了功能翻译理论。他的学术观点体现在1984年出版的《翻译行为理论和方法》一书中。曼塔利认为，翻译功能与原文功能不同，"功能变化"是译者主体性的体现。因此，译者在翻译过程中是不可或缺的，是跨语言转换的执行者。

（二）中国翻译理论

1. 古代翻译理论

中国古代的翻译理论大多产生于两个时期，一是东汉到北宋时期，二是明末清初时期。这两个时期出现了很多翻译学者，涌现了很多重要的翻译理论。下面笔者就其中的几个代表人物及其翻译观点进行介绍。

（1）支谦的翻译理论

支谦又名支越，字恭明，东汉末年被孙权拜为博士，是三国时期的佛经翻译家。支谦曾从支谶及其弟子支亮学习佛教，他们三人在当时被认为是最有学问的人，世称"天下博知，不出三支"。在几十年的时间里，支谦搜集了各种原本和译本的佛经，未译的补译，已译的订正，共译出佛经《大明度无极经》《大阿弥陀经》等八十八部、一百一十八卷，创作了《赞菩萨连句梵呗》三契。

支谦的《法句经序》是我国现存最早的翻译理论性质的文章。在文中，支谦提出翻译不是一件容易的事，并表达了自己倾向于"文"而不是"质"的态度。作为有资料可考的我国传统译论中最早的一篇，《法句经序》在我国译论史上是具有开篇意义的。

支谦的翻译以大乘"般若性空"为重点，被认为是继安世高之后的译经大师。支谦除自己翻译佛经外，还与他人进行合译并开始在译文中加入译注。此外，支谦首创"会译"的体裁。他曾把《无量门微密持经》和两种旧译对勘，区别本末，分章断句，上下排列，下过一番工夫。译文加注，也始于支谦。总之，支谦所开创的译风从三国到两晋始终占据着重要地位，对中国翻译理论的建设做出了重大贡献。

（2）道安的翻译理论

道安是东晋时期杰出的佛教学者，也是我国最早的热心传教者，曾经派徒众到各地传播佛教。他除了主持几千人的大道场经常讲经之外，最重要的活动是组织和参与了译经，并对不正确的译文加以考证或劝令重译。

道安对佛经翻译的突出贡献，表现在他整理了已译出的经典，撰成了《众经目录》，这是中国第一部"经录"（佛经目录），保证了佛经翻译能够承先启后，循着正轨发展，为后来佛经翻译的系统性起到了非常关键的作用。同时，他集中和培养了许多学者和翻译人才，主持了许多重要经论的翻译，为后来鸠摩罗什的大规模经论翻译提供了有利条件。

道安是中国翻译史上总结翻译经验的第一人，在其所撰的《摩诃钵罗若波罗蜜经钞序》中提出了著名的"五失本、三不易"理论。"五失本"指五种情况容易使译文失去原来的面目。如梵经质朴，而汉人喜欢华美，要使读者满意，译文必须做一定的修饰。"三不易"指三种情况不易处理好。如圣人是依据当时的习俗来说话的，古今时俗不同，要使古俗适应今时很不容易。

（3）徐光启的翻译理论

徐光启是明末的科学家、政治家、翻译家，他翻译过《几何原本》《泰西水法》《灵言蠡勺》等作品，是将我国翻译的范围从宗教及文学等领域扩大到自然科学领域的第一人。

徐光启没有留下系统的翻译理论，但其散见于译书序言中的翻译思想对当时士大夫和传教士翻译科技著作的工作产生了积极的影响。他的翻译思想集中体现在以下三个方面。

①徐光启认识到翻译的重要性，认为翻译是吸取别国长处的先决条件和手段。"欲求超胜，必须会通；会通之前，必须翻译"，这种翻译态度是十分宝贵的思想，放在当时的历史与文化语境下，显得弥足珍贵。

②他提出，翻译时要抓重点、抓"急需"；西方数学的严密理论和逻辑体系是其他学科的基础，因此应该将数学专著的翻译放在首位。

③他在《几何原本》译序和杂议中谈到，翻译的目的是"以裨益民用"，即通过翻译来造福人民。

（4）魏象乾的翻译理论

魏象乾，汉族，雍正、乾隆时人。1739年，魏象乾被任命为"实录馆兼内翻书房纂修"（御用的专业翻译工作者），专门从事汉译满（清文）工作，是雍正朝《清实录》名列第六位的满文翻译。他对翻译原则、标准和初学翻译如何入门等问题颇有见地，并将汉满文字翻译经验总结为《繙清说》一文。该文仅1600字，属于内府刻本，共6页，却字字珠玑、寓意深刻，是我国最早的内部出版的翻译研究单篇作品。

在《繙清说》中，他首先提出翻译的标准问题，认为好的翻译应该了解原文的意思，表达原文的措辞，保留原文的风格，传达原文的神韵，既不要增译也不要删减，更不要颠倒原文顺序或断章取义，即"了其意、完其辞、顺其气、传其神；不增不减、不颠不倒、不恃取意"。其次，他认为当时汉译满诸书中，以《资治通鉴》和《四书注》"最为妥当，实得汉文之奥旨，清文之精蕴者"，可为初学者翻译之范本。此外，他特别推崇《孟子》的满文译本。最后，他提出把汉语译成满文时要进行适当的增减。这篇短文既细致地谈论了翻译的技巧，又提出了关于翻译的宏观认识，是我国古代最为精辟的一篇翻译理论文章。

2. 近代翻译理论

近代翻译理论是指鸦片战争至五四运动时期形成的有关翻译的见解和理论。这一时期我国的翻译以西学翻译为主，涌现出一批优秀的翻译家。他们致力于翻译的实践研究，提出了独到的翻译见解和理论。可以说，这一时期是我国翻译理论自成体系的开创时期。

（1）徐寿、傅兰雅的翻译理论

徐寿是洋务运动时期知名的化学家、科技翻译家，他与傅兰雅合译或自译西方书籍13种，代表作有《化学鉴原》《化学术数》《化学考质》等，并首创了一套化学元素的中文名称。傅兰雅则结合自己丰富的翻译经验，提出了"不失原文要旨""易于领会"的翻译标准。

这一时期，翻译学者对翻译理论的最大贡献是对科学技术术语的统一工作，从译名统一的原则到科学术语词典的编纂都在翻译史上留下了宝贵的财富。徐寿、傅兰雅等人提出了著名的"译名七原则"：①尽可能直译，而不意译。②万一不能意译，则要用尽量适当的汉字音译。要建立音译体系，基本词素要固定，要用官话音译。③新术语尽可能同汉语的固有形式构建相一致。④译名要简练。⑤译名要予以准确的定义。⑥译名在各种场合都要符合原意，不致矛盾。⑦译名要有灵活性。

"译名七原则"的提出对科技名词的翻译和外来科学技术的引入做出了巨大贡献，促进了中国翻译理论的形成；有力驳斥了科技书籍难翻译成汉语的说法，指出中国人也可以创造新词汇；倡导科技译名统一，并制定译名的具体规则，使得有关地理、物理、化学、医学、数学等科学书籍译成并广泛流传。

（2）马建忠的翻译理论

马建忠是洋务运动时期的语言学家，他关于翻译的论述主要见于1894年发表的《拟设翻译书院议》这篇文章中。他在文中明确指出了翻译对中国反抗外国欺侮，并最后战胜外敌的重大意义，以及创设翻译书院、开展翻译活动、培养翻译人才的紧迫性。在该文中，马建忠提出了自己的"善译"翻译观。

夫译之为事难矣，译之将奈何？其平日冥心钩考，必先将所译者与所以译者两国之文字，深嗜笃好，字栉句比，以考彼此文字孳生之源，同异之故。所有相当之实义，委曲推究，务审其音声之高下，析其字句之繁简，尽其文体之变态，及其义理精深奥折之所由然。夫如是，则一书到手，经营反复，确知其意旨之所在，而又摹写其神情，仿佛其语气，然后心悟神解。振笔而书，译成之文，适如其所译而止，而曾无毫发出入于其间，夫而后能使阅者所得之益，与观原文无异，是则为善译也已。

这段话的意蕴非常丰富，涉及语义学、语用学、文法学、修辞学，以至进入了文化研究的领域。将这段话大致翻译如下：翻译是很难的事情，我们应该怎么翻译呢？平时在翻译训练中就应该培养自己对两种语言的浓厚兴趣，用心思考，一定要先将所要翻译的语言和用来翻译的语言进行仔细地研究和比较，以考察两种语言文字产生的渊源，领悟两种语言相同或相异的缘由。对两种语言相当的意义应加以反复推敲，务必探究其语调的高低，分析其字句的繁简，弄清其文体的变异，了解其内涵细微差异的由来。这样，拿到一笔者反复阅读，掌握它的精神实质，并且揣摩出它的风格，体会到它的语气，才能消化吸收，写起来得心应手，使译文和原文一模一样，没有丝毫的差别，读者能从中得到与看原文相同的收获，这样的翻译可称得上好翻译。

马建忠非常注重源语言和文本，强调细致的文本分析，而且推崇翻译中的直译。他的"善译"理论与当代的翻译等值理论如出一辙，建构了中国近代重要译学理论的发展基础。他是采用以语言对比研究为取向、以翻译对等为中心并注意翻译过程和翻译方法的中国翻译理论家先驱。

（3）梁启超的翻译理论

梁启超是我国近代史上知名的思想家和文学家。梁启超把翻译当作强国之道，目的在于推行维新变法。梁启超在其长篇巨著《变法通议》的第七章《论译书》中指出了译书的两个弊端，"一曰徇华文而失西义，二曰徇西文而梗华读"，即一是由于遵循汉语的表达习惯而失去了西文的文化内涵，二是由于遵循西文的表达习惯而造成汉语译文的晦涩难懂。同样在第七章，梁启超指出："自鸠摩罗什、实叉难陀皆深通华文，不著笔受。玄奘之译《瑜伽师地论》等，先游身毒，学其语，受其义，归而记忆其所得，从而笔之。言译者，当以此义为最上。"这段话的含义是，鸠摩罗什和玄奘等都精通汉语和梵文，能够了解原文含义，因此翻译时无须多加润饰，只需记下来直接译成汉语即可，这是翻译的最佳方法，值得其他译者效仿。

梁启超还指出："凡译书者，将使人深知其意，苟其意靡失，虽取其文而删增之，颠倒之，未为害也。然必译者之所学与著书者之所学相去不远，乃可以语于是。"其含义：翻译书籍务必要让读者深刻了解原文含义，如果原文含义有所靡失，只保留原文部分含义或增减原文内容、颠倒原文顺序等，都是有害的。另外，译者的学识必须和原作者接近，这样才能翻译出质量上乘的作品。

（4）林纾的翻译理论

林纾是中国近代翻译史上的翻译大师，也是中国文学翻译事业的先行者和奠基人，被公认为中国近代文学翻译的开山鼻祖。林纾不懂外语，但他仍然和朋友共同翻译了十几个国家的几十位作家的作品。尽管其译文难免出现一些错误，但这并不足以影响他对中国翻译事业做出的贡献。林纾的翻译思想主要体现在以下几个方面。

①翻译不易。林纾认为，翻译书籍需要抱有严谨、审慎的态度。要想翻译出好的作品，译者必须了解原文所引用的历史典故、风俗文化、古籍旧说等知识，同时还需了解源语和目的语之间的异同，在传递源语文化的同时使译文符合目的语的表达习惯，这样才能达到理想的翻译效果。

②译文要忠实于原作。林纾在《黑奴吁天录》（*Uncle Tom's Cabin*）的"例言"中指出："是书为美人著。美人信教至笃，语多以教为宗。顾译者非教中人，特不能不为传述，识者谅之。"意思如下：笔者原作者是一位美国作家，美国人大多深信基督教，因此书中语言很多都体现了基督教教义，但由于译者并不信仰基督教，因此对此内容照搬原文内容而不予以翻译，望读者原谅。林纾认为，译者在翻译外国作品时难免会对书中的内容产生异议，但翻译时仍需忠实于原文，将

原文的特征、思想表现出来。

③译名统一。林纾在《中华大字典》的序言中阐述了其对译名统一问题的看法。在汉语中，只有将一个一个的汉字联合起来才能成文。而在翻译英文时往往需要耗费大量汉字，由于没有一定的名词，导致译文常会和英文原作相左。对此，林纾提出"由政府设局，制新名词，择其淳雅可与外国名词相通者，加以界说，以惠学者"。尽管这个提议并未被当局采纳，但仍是他对中国翻译的另一个重要贡献。

3. 现代翻译理论

五四运动时期开始的新文化运动开创了白话文翻译的新纪元，是我国翻译史上的分水岭。"五四"以后，我国翻译事业进入一个新时期，译论研究也进入一个新的阶段，翻译活动频繁，因此对翻译的讨论也十分普遍，不少文人墨士都对翻译的方法和技巧有所评说。这一时期，马列主义经典著作和无产阶级文学作品开始大量被翻译并传入我国。《共产党宣言》的译文就发表在这一时期。翻译工作在内容和形式上有了很大的变化，人们也就翻译理论问题开展了一系列的讨论。

1919年，朱自清在《译名》的文章中，从音义分译、音义兼译、造译（造新字、新义）、音译和意译五个方面详尽探讨了译名的方法。

茅盾在1921年发表的《译文学书方法的讨论》中提出，翻译在"未能两全"时，"与其失'神韵'而留'形貌'，还不如'形貌'上有些差异而保留了'神韵'"。在《为发展文学翻译事业和提高翻译质量而奋斗》一文中，茅盾指出，文学翻译的目标是"艺术创造性翻译"，对文学翻译的要求是"用一种语言把原作的艺术意境传达出来，使读者读译文能够像读原作一样得到启发、感动和美的感受"。这个目标和要求也可以看作文学翻译的质量标准。

郭沫若在1923年所写的《理想的翻译之我见》一文中提出："我们相信理想的翻译对于原文的字句、对于原文的意义，自然不许走转，而对于原文的气韵尤其不许走转。原文中的字句应该应有尽有，然不必逐字逐句地呆译，或先或后，或综或析，在不损及意义的范围以内，为气韵起见可以自由移易。"

1929年，陈西滢在《论翻译》中把翻译划分为形似、意似、神似三种类型，并认为，"在非文学的翻译里，只要能信能达，便尽了译书者的能事""严氏的第三个条件雅，在非文学的作品里，根本就用不着""我们却觉得在翻译文学作品时，雅字或其他相类的例子，不但是多余，而且是译者的大忌""译文学作品只有一个条件，那便是要'信'"。

1933年，林语堂发表了《论翻译》一文，提出了翻译的忠实标准、通顺标准与美的标准，即对原文负责、对读者负责和对艺术负责，并强调"译学无定规""忠实须求传神"等翻译原则。

1944年，朱光潜在《谈翻译》中指出："对原文忠实，不仅是对浮面的字义忠实，对情感、思想、风格、声音节奏等必同时忠实。"

1949年以后，中国社会发生了很大变化，但翻译活动没有停止，学界对翻译的研究也没有中断。由于当时政治形势的需要，俄汉之间的翻译成了中国翻译实践中的主要部分。20世纪50年代，最著名的译论应首推傅雷的"神似"论。傅雷是中法文学翻译方面重要的人物。

1951年傅雷在《〈高老头〉重译本序》中提出了"神似"的文学翻译标准："以效果而论，翻译应当像临画一样，所求的不在形似，而在神似。"这里，"神似"即传神，传达原作的意蕴。傅雷认为，翻译应"重神似不重形似"，主张翻译应"得其精而忘其粗，在其内而忘其外"，认为"理想的译文仿佛是原作者的中文写作"，文字上则要求"译文必须为纯粹之中文，无生硬拗口之病"。他非常强调中文的流畅，主张用地道的中文，这一点傅雷身体力行，把理论用到了自己的翻译实践中。傅雷提出的"神似"论对文学翻译而言有着积极的指导意义。

20世纪60年代中国翻译理论中较为重要的论说应推钱锺书的"化境"说。钱锺书本人译作不多，但他是公认的学贯中西的学者。1964年钱锺书在《林纾的翻译》中提出了"化境"的文学翻译标准："文学翻译的最高标准是'化'。把作品从一国文字转变成另一国文字，既不能因语文习惯的差异而露出生硬牵强的痕迹，又能完全保存原作的风味，那就算入于'化境'。"从中可以看出，他的翻译标准要求译者在语言上不要"生硬牵强"，内容上"完全保存原作的风味"，与傅雷的翻译标准相比更臻完备。

张今提出了"真、善、美"的文学翻译标准。"真"即真实性原则，包括细节真实、社会真实和艺术真实等内容。"善"即思想性原则，主要内容是"文学翻译作品要有为我国和世界的政治、经济和文化进步服务的动机和效果"。"美"即艺术性原则，要求译作在内容和形式上要和谐统一。

总结而言，这一时期的中国作家把翻译文学与文学创作紧密地联系了起来。换言之，翻译与创作的密切关系有一个重要体现，就是在现代文学史上，很多作家一身兼二任，创作与翻译并重，相互促进。中国现代文学史上几乎所有主要作家都翻译过外国文学作品，如鲁迅、胡适、郭沫若、周作人、茅盾、巴金、曹禺、徐志摩、郁达夫、梁实秋、林语堂等。

林语堂是其中一位具有独特的研究价值和重要启示的作家、翻译家,这是因为其作品既有英语和汉语的创作,又有英语和汉语的翻译。其独特的翻译与创作实践涉及了翻译文学的一些重要问题,如林语堂的文学创作中是否有翻译作用的影响,翻译与创作的关系如何界定,翻译观与创作观如何进行互动等。林语堂本人作为译者和作者的双重身份形成了其独特的翻译观和创作观。他所提倡的翻译观和他的创作观是一致的,而他本人的翻译实践也印证了他的翻译理论,同时为上述问题的解答提供了独特的研究角度。林语堂一生著述甚多,有翻译也有创作,虽然他对于翻译论述不多,但是在中国翻译理论史上占有一席之地。林语堂于1933年为吴曙天编著的《翻译论》(1937年1月,光华书局出版)作的序——近万言的《论翻译》(后收入《语言学论丛》一书),是他最系统、最全面地论述翻译理论的文章,其中关于文学和翻译的本质、行文心理与通顺的问题以及文章无法与译学无定规等方面的观点都显示了其文学创作观与翻译观的统一。

三、翻译的理论基础

(一)符号学理论

符号学的英文是 semiology 或 semiotics,其中的 semi 来源于希腊语中的 semeion,其意思是"符号"。符号学是关于符号的科学,是对符号的系统研究。符号学以一切可能存在的符号系统为对象,关注符号及其意指作用规律。符号学是一门交叉学科,涉及学科有哲学、语言学、文学、美学、翻译等,并且是上述学科有力的分析工具,为这些学科的深入研究开辟了新的途径。

在现代符号学的发展历程中,产生了众多理论流派。根据符号学家对"符号"这一概念的不同界定,符号学理论大致可以分为三个流派:①瑞士语言学家索绪尔的二元符号理论(能指与所指的结合)。②美国哲学家皮尔士(Charles Sanders Peirce)的符号三分法。该理论将非语言符号引入符号领域,并得到了美国另一哲学家莫里斯的发展。③德国文化人类学家卡西尔的"泛文化认识论"。该理论将符号学研究的范围扩展到神话、宗教、艺术等领域。

当然,各种流派在说明符号学的观点时,引用最多的还是语言方面的例子,正如池上嘉彦在《符号学入门》中所说——语言是人类接触到的各种各样符号体系中最"典型"的符号体系。

1. 索绪尔的符号学理论

符号学的奠基人瑞士学者索绪尔是现代语言学的创始人之一。他提出要创建一门研究符号的科学——符号学,用来研究"符号是由什么构成的,受什么规律支配",并建议把语言学当作这门科学的一部分。索绪尔认为,按照语言的性质来说,"语言是一种表达观念的符号系统",因为语言具有符号所共有的特性。

索绪尔提出了符号模式(sign model),目的是分析语言符号的本质。索绪尔坚持符号二元观,在他的符号模式中,符号(sign)是由能指(signifer)和所指(signified)构成的。符号表示整体,所指和能指分别代替概念和音响形象。"所指"是符号的意义,"能指"是符号的存在形式。所指和能指既彼此对立,又是不可分割的整体。索绪尔认为,所指和能指都是游离于外界实物的心理实体,"语言符号联结的不是事物和名称,而是概念和音响形象"。

索绪尔还提出了符号本质的任意性原则。他认为,能指和所指的关系是任意的。符号依赖于对象或概念,并不意味着特定的符号和特定的对象或概念之间具有必然的联系。在创造符号时,用什么符号指称某事物是任意的。针对同一事物,汉语、英语、俄语会使用不同的符号。这些符号是由人们在一定场合和情况下人为约定的,某符号与它所指称的对象或概念之间没有必然的联系。这表明了符号的主观性,也必然导致符号具有民族性。不同民族的人对同一事物的指称必然存在差异,这种差异会导致跨文化交流的障碍以及翻译的障碍。

2. 皮尔士的符号学理论

索绪尔的理论以语言为基础,美国实用主义哲学家皮尔士则给予非语言符号和语言符号相等的认识论地位。皮尔士扩大了符号学的研究范畴,他认为,任何事物只要它独立存在,并和另一事物有联系,而且可以被解释,那么它的功能就是符号。

表征(representament)是知识在个体心理的反映和存在形象。表征在某人的脑海里创造了一个对等的符号,或者有可能是一个更加发达的符号。表征相当于索绪尔符号模式中的能指。

对象(object)是符号所代表的对象,相当于索绪尔符号模式中的所指。

解释(interpretant)是符号的阐释者在头脑中形成的具有某种意义的结果。"解释"的出现将意义的形成引入三维空间,这是认识的一大飞跃,也是三分法最具特色之处。三分法认为,符号的指称对象需要经过人的思维的加工进行解释才有意义。

(1)符号学范畴

皮尔士的符号学理论的重要哲学基础是他对现象世界的分类系统。他认为,现象世界由三种性质的存在组成:第一性(first ness)、第二性(second ness)和第三性(third ness)。第一性指可以不涉及他者而独立存在的实项。第二性指依靠与他者相互作用而获得存在的实项。第三性指通过连接其他实项而获得存在的实项。

皮尔士三个范畴理论构成了其符号理论的基础。皮尔士符号学的一些概念或模式都可以对应于它的三个范畴。如同定义中所说，符号本身属第一性，对象属第二性，解释则属第三性。

（2）三分法

皮尔士还提出了符号三分法——图像符号（icon）、指示符号（index）和象征符号（symbol），进一步论证了符号的理据性。其中，图像符号指具有复制性质的符号，如照片、画像、脚印等。指示符号是与客体之间有联系的符号，可以作为客体标记，与客体之间的相似性弱于图像符号。象征符号是以直观的方式表示抽象内容的符号，与客体之间有常规的联想关系。

（3）指号过程

指号过程（semiosis）就是符号的解释，它是表征、对象和解释三合一的过程。在指号过程中，解释在表征和对象之间进行着有意义的调节。指号过程在解释中产生。为使符号内容常新，指号过程必须是一个不断发展、有目标引导但是永无止境的过程。

3. 卡西尔的"泛文化认识论"

卡西尔认为，能够创造语言、神话、宗教、艺术和科学等符号形式，并以之为中介而使自己的行为具有自主性和能动性，是人和其他生物在与自然的联系上的根本区别所在。由人的意识、思维等构成的符号（观念）体系越是丰富和发展，就意味着人掌握了更多的超越自然、应付自然的挑战的工具，人就具有更大的自主性和能动性。

在卡西尔的"符号哲学"中，符号是人和文化的中介，人通过各种各样的符号活动来进行文化创造，从而最终实现人的生存意义和价值。

（二）功能翻译理论

功能翻译理论的主要构成包括：莱斯的文本类型和语言功能理论、费米尔的目的论、曼塔利的翻译行为理论和诺德的功能加忠诚理论。功能翻译理论以目的为总则，把翻译放在行为理论和跨文化交际理论的框架中，实现翻译理论从静态的语言翻译象征论向动态的功能翻译分析法的转化。

1. 莱斯的文本类型和语言功能理论

莱斯认为，译文应该在概念性内容、语言形式和交际功能上与原文对等。莱斯还认为，文本分类可帮助译者确定特定翻译目的所需的翻译对等程度，并可从两种角度对文本分类：一是根据文本的语言特点和习惯，将文本体裁或变体划分为工具书、讲稿、讽刺作品或广告等类型；二是根据主体交际功能，把文本划分为信息型文本、表达型文本和诱导型文本等功能文本类型。

2. 费米尔的目的论

费米尔目的论的核心概念是翻译方法和翻译策略必须由译文预期目的或功能决定。基于行为理论，费米尔提出，翻译（包括口译和笔译）是一种目的性行为，决定翻译目的的最重要因素是译文预期的接受者。

翻译过程应遵循三个总体原则，即目的原则、连贯原则和忠实原则。目的原则是所有翻译应遵循的首要原则，即整个翻译过程，包括翻译方法和翻译策略的选择，都是由翻译行为所要达到的目的来决定的。目的论把翻译行为所要达到的目的概括为三种：译者的目的、译文的交际目的和使用某种特殊翻译手段所要达到的目的。其中，译文的交际目的最为重要。连贯原则是指译文须符合篇内连贯的要求，是针对译文语篇内部与译入语文化之间的关系而言的。忠实原则是指译文与原文之间应符合篇际连贯的要求，是针对译文语篇与原文语篇之间的关系而言的，近似于译文应忠实于原文的说法，但与原文忠实的程度和形式取决于译文的目的及译者对原文的理解。

忠实原则必须首先服从目的原则和连贯原则。目的决定一切，从翻译策略、翻译方法到对原作形式与内容的取舍，再到目标文本的制作，都要以翻译目的为参照。费米尔把原文只看作一种"信息供源"，仅提供翻译委托所需要的信息，而不再是评价译作的唯一或最高标准。译者有权按照翻译目的来取舍其中的信息，是否与原文保持篇际一致是由翻译目的来决定的，忠实于原文只是其中的一种可能性。翻译位于两极之间——遵循目标文化的行为与预期、用目标文化的方式来表达源语文化的特征。这两极间存在多种可能性，忠实于原文只是其中的一种可能性。翻译目的实现的可能性取决于目标文化的条件，而不是源语文化。委托只是间接依赖源语文化，因为翻译不得不涉及原文本，只有在特定的情况下，这个目的的实现才需要依靠目标文化与源语文化的关系。

3. 曼塔利的翻译行为理论

曼塔利提出了翻译行为的概念，并探讨了包括文本转换在内的所有跨文化转换形式，着重论述了翻译过程的行为、参与者的角色和翻译过程发生的环境三方面的问题。曼塔利指出，翻译和翻译行为是两个不同的概念，翻译行为是为实现信息的跨文化、跨语言转换涉及的信息传递过程；而翻译只是文本形式上的跨文化转换活动，在转换中，交际性的语言符号、非语言符号从一种语言转换成另一种语言。翻译是翻译行为的具体操作。翻译的实质反映出翻译的三个性质：目的性、交际性和跨文化性。该翻译理论从译者的全新视角来诠释翻译活动，使翻译摆脱了源语的束缚。

4. 诺德的功能加忠诚理论

诺德从翻译文本、翻译方法和翻译单位等方面阐述了功能翻译理论。诺德的功能加忠诚原则，要求译者对翻译过程中的各方参与者负责，并协调各方关系。翻译使译语文本与源语文本之间保持联系并根据译文预期或所要求的功能得以具体化，从而使客观存在语言文化障碍的交际行为得以顺利进行。

诺德从功能的角度划分了文本和翻译的类型。文本有四个基本功能：指称功能、表达功能、诉求功能和寒暄功能。文本功能的不同模式是编写翻译教材和翻译教学课程设置的基础。诺德区分了翻译过程的功能及所产生的译文的功能，并概括出翻译过程的两种基本类型——纪实型翻译和工具型翻译。纪实型翻译旨在用目标语创作出一个真实反映原文交际活动的文本，记录源语文化的信息，发送者和接受者在源语文化条件下进行交际。工具型翻译作为目的语文化中独立的信息传递工具，实现新的交际行为。

（三）建构主义理论

20世纪90年代，随着认知科学的发展，翻译研究开始使用社会心理学的方法考察译者的主观世界——翻译行为发生的心理过程，以TAPs研究为代表，翻译研究进入了认知研究的阶段。在经历了从语文学到语言学再到文本研究、认知研究的研究范式与方法的转换后，翻译行为研究逐渐成为翻译研究的焦点。随着当代翻译研究对翻译行为本身的关注，作为人的行为的普遍特征的理性问题逐渐浮出水面，并伴随着翻译行为成为翻译研究中的一个日渐重要的课题。

所谓"范式"，是科学家们所共同接受的信仰、价值、技术等的综合。范式实际上包括了科学共同体成员所共同接受的理论假设、研究模式、研究方法、价值标准和形而上学的原则。

赫曼斯指出，范式为翻译研究制定了"指导原则"，是"研究特定问题的手段"和"解决问题的方法"。

廖七一指出，西方翻译研究的发展生动地体现了新旧研究范式的演进与交替。研究范式的演进最明显地反映在翻译理论家划分翻译史的观念上。奈达将翻译研究划分成语文学派、语言学派、交际学派和社会符号学派，更加明显地表现了范式的演进。

吕俊指出，我国自20世纪80年代初以来已历经两次大的范式嬗替。20世纪80年代初，奈达等人的西方结构主义语言学范式的引入打破了我国长期以来的语文学范式的传统翻译研究。20世纪90年代中期以来，随着解构主义思潮对结构主义思想的批评与质疑，解构主义多元范式又成为主流。语文学范式和解构主义范式是非理性的。结构主义范式虽然是理性的且有语言学作为基础，但由于它是封闭的，把许多与翻译相关的要素，如主体要素、语境要素等排除在外，使得它的实践性受到一定程度的影响。在此基础上，吕俊创造性地提出了建构主义（constructivism）范式。

建构主义范式以实践哲学为哲学基础，以广义认识论代替了狭义认识论，共识性真理代替了符合论真理，以交往理性代替了神秘主义的非理性、反理性和工具理性，以言语行为理论代替了语言过程论和语言结构说以及语言本体理论。这一范式使得原来只关注"语义—句法"的语言模式变成了"语义—语用"模式，使得人们在理解原文时不仅关注语言构成性规则，而且关注语言使用中的协调性规则。此外，吕俊通过对建构主义翻译研究的分析指出：建构主义翻译研究满足了库恩所提出的新的范式的条件，即新的理论应能解决旧的范式发生危机时所出现的问题，有更大的说服力与解释力；能做出在原有范式基础上无法做出的新的预测，并能通过实践得到验证；具有本体论上的简洁；能尽量多地保持原有理论的合理部分；新理论之间应有内在调谐性与一贯性。这些证明建构主义翻译研究是一种更合理的新的范式。

建构主义是认知心理学理论的一个分支，最早是由瑞士心理学家皮亚杰（J. Piaget）于20世纪60年代在研究儿童认知发展的基础上提出来的。建构主义认为，学习是学习者主动建构知识意义的过程——人的认知结构即图式（schema）是通过同化（assimilation）与顺应（accommodation）两个基本过程逐步建构的，包括对个人意义和对外部世界的认知，从而使自身认知结构得以转换与发展。所谓同化，是指学习者将外在信息纳入已有的知识结构，以丰富和加强已有的思维倾向和行为模式。顺应是指学习者原有的认知结构与新的外在信息相互作用，引发原有认知结构的调整和改变，从而构建新的认知结构。学习主体的知识获得和传授的重点在于个体的转换、加工和处理，而非外在的"输入"。在皮亚杰的上述理论的基础上，科尔伯格、斯腾伯格和卡茨等人对认知结构的形成以及个体的主动性在建构认知结构过程中的关键作用做了深入探讨。

建构主义强调人类知识的主观性，认为人类知识是对客观世界的一种解释、一种假设，并不是对现实准确的表征，不是最终的答案。而建构主义的学习犹如真理的发展一样，不仅强调学习的建构性，而且强调学习的社会性与情境性。首先，学生的学习不是简单的信息的积累，而是需要通过同化与顺应的建构过程来完成的，也就是说，学习过程是一个同化、顺应、再同化、再顺应的循环往复的过程。其次，学生学习的书本知识是以一定的社会现实为依据的。学生的学习便是在现实中发现问题、提出质疑、解决问题的过程，是锻炼创造性思维的过程。最后，学生应在具体的情境中学习，学习知识在情境中的复杂变化，锻炼知识的运用能力，突出学习的有效性即价值。

与传统理论相比，建构主义对教师和学生在教学过程中的地位和作用提出了不同看法。建构主义认为，学生应该是知识意义的主动建构者，而非外部刺激的被动接受者；教师应该是学生主动建构知识意义的帮助者，而非知识的灌输者；教材知识应该是学生主动建构意义的对象，而非教师传授的内容；教学媒体应该是学生主动学习、协作式探索的认知工具，而不仅仅是帮助教师传授知识的手段。这就意味着在教学过程中，教师应当彻底摒弃以教师为中心、单纯强调知识传授的传统教学模式，采用以学生为中心的教学设计，充分利用教学媒体，为学生知识的主动建构创设有意义的情境。

相似的，翻译者也是主动建构者。建构的翻译学是一种以实践哲学为基础的译学知识体系，它是对人类跨文化交往活动规律的探讨，因此是一种理性的重建。从语文学范式译学研究到结构主义语言学研究再到解构主义范式研究的过程，实际上是从神秘主义的非理性到语言工具理性再到怀疑主义的解构主义反理性的几次变化过程。建构的翻译学是对解构主义的反理性的反拨与批判，重新恢复理性，但这绝不意味着回归到结构主义语言学的语言工具理性，而是建立交往理性的理性观。

第二节　翻译教学的界定

一、翻译教学与教学翻译

翻译教学与教学翻译是两个理论概念，对于它们的区别，学者们提出了一些观点。

让·德利尔（Jean Delisle）指出："翻译教学并不是为了对语言结构、语言知识进行掌握，也不是为了对该语言文体水平进行提高，其主要目的就是翻译出具体的成果。相比之下，教学翻译是一种方法，是为了让学习者能够学习这门语言或者在高水平中运用这门语言，以及对这种语言的文体有所了解。教学翻译是对所学外语理解进行检验的练习，主要目的是习得外语。"从让·德利尔的区分中可以看出，翻译教学主要是为学习外语的学生设计的，目的是培养出社会需要的专业翻译人才，使其在具体的场合中能够担当笔译或者口译工作。而教学翻译可以被认为是"学校翻译"，这里的翻译主要是作为一种教学工具或手段，将语言点如词汇、句型等教授给学生，或者检查学生是否掌握了课堂所学的知识，最终发展学生的语言能力。

穆雷在《中国翻译教学研究》一书中对于翻译教学与教学翻译也做了区分。她从目的上将教学分为以下三大类。

①一类教学的主要目的是提高双语能力，着重于比较语法与两种语言的特点、表达形式、习惯用语等层面的异同点。其实作为外语教学辅助而展开的"翻译教学"，就是所谓的"教学翻译"。

②一类教学的主要目的在于培养翻译工作者，使学生具备正确的翻译观与较高的翻译能力。这是为了培养专业的译员，即所谓的"翻译教学"。

③还有一类教学的主要目的是扩大知识面、提高双语表达能力以及加深对多种文化的深层次了解。这是为了推行素质教育而展开的"翻译教学"。

张美芳在《论两种不同层次的翻译教学》中也对二者进行了区分（以英汉翻译为例）。她指出："翻译教学与教学翻译是两种不同层次、不同性质的教学类型。翻译教学的目的是培养学生的英汉双语交际能力；而教学翻译主要是为了培养学生的外语语言能力。翻译教学将翻译视为一门课程来展开教学，让学生具备翻译的能力。而教学翻译将翻译归类于英语教学，仅仅是一种教学手段，而不是一种教学目的。"

根据众多学者关于二者区别的界定，笔者将翻译教学与教学翻译的区别归结为如表 1-1 所示。

表 1-1　翻译教学与教学翻译的区别

区　别	翻译教学	教学翻译
学科定位	翻译学—应用翻译学—翻译教学	语言学—应用语言学—外语教学
教学目的	让学生了解翻译这门职业的规则与理念，掌握双语转换的技巧和能力	让学生对外语知识进行巩固，并对他们进行检验，提升他们的语言应用能力
培养目标	译者、职业译员、双语工作者	掌握一门语言的语言工作者

续表

区 别	翻译教学	教学翻译
指导思想	注重训练学生的口译、笔译实际操作能力	注重训练学生的外语这门语言的基本技能
教学重点	双语转换技巧与能力、解决翻译问题的能力	外语这门语言的结构及语言应用能力
翻译标准	满足客户的需求	对原文的绝对忠实

二、翻译教学的重新界定

近年来，人们对翻译教学与教学翻译的研究不断深入。学者罗选民提出，翻译教学主要包括两个部分，即专业翻译教学和大学翻译教学，这一说法将之前的教学翻译也纳入翻译教学的范畴，在一定程度上扩大了翻译教学的学科范围。但是，有学者认为这种区分存在不足之处，如涵盖的范畴并不清晰，在未来的多元化发展过程中可能会遇到障碍。

另外，翻译教学的目标在于提升学习者的翻译能力，使其最终成为适应社会发展的、能力优秀的翻译工作者。可见，翻译教学的主要目的在于翻译能力的提升。为此，我们先来分析一下"翻译能力"。有人认为，能够熟练地讲两种语言的人必定是一个优秀的译者。事实并非如此。两种语言能力综合在一起与翻译能力并不是等值的。奈达认为，有的人可能是在不同的语言环境中学会两种语言的，因此可以流畅地讲这两种语言，但是不一定可以胜任将一种语言翻译为另一种语言的任务。威尔斯指出，翻译能力是在全面了解源语与目的语文本和语用知识的基础上，可以使两种单语能力实现更高层次的融合的一种跨语言的超能力。他认为，译者在翻译中应及时完成工作，同时做到化繁为简。

在上述学者对翻译能力进行研究的基础上，笔者力图构建一个包含多要素的翻译能力体系，认为该体系应涉及如下几种能力。

①双语能力。熟练使用两种语言的能力。

②双语文化能力。从整体上了解两种文化中的历史、政治、社会、经济等方面的知识，同时翻译时可以考虑两种文化之间的差异。

③文本分析能力。能快速、准确地判断文本的文体与语域，同时能对文本进行词汇、句法、语篇方面的分析。

④目的分析能力。了解源语文本的交际目的，分析文本接受群体的接受能力与文化习惯。

⑤专业外语能力。在专业领域运用外语的能力。

⑥跨文化交际能力。从跨文化交际角度出发进行翻译，使译文最大限度地实现源语文本所要达到的交际效果。

⑦策略能力。有效使用各种策略来对翻译中出现的问题与突发事件进行处理，及时完成翻译任务，且符合要求。

⑧操作能力。使用现代技术手段（如语料库、网络工具等）进行翻译实践的能力。

统观上述各项可知，以上翻译能力的各项要素同时也是翻译教学的具体目标，需要教师在翻译教学过程中给予足够的重视。

第三节　翻译教学的理念

一、以翻译理论为先导

翻译教学离不开翻译理论的指导，所以翻译教学的一个重要理念就是以翻译理论作为先导。目前，已经形成的翻译流派和内容十分繁多，如果将所有观点及相关内容都融入翻译理论中，不但会令学习者感到乏味，而且缺乏科学性。不少翻译理论是源自哲学领域的，所以相对传统，也缺乏实用性。调查显示，多数翻译理论仅适用于文学翻译。由此可见，翻译理论与实践在某种程度上有所失衡。

相对来说，翻译功能目的论的实用性较强。翻译功能目的论认为，译本的预期目的、功能对翻译过程起决定作用，而不是作者赋予的原有目的与功能。一般情况下，实用文体翻译都具有一定的现实目的与功能，有时甚至具有功利目的。这种目的与功能可能受多种因素的影响，如翻译委托人、文化背景、译本接受者等。目的与功能是实用文体翻译的重要依据，也是功能目的论的核心，从这一角度来看，理论与实践能够很好地结合起来。事实上，学校翻译课开设的主要目的就是让学生将理论运用于具体的实践之中。可见，以翻译功能目的论为先导，对学生翻译课程进行指导，可以在很大程度上调动学生的积极性和自主性。

二、以语言对比为基础

翻译教学的基础在于对两种语言进行对比，这一点从外语学习过程中就可以体会到。在外语学习的初级阶段，学生如果与外语环境脱离，常常会本能地说汉语。但是，如果他们积累了一定的词汇量，则非常可能用外语不自觉地说出来。

在这一过程中，必然会涉及对两种语言进行对比分析。一般来说，语言对比分析包含如下两方面内容。

（一）同中有异

对于同中有异的分析，这里以英汉语言中的介词举例说明。在英汉语言中，介词是比较常见的，有时二者的用法相同。但是，汉语中的介词大多由动词变化而来，这就导致一些介词在句子中较难判定是介词还是动词。而英语词汇中的介词与动词并没有此类含义。英汉介词在这一层面的差异，导致了译者在翻译英语中的介词时，往往需要借助汉语的动词来展开翻译。

（二）各不相同

仍以英汉语言为例。两种语言中各不相同的对比涉及很多层面，如词序、句子衔接、重心位置等。

对以上两方面的把握，能够帮助译者克服母语对翻译的干扰，从而有助于对源语的理解和表达。

三、以翻译技巧为主干

在翻译教学中，翻译技巧是主干。这是因为，以翻译理论为先导、以语言对比为基础，只能帮助译者从科学的角度理解翻译，而要真正地开展翻译实践，必然需要翻译技巧的参与。翻译教学的主要内容在于将先人的宝贵翻译经验传授给学生，这些经验不仅包含对源语的理解、对目的语的表达，而且包含翻译技巧与方法。

四、以综合分析为手段

译者要翻译某个句子，通常可以采用多种方法。而在所有方法中，往往仅有一两个是最为适宜的，此时就要以综合分析作为翻译的重要手段来加以选择。

所谓综合分析的翻译手段，是指从总体及其系统要素关系上，连点成线，集线成面，集面成体，并且对各个层面进行动态或静态的分析观察，透过现象从本质上观察事物的本来面目。在表达过程中，同样涉及分析与综合两个方面，分析是手段，综合是目的。

五、以课堂教学为载体

翻译教学需要以课堂教学为载体，因为在课堂教学中，教师能够通过教材讲解，让学生对翻译基础知识、基本技能有相应的把握。具体来说，翻译课堂教学主要包含如下几个环节。

（一）教师讲解

这一环节主要是对两种语言的对比分析，教师的讲解主要侧重于对译例的分析，对其中的翻译技巧给予相关提示，从而让学生从对翻译的感性认识上升为对翻译的理性认识。

（二）范文赏析

教师可选取一些经典范文，让学生在课堂上进行赏析，以此让他们感受范文中的优美语句，并指导学生掌握其中的翻译技巧并加以运用。

（三）译文对比

教师可引导学生对一个原文的多个译文进行对比，让他们体会不同译文的优劣，引导学生体会不同译者的语言及风格，汲取佳作经验。

（四）学生练习

在翻译课堂教学中，学生练习是极重要的环节，甚至在整个翻译教学中都会贯穿，如课前的复习、课中的提问、课后的作业等。在此环节，教师可引导学生自主进行练习，以更好地掌握教师课堂上所教授的翻译理论。

（五）练习讲评

当学生做完练习之后，教师要对练习进行讲评，尤其是对其中蕴含的两种语言的特点进行分析。讲评应侧重于翻译思维及具体问题的讲解，不应过于纠结翻译中的细枝末节。

第四节　翻译教学的价值

一、翻译的目的

翻译的目的直接影响译者对翻译材料的选择和翻译方法的选用。也就是说，为什么翻译、翻译什么和如何翻译都是十分重要的。翻译是一种语际转换工作。虽然任何语言都可规划为具有某种特性和特质的系统，但语言系统毕竟不同于物理、化学等自然科学的系统。如果说人类在创造语言之初是任意的和约定俗成的，那么译者把一种语言的表达内容转换成另一种语言时，是否也有一定的任意性和可以约定俗成的成分？如果有，那么，译者选取的材料和采用的翻译方法将对译入语的语言和读者产生影响。

著名经济学家杜鲁克（Peter F. Drucker）在谈到经济问题时曾说："大企业的最终目标不应当是利润，利润并不是目标而是生存的必要条件。目标应当是人民的发展。"套用杜鲁克先生的这段话来考察翻译，我们能否说"信、达、雅是译文存在的必要条件，而不是目标"？如果是这样，那么，翻译的目标又是什么呢？

（一）文化交流

周珏良先生曾说过"翻译可以有不同的目的"。周先生列举的翻译目的中有为了科学的，有为了宗教的，也有为了政治的、为了文化的，等等。周先生这里所说的是比较具体的目的。无论翻译的目的是为了科学还是为了政治，一般都是把一种文化中的所"有"而另一种文化中的所"无"，或者两种文化中都"有"但又不完全相同的内容进行译介，而这种译介活动就是广义上的文化交流。

各民族文化在各个历史时期的发展并不均衡，这就有了先进和落后之分。且由于各种因素，不同民族文化存在较大的差异。处于落后地位的民族中的先进分子会译介其他民族的先进文化。而处于先进地位的民族中的有识之士除了向外译介本民族的进步文化之外，也会向本民族译介其他民族文化中的优秀成分。

客观地说，任何一种文化都有其优秀成分，而作为世界文化的一个组成部分，这些优秀成分也应当保存下去，并为世界文明的发展做出贡献。我们反对那些在一定时期内处于优势地位的民族中的极端分子强行把自己的文化输入其他民族，也不赞成暂时处于落后地位的民族中的一些人全盘否定自己的文化而盲目接受其他民族的文化。我们赞成文化交流，这是各个历史时期人类的努力，也是今天和今后一切认真从事翻译工作的人们应当确定的一个基本目的或目标。

翻译促进了文化交流，文化交流推动了人类文明的发展，而文明的发展使世界各民族之间更大规模、更频繁的交际成为可能，也变得不可避免，反过来又对翻译提出了更高的要求。因此，今天各民族文化的交流已需要进入更广更深的层面。我们知道，任何一个民族要其他民族完全接受自己的文化是难以办到的，而任何一个民族要生存和发展，闭关自守也是行不通的。未来的世界应当有一种包容了各民族文化的优秀成分的世界文化，这种世界文化的形成要通过各民族文化更深更广的交流来实现。换句话说，各民族文化中的相同或相通的成分要增加。从这个意义上讲，文化的交流是翻译活动的结果。笔者把它作为翻译的目的提出来,一方面是为了使人们在今后的翻译活动中具有较强的目的性,另一方面是以此来考查翻译理论涉及的其他问题。

(二)最终使人类不再需要翻译

这个小标题容易使人想到共产主义的远大目标。笔者提出翻译的最终目标是使人类不再需要翻译,并不是讨论人类都使用一种语言的可能性,而是从翻译工作本身来探讨一种最佳境界或目标。

当前,世界正在变小,人类大范围交际的可能性和必要性都在增长,随之而来的是人们对翻译的量与质的要求也在提高。而大多认真从事过翻译活动的人们都知道这种帮助人们相互理解的工作之艰难。尤其是对于信息发出者的情况不十分了解、对信息难以全面准确把握、对于接受信息的对象的情况也无法了解或无法确切了解的那种翻译活动,即多数笔译活动,要把原文的信息及表达信息的风格等准确无误地传达给读者(在译文中体现出来),是相当困难的,有时甚至是不可能的。造成这种困难的因素较多,大致有下列几种。

①译者水平有限。大多数从事翻译活动的人都不同程度地存在对原文的意义、风格等不能完全吃透或在译文中无力准确再现的问题。尽管人们在努力提高自己的知识水平,但人生有限而知识无穷。即使是少数通晓两种或多种语言的天才,恐怕也难以做到完全准确再现,因为语言是文化的载体,通晓两种语言难,要通晓两种语言所代表的文化是难上加难。

②语言本身存在的种种不可译性。例如,汉语中同音字多,由此产生了许多借助同音字的歇后语。将这些歇后语翻译到其他语言中是很难传神的。

③由文化差异造成的译入语的读者对源语文化理解上的局限性。翁显良先生在谈到"烟花三月下扬州"的英译文时说:"原句之所以成为千古丽句就在于'烟花三月'春光最美之时前往最繁荣之地——扬州,其时其地,二者缺一即不可能在读者心中唤起如此艳丽的联想,二者俱全而读者没有必要的历史文化知识也不能产生如此艳丽的联想。"翁先生这里谈的实际上是个文化准备问题。翁先生讲的是一句古诗,即使是现代的作品,如果读者群没有必要的文化准备,光靠译者个人的努力,要使译文在译入语的读者群中产生如在原文读者群中的那种效应也是不可能的。

综上所述,完全的"信",完全的"等值",就一部作品或一门人文学科来讲,只要翻译存在,就永远只是一种可望而不可即的美好愿望或憧憬。只有当人们的内心完全相通、理解顺畅的时候,才能达到完全的"信",而那时也许就不再需要语际翻译了。

二、翻译的价值

一个独立的社会群体往往会有一套完整的价值体系。面对翻译，人们遵从特定的价值基准而抱有一套信念、原则和标准。翻译的价值一般侧重于社会文化价值、美学价值和学术价值。

（一）社会文化价值

社会的变革、文化的进步往往与翻译分不开。历史上许多著名的翻译家都以促进社会进步、弘扬优秀文化为己任。严复以探究"格致新理"来促进国家富强，并以译书来实现其价值目标。严复在《原强》一文中说："意欲本之格致新理，溯源竟委，发明富强之事，造端于民，以智、德、力三者为之根本。三者极盛，则富强之效不为而成；三者诚衰，则虽以命世之才，刻意治标，终亦隳废。"

鲁迅先生视科学翻译为"改良思想，补助文明"之大业。在他的翻译生涯中，科幻、科普翻译占有举足轻重的地位。鲁迅先生1902年东渡扶桑，1903年（时年22岁）开始翻译活动——从日语转译儒勒·凡尔纳的科学小说《月界旅行》。当时，国内翻译作品虽多，但泥沙俱下，出现不少低级庸俗的侦探和言情小说。对此，鲁迅先生在书前的《辩言》中明确指出，"科学小说，乃如麟角。智识荒隘，此实一端。故苟欲弥今日译界之缺点，导中国人群以进行，必自科学小说始"，其翻译目的是让读者"获一斑之智识，破遗传之迷信，改良思想，补助文明"。此后，他1904年译《北极探险记》，1905年译《造人术》，1907年译《科学史教篇》，1927年写《小约翰动植物译名》，1930年译《药用植物》，等等。对于科学翻译的意义，鲁迅先生早已阐述得十分清楚。

哲学家贺麟对翻译做出了如下价值判断："翻译的意义与价值，在于华化西学，使西洋学问中国化，灌输文化上的新血液，使西学成为国家之一部分……这乃真是扩充自我、发展个性的努力，而绝不是埋没个性的奴役……翻译为创造之始，创造为翻译之成。翻译中有创造，创造中有翻译。"

现今，我国单向引进外国文化和文明的时代已经一去不复返了。"中国文化走出去"已成为重要的国家文化战略，它既是文化自身发展的长远规划，也是运用文化的力量推动发展的一种战略。翻译，作为文化的一支，自然是发展和推动文化建设的重要力量。

纵览世界历史不难发现，冲突、交流、理解历来是文化发展的主题，翻译一直担负着调停人、中间人的作用，而翻译的价值正在于此。

（二）美学价值

无论是文学翻译或应用文体翻译，都是一个审美过程，只是美的体验不同、意境不同、表现方式不同而已。研究表明，无论旅游翻译、新闻翻译、广告翻译，甚至科技翻译都有美学要求。当然，总体而言，文学翻译的美学价值表现得更充分。

有学者说："翻译中的审美体验一般遵循以下规律：对审美客体的审美再现过程的认识—对审美认识的转化—对转化结果的加工—对加工结果的再现。"可见，整个翻译过程是一个审美过程。译者的审美认识和审美条件往往决定译文的审美效果和美学价值。

马建忠的"善译"、林语堂的"忠实、通顺、美"、许渊冲的"三美"，无不把"美"作为翻译标准。许多优秀的译者把追求完美视作他们生命的价值。

魏荒弩在《谈谈译诗》中说："对任何事物，认识都不会一次完成，对于译诗艺术来说更有个不断完美的过程。通过修改，实现译品由野到文、由粗到精、由有缺陷到尽可能完美的境界。"

傅雷在《翻译经验点滴》中说："《老实人》的译文前后改过八遍，原作的精神究竟传达出多少还没有把握。"

综上可知，追求卓越、完美的精神已成为优秀翻译家的价值取向，也成了翻译传达美、交流美的价值所在。

（三）学术价值

翻译的学术价值并不在于翻译作为一项实践活动本身，而是说通过翻译，或以翻译为手段，人们进行学术研究，从而体现它的理论意义。

首先，翻译学的学术研究离不开翻译实践，翻译实践是翻译理论的土壤。翻译过程作为一种心理活动虽然不一定能量化，但它是可以被描写的，而翻译的结果是可以鉴别和比较的。

其次，翻译研究作为科学研究必须有事实作为依据，而译文就是翻译的事实。科学研究需要实证，即用实际来证明，现代化的计算机大规模翻译实证研究就是建立在翻译语料库基础上的。

再次，翻译和翻译过程不仅是翻译研究的直接对象，而且是许多学科的研究对象。哲学一直关注人、思维、语言、符号和世界的关系问题，特别是语言与思维的关系问题，这涉及翻译，而语言哲学与翻译就更不可分了。维特根斯坦的语言游戏说、奎因（Willard Van Orman Quine）的翻译的不确定性、海德格尔的现象学翻译观、德里达的解构主义、戴维森（Donald Herbert Davidson）的不可通约性，从不同的角度或解释翻译活动的现象，或给翻译研究以形而上的启迪。

最后，文化学、比较文学、计算机科学等多种学科都以翻译和翻译过程为手段或依托开展理论研究或实践研究。

三、翻译教学的意义

（一）培养学生的跨文化交际能力

人们不管使用哪种语言，都要采用特定的交际模式。在翻译过程中，学生不仅要熟悉和掌握语言基本知识，而且要了解两种语言的文化差异性，这样才会与外语的交际模式相符。假如学生不了解外语的交际模式，即便已经掌握了丰富的外语语言基本知识，也未必能用地道的外语来翻译，进而难以确保跨文化交际活动的顺利展开。

在翻译教学中，教师不仅要向学生讲解相关的翻译理论知识，而且需要对两种语言的交际模式的差异性进行分析说明，从而不断培养学生的跨文化交际能力。

（二）提高学生在两种语言上的语言修养

译者在翻译过程中，除了要确保译文可以完整、准确地再现源语意义外，还要确保译文与原文风格、修辞手段的一致性。因此，在翻译教学中，教师应不断提升学生在两种语言上的修养。

在翻译不同文体时，译者应保持文体语言的特色。例如，在翻译科普类文章时，译者应确保译文的简练，避免晦涩、难懂，让读者一目了然。

学生在翻译学习中，一般要经过大量的实践与训练，才能提升自身的语言修养。

（三）增加学生的文化背景知识

翻译不仅仅是两种语言进行转换的问题，译者要想翻译出好的译文，还必须联系原文的文化背景知识。因此，在翻译教学中，教师除了要向学生传授翻译的技巧外，还应引入一些文化知识，让学生了解外国文化，并对外国文化与中国文化进行比较，帮助学生找到二者的差异。可见，翻译教学对提高学生的文化背景知识发挥着重要作用。

（四）巩固和加强学生的综合语言能力

翻译教学涉及两种语言间的转换，在这一过程中，学生会不自觉地运用之前学到的知识进行笔译或口译。在笔译中，通过对原文的语音、语法、表层含义及深层含义进行分析，有利于巩固学生的语言、语法、词汇、语义等方面的知识。

在口译中,通过与对方进行交际,在分析原文信息的前提下将译文表述出来,有助于提升学生的听力能力、口语能力和翻译能力。总体来说,翻译教学有利于巩固和加强学生的综合语言能力。

(五)满足社会对翻译人才的需求

时代不同,社会对翻译人才的需求也不同,因此对翻译教学的要求也必然存在差异。近年来,随着经济全球化的推进,国与国之间的交往日益频繁,翻译在跨文化交际中的作用日益突出。翻译是否准确、流利,对于国际间交流与合作能否顺利进行有着重要意义。因此,21世纪的社会对于高素质翻译人才的需求是十分迫切的。开展翻译教学不仅与社会发展的需求相适应,而且有助于满足社会对翻译人才的要求。

第二章 翻译教学的学科设置

翻译教学作为一门新兴学科,要对其进行合理设置,有助于了解翻译教学的发展态势,促进其全面发展。本章分为翻译教学的学科定位分析、翻译教学中教材编写问题、翻译教学中课程设置问题、翻译教学中专业建设问题四节,主要内容包括:学科构建与定位分析,翻译教学学科定位的机遇与挑战,翻译教材的特点与分类,翻译教材编写的原则及内容、操作流程、展望,翻译教学中各层次课程设置概述、建议及发展趋向,翻译教学中翻译教材建设、教学方法和手段等专业建设问题等。

第一节 翻译教学的学科定位分析

一、学科构建与定位分析

(一)学科构建的背景

对翻译学的建立,海内外历来臧否不一。国人在翻译学学科建设上早于国外,据记载,"1927年,蒋翼振的《翻译学通论》横空出世,在广漠的学海上空划出一道闪亮的光芒"。1951年董秋斯撰《论翻译理论的建设》,指出"翻译是一种科学"。1988年黄龙出版《翻译学》,其"出版者的话"中指出:"翻译学是研究翻译的一门科学,包括基础翻译学、应用翻译学和理论翻译学三部分。应用翻译学方面,主要阐述了翻译实践理论和翻译人才培养理论,涉及同声翻译、科技翻译、机器翻译、翻译技巧、翻译教学、翻译误分析和翻译人才的专业训练等。"到了2000年,尽管译界有人质疑"翻译学"能否建立,但整个学科研究的力量日见增长,各分支学科的研究日趋成熟。如2000年郑海凌的《文学翻译学》问世,2004年黄忠廉与李亚舒的《科学翻译学》出版,而后者力挺了应用翻译研究。国外较早涉及应用翻译学的是霍姆斯（Holmes）。1972年他在翻译学体系中提到的应用翻译研究（applied translation studies），可算作应用翻译学的来源之一，因为它只含三个分支——翻译批评、翻译教学、翻译工具，是纯理论的应用，与纯翻译学相对。之后，具体的应用翻译理论研究在持续，但学科思考处于停滞状态，学科建构之声渐微。

进入20世纪80年代后，西方翻译理论新见迭出，如多元系统学派、描写学派、文化学派、综合学派、解构学派、后殖民主义学派等，为译事提供了诸多解释视角。由于译学研究转向过快，定点不多，植根于应用翻译的理论并不多见，仅法国释意派理论之类较为突出。这些学派更多是从翻译外围论翻译以下问题：为何译？为谁译？何为译？

在我国，新中国成立后，实用翻译虽占译界主体，但文学翻译仍是译学界关注的重点。改革开放后的前十年，译论研究的主流对象仍然未变。诚如我国第一套《应用翻译理论与教学文库》的策划者郑艳杰所言："20世纪80年代以来，科技翻译、经贸翻译、旅游翻译、口译、网络翻译、汉外翻译等在中国相继成为译事的急需或重点，文学翻译因此痛失昔日辉煌，频感生存危机。"20世纪80年代，国内开始重视科技翻译研究，但重在技巧。之后二十年间，西方翻译理论接踵而至，译界研究空前活跃。各大刊物一度抢占理论高地而荒芜了脚下的实践土地，导致根基动摇；"只有纯理论研究才算学问，而应用研究算不得学问"的看法流行，大量亟待解决的应用性课题一度被人忽略。今天，译论界则出现了一种新的趋势：在引介西方译论、抓基础研究做逻辑推理的同时，紧扣时代和实践、贴近现实的应用研究越来越得到重视。在中国当下，只有将应用研究推至重要地位，才能服务于国家文化兴国的战略，同时为翻译学注以强大的生命力。我们并不否认翻译理论研究的宏大叙事和宽广的视野，只是认为纯粹理论可由少数人研究，应立足于应用与实践，唯其如此，翻译理论才能既腾空飞行，又畅行大地。

（二）学科的定位与性质

从学科层次看，应用翻译学是相对于理论翻译学而从普通翻译学里分出来的，理论翻译学研究翻译本体，属于纯研究，应用翻译学研究翻译实践和译论研究实践，属于应用理论研究。

以研究对象分，翻译学可分为普通翻译学和特殊翻译学，前者探讨翻译共性问题，后者则研究某领域的翻译活动。

任何学科，其本体理论研究极其重要，含混不得，否则不仅无助于学科的建立，而且会影响实践应用的质量，尤其是在实践应用领域，轻理论的实用主义是不可取的。

（三）翻译学科定位问题

学科定位是影响人才培养质量的核心要素，也是衡量学科专业培养的人才能否充分满足社会需要的重要标杆。在理论争辩和市场发展的推动下，在专家学者和广大一线教师、译者等的努力下，翻译学科已经从三级学科逐步发展为二级学科，而且完善了从翻译学士、硕士到博士研究生的翻译人才培养体系。无可否认，我国翻译学科专业建设已经取得了很大的成绩。

翻译作为一门新兴学科，对它进行恰当定位，以及分析它在外语教育体系中的地位、所面临的契机与挑战都将有助于了解该学科的发展态势，促进其全面发展。一方面，翻译学科专业结构体系（布点、语种等）有待进一步完善。随着翻译学地位的上升，尤其是翻译成为新的本科试点专业后，翻译学已经逐步摆脱了语言学、文学等的藩篱，拥有独立的教学研究领域，学术空间得到拓展，科研水平得到提升，这些为翻译专业高素质人才的培养提供了坚实的智力支持。但在不同层次的学位布点上目前明显还存在着不合理现象，如硕士点大大多于学士点和博士点，出现"两头小、肚子大"的非常态分布结构，且三个层次基本上局限于以英语为主的极少数语种，其他语种尚没有完整体系。另一方面，翻译学科理论研究不只要"埋头拉车"，更需"抬头望路"。诚然，高水平的学术研究是推进学科发展的不竭动力，对硕士、博士培养理论意义重大，而对于翻译专业本科生的培养来说，则应更多关注其实践价值。

在学科建设的目标上，人们常说的一句话是"顶天立地"。"顶天"就是要站在学科的前沿，"立地"就是要面向经济建设和社会发展的主战场。这对翻译学科建设的目标设定具有重要启示。笔者认为，翻译学科的定位应该在一定市场调研的基础上，根据国家目前和未来的发展需要，组织专家学者制定专业教学大纲，并在学科专业建设中发挥地域特色，丰富专业发展形式（例如，发展翻译产业，如培训、翻译公司等），建设翻译精品课程，鼓励翻译教学改革立项，这样才能保证翻译人才的培养质量，也才有助于学科地位的进一步确立和学科的健康发展。

（四）翻译教学的学科定位

翻译学科的定位问题也显著地体现在翻译教学中，因此有必要通过挖掘翻译教学的潜力，改善其方法，为翻译学科的建设提供一些启示。就目前的翻译教学来说，教师多过于重视实务的学习和教授，而缺乏系统规范的理论，使理论与实践脱节，违背了马克思主义关于理论和实践关系的论述。翻译教学很有必要在进行实务教学的同时，适当引入理论讲授，使二者的习得齐头并举、相得益彰，从一开始就为学生树立一种清晰的学科意识。翻译学科建设的主体是学生，尤其是翻译专业的学生，翻译学科要想"独立"，首先要让其主体"独立"，这里指的是学生思想上的独立。这就需要宏观理论的讲授和指导，让学生具有学科意识。如果只是一味地教学翻译实务，只重实践，那翻译无异于一门"手艺"，所谓的翻译方法也就仅是一本"技能手册"了。没有权威的宏观理论，从业者将不被重视，感觉上寄人篱下，学生也只能依靠自己的经验。经验的产生靠的是直觉，而直觉是主观的，因人而异，但抽象的概括和系统的描写靠的则是科学的方法论。翻译学的任务就是用科学的方法论来对翻译实践做出抽象的概括和系统的描写。因此，适当引入理论思想教学对于翻译学建设及翻译实践都是很重要的而且是必要的。

霍姆斯将翻译研究分为纯翻译学和应用翻译学两部分。纯翻译学包括理论翻译学和描述翻译学，应用翻译学包括翻译批评、译者培训和翻译辅助研究。应用翻译学与理论翻译学、描述翻译学三足鼎立，这三个领域之间的关系是辩证互动、互相支持的。图里指出，翻译学的应用分支（翻译批评、译员培训和翻译辅助研究）不仅影响于翻译理论主体，而且影响于从理论主体到应用分支过渡的转化规则。柯林娜则认为，翻译教育问题应该贯穿翻译研究的三大领域：理论翻译学要对翻译能力及其获得进行研究，描述翻译学更要研究学生的"黑匣子"。理论研究的成果为翻译教学指明努力的目标，可以转化为翻译教学原则和方法；翻译教学的成果可以充实理论翻译学的内容，验证其研究的信度。所以，翻译教师要在理论翻译学和描述翻译学成果的基础上，开发教学原则和教学方法，创造教学材料。而从本质上讲，翻译教学还是应归入应用翻译学这一分支下，如芒迪和陶友兰所修改的图式。芒迪将"译者培训"细分为教学方法、测试技巧和课程设置。贝尔纳迪尼则指出，"译者培训"是在一定时限内强化积累相关领域知识的过程，而"译者教育"则是培养学生解决问题和获得所需知识的能力，是一个能力生成的过程。所以，陶友兰根据翻译教学所涉及的方方面面，把"译者培训"改成了具有广义的翻译教学，并细分为译者培训、教材编写、教学方法论、测试工程和课程设置五个部分。

由此可以看出，翻译教学是个非常复杂而又重要的课题。研究翻译教学需要从不同的视角去探索，既要研究其理论支撑，又要研究其策略和方法论，从而建构起一套科学的、完整的翻译教育体系。

二、翻译教学学科定位的机遇与挑战

翻译是一门新兴学科，应对它进行恰当定位，分析其面临的机遇与挑战。

为了保证翻译学科的恰当定位，除了对其进行相关社会需求和个人需求分析之外，还要了解该学科的专业发展趋势，包括毕业生当年的就业率、5～10年的报酬、发展前景等。但是，目前本科翻译专业发展时间尚短，对就业趋势等方面的大型调查研究需要时间、人力、物力，个体很难完成，而单纯以就业率评价某专业或者根据社会、市场需求设置专业存在一定弊端。某些长线专业（基础性专业、理论性专业）虽然就业形势不好，却是国家和社会发展所必需的。高校虽拥有专业设置权力，但政府保留对"目录"外专业与控制性专业的审批权。也就是说，国家会对各专业设置进行适当宏观调控，以整体把握其规模和走向。高校在考虑新专业的设立时，一方面要分析市场需求，另一方面要考虑国家、社会以及个人需求等综合因素。就高校翻译专业的设置来说，一方面，要鼓励翻译专业的发展，以适应社会对翻译人才的需求；另一方面，要适当控制其规模，防止不论条件具备与否就盲目设立新专业，最终出现热门专业就业难的现象。

总体来说，翻译专业的学科地位面临的机遇和挑战有如下几个方面。

（一）确定学科地位，促进翻译专业发展

在传统的外语教育体系中，翻译课程所占比重较小，翻译课教师、翻译教学研究的地位较低，容易被忽略。目前，翻译学仅是二级学科，相关教学、研究活动尚待进一步发展、丰富和完善，而其地位在一定程度上也需要得到官方的进一步认可。有的学者提出，在半官方的全国高校外语专业教学指导委员会中，应该有翻译学的一席之地；建议在原有以语种划分的英语指导组、俄语指导组、日语指导组、德语指导组、法语指导组、阿语指导组、西班牙语指导组之外，再增设翻译学指导组，以表明对翻译学科发展的支持。这一建议有其合理性，因为虽然中国译协及地方译协等机构或组织比较活跃，但并不是官方组织，且不是教育教学专业指导机构，官方的支持更有助于强化和巩固翻译学科的地位。对于翻译专业的发展，应该在进行一定市场调研的基础上，根据国家目前和未来的发展需要，组织专家学者制定专业教学大纲并研究相关事项以保证翻译人才的培养质量，促

进学科地位的进一步确立和学科的健康发展。

（二）抓住发展机遇，适当调整发展规模

目前我国高素质的翻译人才比较匮乏，市场需求量相当大，这是翻译专业发展面临的机遇。随着中国图书推广计划和"中国文化走出去"国家战略的实施，翻译人才更是奇缺。面对这一机遇，翻译专业有发展的广泛需求，但具体发展规模和发展趋势需经缜密的市场调研以后方有定论。高校要充分考虑不同地区、不同院校的差异性，不可盲目统一设立口译、笔译、机器翻译、同声传译等专业。北京、上海、广州等城市对翻译人才需求量较大，有条件的地方院校可以重点发展翻译专业，并突出地方特色。

（三）分析所面临的挑战，逐步加强翻译专业建设

虽然有的院校有一定办学经验，但依然存在"摸着石头过河"的风险。究竟应该培养哪一类人才，所培养的翻译人才能否达到培养目标、是否满足市场需要，都尚待探索和实践检验。众所周知，与市场关系密切的专业往往过分细化，针对性较强，功能性亦相应比较强，容易忽视人文学科教育，缺乏战略考虑。因此，在教学中如何充分发挥高校的教育功能，使学生成为德才兼备、知识广博、能力较强的人才是翻译业内亟须考虑和解决的问题。而且在翻译行业中，其行业标准、行业规范、行业培训等方面也需要进一步完善和加强。诚如鲍川运所言，目前我国在翻译人才培养的手段和体系方面缺少明确共识，主要是因为很长一段时间内翻译行业没有资格标准。譬如说目前翻译方向或专业很热门，主要表现在选择翻译方向的研究生越来越多，"翻译考证"潮越来越热，但如何保证研究生的培养质量，如何提高翻译资格证书的可信度、提升其含金量是一个不可回避的问题。翻译教学界应尽量尝试在文学翻译和实用翻译、知识拓展和能力培养、理论建设与实践应用、翻译通才教育及翻译专才教育、学校翻译人才培养和翻译培训等之间寻求平衡，以切实解决目前翻译专业中所存在的问题。

我国是翻译大国，要成为翻译强国，仍需进一步增加翻译人才的数量，提高人才质量，规范翻译市场。翻译专业虽然初步显示了蓬勃的生机，但其专业发展需要多方共同努力。翻译业内应在熟悉翻译学、翻译教学、教育学、心理学等基本理论的基础上，对翻译现状、社会需求和发展趋势做出客观评估，既不妄自尊大，也不妄自菲薄，切实做好翻译专业的合理定位，制定近期、中期、长期发展规划，编写出系统的教学计划，以培养高水平的翻译人才。

第二节 翻译教学中教材编写问题

一、翻译教材的特点及分类

教材是教学之本和知识之源，肩负着传递课程理念、表达课程内容的使命。教材编写应以转变教育思想和更新教育观念为先导，体现现代教育思想观念以及"三新"（内容新、思想新、语言新）和"四性"（科学性、思想性、先进性、适应性）的特色。

科学合理的教材应该有这样几个显著的特点：目的性、系统性、权威性、参考性。目的性指的是教材一定是针对某一特殊的对象，为达到某一特殊的目的服务的。系统性是教材的精髓，教材最重要的功能就是将一门学科的知识系统地传授给教材的使用者——学生。由于教材是学生学习某一门知识的"根本"，所以权威性是教材的一个重要特征。权威性表现在这样几个方面：①教材内容是一门学科最基本、最重要的知识；②教材内容一般是大家普遍接受的、规范的东西；③教材一般是由该学科的权威人士亲自编撰或审定的。参考性指的是由于教材的权威性，人们通常可以将其内容作为正确的标准。

我们可以根据教材的特点对翻译教材进行分类：按教学对象分，教材可分为英语专业的翻译教材、非英语专业的翻译教材和翻译专业的翻译教材；按层次分，教材可分为专科翻译教材、本科翻译教材、硕士研究生翻译教材和博士研究生翻译教材；按语言转换分，教材可分为汉译英教材、英译汉教材和英汉互译教材（其他语种类同）；按翻译的学科性质分，教材可分为笔译教材、口译教材和专业翻译教材，其中专业翻译教材又可分出许多门类，如科技翻译教材、医学翻译教材、法律翻译教材等。不同类型的翻译教材由于教学目的和培养目标不同，其编写形式和内容都有所不同。

本节主要针对本科翻译教材的编写来展开论述。

二、翻译教学中教材编写的思考

在外语教学中，教材的地位举足轻重，教师通过教材来实施教学大纲、组织教学活动。可以说，教材的质量在很大程度上决定了教学的质量。

高等学校外语专业教学指导委员会指出，21世纪的外语专业教材应该具备以下几个基本特征：①教学内容和语言能够反映快速变化中的时代；②教材要处理好专业知识、语言训练和相关学科知识之间的关系；③教材不仅要着眼于知识的传授，而且要有助于学生鉴赏批判思维能力和创新能力的培养；④教学内容有较强的实用性和针对性；⑤注意充分利用计算机、多媒体、网络等现代化的技术手段。

为了适应新的形势，编写更好的翻译教材已成为当务之急。有学者对翻译教材的编写提出了四点原则：①理论与应用相结合，理论有系统性和层次性，实践有配套性、实用性和真实性；②与时俱进，紧跟学科发展前沿，反映出翻译研究领域的最新理论、方法和成果；③注意继承和吸收传统与西方翻译研究成果，全面融会贯通；④充分了解市场对人才的需要，翻译教材的重心应由过去的以文学翻译为主转到各个应用领域，有针对性地培养学生的翻译能力。

这些特征和原则的重点可以概括为注重理论和实践、注重能力培养和与时俱进。

（一）翻译教学中教材的选择

首先，翻译教材作为语言类教材，材料选择应具有明显的时代特征，教材在传授翻译技巧的同时，需要迎合读者对新材料、新信息的渴求。其次，院校间专业特色课程设置不同，要使一种或一类教材适合所有层次、类型的翻译教学，如研究生、本科生、专科生以及综合大学、师范院校、职业院校等，是不现实的。一笔者或一套书的读者对象不是越广越好，而是越具体越好。针对具体的读者群，也要在选材上尽可能满足读者对不同文体、不同题材的需要。

翻译教材的选择是实现教学目标的重要因素之一，选择什么样的教材内容，直接取决于教学目的。例如，选择法律合同的目的是提高分析语法的能力、克服"翻译病"；选择邀请信、广告的目的是培养功能对等的理念，实践"工具型"翻译策略；选择文学题材的目的是提高学生的文学修辞能力；选择历史题材的目的是启发并培养学生利用工具书和其他途径获取背景知识的能力。总之，选材的原则不是有什么就用什么，而是需要什么找什么。翻译课的教师应该在开学前就对此做出周密的计划，在选材中要随时审查它是否和教学目的一致，同时要考虑教材之间的衔接和递进关系。

在赞同高立希的主张的基础上，笔者进一步归纳出翻译需要遵循的选材原则，阐述如下。

①翻译教材必须符合教学要求，即对提高学生的双语能力和翻译技能有帮助，

有利于提高学生的跨文化意识。

②教材的篇幅适中，不可太长，防止学生失去学习兴趣；当然也不能太短，否则达不到练习目的。篇幅的长短和练习效果不一定成正比。篇幅长短的选取以学生运用所获取的翻译理论去解决实际翻译困难、实施翻译步骤为目的。

③翻译教材的难度要和学生的外语水平相适应，不可太难。只有当教材的语言、文化程度适合学生的实际水平时，学生才会更有信心去翻译，并且通过对个别难点的攻克而获得乐趣。

④选择的教材内容和文体应该是实际翻译中常见的、具有代表性的、有教学示范作用的，而不是教师自己编撰的，因为教师编写的文章往往照顾到学生的语法和词汇知识水平。另外，教材要考虑选材语言的天然性，即最好选择作者用母语撰写的文章，而不是让学生去翻译中国人写的外语文章。

⑤教材内容应该符合所开课程的翻译方向，如经济方向的翻译课程以商贸信函合同、广告等实用文体为主，文学方向的翻译课程以不同文学体裁的作品为翻译对象。

⑥尽可能提供原始状态的素材，如报纸、传真，使学生有真正接受翻译任务的感觉。在有条件的情况下，教师还可以把某个公司的委托翻译作为项目组织学生来完成，这有利于消除学生为教师做作业的想法。

⑦翻译教材的选择应该循序渐进、由简到繁，并且和每次课的目的、内容以及总目标相适应。教师对教材内容不能没有选择地拿来就用，更不能连自己都没有认真看过就交给学生去翻译。翻译教材的质量直接决定教学效果。

（二）翻译教材编写的要求

1. 教材的编写者要具备权威性

翻译教学以专业型、应用型、操作型的高端翻译人才为培养目标，在教学中十分重视实践环节，强调翻译实践能力的培养和翻译案例的分析，把翻译实践贯穿于教学全过程。鉴于此，笔译教材的编写者必须是活跃在笔译课堂上的、具备相当丰富的应用型文本翻译实践经验的一线教师以及翻译学界熟悉学科发展动态的知名专家学者。只有这样，翻译教学才能在教材的编写事项上紧跟市场需求，以市场需求为中心，将编写者自身翻译实践中遇到的典型问题及解决方案融入教材的编写中，而非闭门造车式地四处搜集陈旧的、脱离市场需求的翻译案例。

2. 广选材、重应用

当今市场上流行的翻译培训类教材选材多以文学作品、幽默故事、科普文章等为主，注重逻辑思维能力开发，而涉及历史、政治、经济、外交、法律等内容的专业性翻译文本则较为少见。不可否认，这些教材中优秀的文学作品文笔流畅、修辞严谨，给学生在文学上带来了美的享受和熏陶，但它们题材比较单一，缺乏语言的鲜活性，部分文学作品语言较为晦涩难懂，并不能真正训练并提高学生的综合翻译能力，与现实生活和翻译市场需求的关联性不是很大，不利于训练学生的思维能力。

翻译教学以培养能够促进国家经济、社会、文化、教育发展的专业翻译人才为培养目标，要求学生在具有扎实专业技能的同时，能够适应相关专业领域的需要，成为应用型和复合型的翻译人才。因此，只有具备了深厚的人文修养和广博的背景知识，才能在翻译活动中满足不同领域里不同客户对翻译活动的要求，也才能使译文读起来更具专业性、更加地道。所以，教材的编写不能仅局限于词句翻译，在选材上要突破传统上以文学体裁为主的做法，注重选材的广泛性，应涉及当今翻译活动方方面面的文本类型，如法律文书、商务文件、金融材料、产品说明书、新闻稿件、旅游宣传文案等，帮助教材使用者接触到真实工作环境中各种类型的翻译文本。同时，应选择真实的语言材料，做到范例和练习真实、实用——以真实的翻译项目为训练素材比经过改编、简写的语言材料更具实用性，更与真实的翻译市场接轨，是培养学生语言实际运用能力的保证。如此一来，通过教材的范例讲解和配套练习，学生会体会到不同文本类型在翻译中的特点和翻译技巧，以及同类型文本在两种不同语言间表达方面的区别，进而在宏观上认知不同文本类型的翻译策略，为今后胜任翻译市场上文本类型繁多的项目翻译做好选材范围上的准备。

3. 结合互联网的立体式教材

汤姆林森（Tomlinson）从语言学习的角度来界定教材，指出"教材包括任何有助于语言学习的材料，可以是语言的、视觉的、听觉的，可以通过出版、现场表演、演示、磁带、CD或网络等形式呈现"。根据现实需要，网络可以最大限度地为学习者学习提供资源，使教材的实现形式更加多样性、立体化。翻译纸质教材可以与互联网相结合，创办具有时代特色的立体式教材。具体而言，教材的编写者可以创办一个网站，将网址附在教材中，从而使活跃在教学一线的教师可以在网站上发布一些新鲜、具有教学意义的应用型双语互译文本，以弥补纸质教材更新相对滞后的缺点。同时，教师和学生也可在该网站平台上留言、提问，共同解决翻译实践中遇到的困难，切磋翻译心得体会。另外，教师可以有选择性地将某些颇具翻译教学经验并取得一定教学成果的教师的授课视频上传到网站上，实现优质教学资源的共享，从而使更多的学生受益。

（三）本科翻译教材的编写

本科生的翻译教材应该如何编写呢？对于这个问题，思考的人不少，也拿出了一些方案。穆雷认为，教师们的普遍反映是翻译课教材不统一、内容较陈旧、例子比较单一、过于学院式，建议组织力量编写出一套理论与实践结合较好、内容较新的教材，应包括翻译史、翻译理论、翻译实例、翻译分析、翻译评论及翻译练习。刘宓庆的实施计划更为周密和具体。他认为，翻译本科四年制的课程结构由四个部分组成：翻译实务、基本知识、翻译理论和翻译思想史。翻译实务按语言难度和技能技巧发展分为三个阶段——基础翻译、中级翻译和高级翻译，这类似我国现行的翻译等级考试。在基本知识方面，他列了10门课程：基本语法、普通语言学、对比语言学、语义学、语用学、文体与修辞学、语言与文化、美学常识、翻译与传播学、翻译与信息技术。在翻译理论部分，他只是介绍了两种基本教法，即人物志式的讲授法和课题式讲授法。翻译思想史包括中西翻译思想的发展沿革、流派及其代表人物、历史功绩和缺点等。总体来说，他的翻译教学课程包括的范围是清楚的，但具体各部分内容分布似不够清晰，尤其是翻译理论部分。具体到他的实施计划，基本知识包括语音、词汇、语法、修辞、文体等方面，翻译实务包括听、说、读、写的综合体现和实际应用，这种安排思路体现了从教学翻译到翻译教学的过程。翻译理论和翻译思想史涉及以下几个方面：①相关学科介绍；②中西方翻译史梳理；③中西方翻译学说浅论；④翻译家思想和作品介绍；⑤译学词典。

（四）关于翻译统编教材

教材在教学中的重要作用是人人皆知的，穆雷称"教材建设是翻译教学的基础工程"。在翻译教学中不宜推崇千篇一律的教材，因为翻译教学的宗旨是科研与教学并重，教师的科研成果要不断渗透、反映到教学中，以一本教材为标准，势必会限制教师的独创精神，并且翻译教学的目的是培养学生自我学习、自我研究的能力，用中小学的一笔者学一个学期的模式来设计大学课程，难免会与高校的素质教育宗旨与学生的发展情况相悖。

高校翻译教学要根据社会的发展和人才市场的变化，调整自己的培养方向，创造自己的特色产品,这是与时俱进的积极态度和正确抉择,在这样的局面下仍然提倡统一教材,未免太脱离实际了,而且不可能有一本覆盖各个专业方向的"杂家"翻译教材。以往的教材采用的模式大同小异,所涉及的内容过细,通常以几篇文章为例,进行分析评判,而这些文章的时效性很短、面很窄,这大概是一些教师宁可自己编教材,也不愿使用市面上一些现成教材的原因之一。

随着时代对翻译教学要求的变化,我们不应再追求传统模式的统一教材,而应该设置一个能够提供翻译教学理念、策略、方法和实施模式的粗线条的教学框架。以培养科研人才为目标的德国教育的各个专业都没有规定教材,也不提倡统一教材,而是给教师和学生一个发挥个人能动性的自由空间,以促使教师和学生孜孜不倦地学习,获得新的知识和能力。同样地,我国教学的各个学科都应该以素质教育为根本宗旨,从观念上重新审视我们的教学思想。

为此,我们不妨站在宏观角度去设计一本粗线条的、只制定教学原则和选材框架的动态型的教学手册,里面包括针对不同教学目的而设计的可操作性强的多种教学方案,给教师以个性发挥的空间。而这一想法在德国已经成为现实。德国翻译家乌·高立希的《笔译和口译教学手册》,令人耳目一新,作者从翻译职业的实际出发,以现代的翻译理论成果为指导,立足于教学设计和实施而写出了该手册。近年来,一些高校将他的教学理念和方法引入了翻译课,对翻译课程做了根本性的改革,定位于职业翻译,立足于技能训练,根据这一宗旨,重新筹划了课程计划并采取了讨论式的、师生互动的教学方式,取得了良好的效果。

(五)翻译教材编写注意事项

1. 把握好难易程度

翻译教材的难易程度一定要和师生水平相适应,特别要注意和学生的水平相适应。学生是第一位的教材使用者和受益者,因此教材编写者在编写之前一定要设法了解学生的层次、双语水平。翻译教材编写者应该根据翻译学习的特点和规律以及学生在把握源语、目的语过程中容易出问题的环节,进行"有的放矢"地选材和点拨,针对学生群体和个体的需要以及社会和市场的需要进行合理设计。

2. 突出语篇意识

教师在翻译教学过程中,要围绕学生翻译能力的构成要素,如翻译技巧、对翻译标准及翻译原则的把握、语言运用能力、语言知识和百科知识、综合能力等,针对翻译教学中遇到的难题和学生在翻译练习或实践过程中暴露出来的症结,设计专题。为此，教材编写要突出语篇意识，把这些专题巧妙地融合到能够"突出主体意识"的各类语篇中去。立足于语篇整体，有助于学生宏观分析、理解和整体把握语篇，使学生能够结合语境去分析、理解句子和词组。此外，对源语文本的深刻理解还可促进译语译篇的构建，避免语义逻辑的不连贯现象，也有助于准确评价译文。

3. 贯穿理论联系实际的思想

翻译教材，不仅在正文内容上要体现理论联系实际的思想，练习部分及其题型设计上也要体现理论联系实际的思想。翻译教材正文的用例都应该是来源于实际生活的，每个练习应尽可能选择实际生活中的材料，并应尽可能提供语境信息，包括写作背景、原文的用途、译文的用途等。教材的各部分内容在反映时代要求的基础上，一定要有利于学生从理论上理解为什么在某种情况下采取某一翻译方法和技巧，并帮助学生在理解到表达这一翻译实践规律的过程中，把翻译有关的理论逐步整合在一起，形成体系，最终有效指导自己的翻译实践。

三、翻译教材编写的原则及内容

教材的编写要符合时代要求，满足市场需要，能够切实提高学生的实际翻译能力。现将翻译教材编写的原则及内容阐述如下。

①教材的编写形式宜将双语互译融合处理。这样有利于翻译知识的整合，便于增加教材的内容含量，避免不必要的重复以及人力、物力的浪费，如对一些共同的翻译理论知识及技巧的讲解。

②教材应注重理论与实践相结合，以实践为主，但不忽视理论的讲解。理论应包括翻译的基本概念、历史与现状、翻译理论流派以及翻译界的热点问题等。

③增加双语语言文化对比知识，包括用词、句式、思维表达方式等方面的对比。这有助于学生了解两种语言文化的不同，以便在翻译实践中灵活运用。

④词句与语篇翻译并重，选取内容要广泛。选材方面应该从传统的文学作品素材扩展至经济、科技、外交、外贸、媒介、法律、政治、影视和旅游等各个方面。体裁也要多样，包括叙述、说明、议论、应用等。所选的材料应该新颖、生动、实用，紧跟时代节拍。

⑤增加译文比较和赏析。这样既能提高学生的鉴赏能力和透视能力，使他们通过比较和赏析，学习别人的长处，弥补自己的不足，又能帮助学生在实践中掌握双语互译的综合技巧，提高翻译的综合能力。

⑥翻译练习要有较强的实用性和针对性。练习的内容要紧跟时代，选材要广

泛，形式要多样。例如，文学翻译的内容应当保留，但不宜过多；反映当代社会、经济、文化、科技、外交方面的内容应当增加，使之成为翻译课实践材料的主体，建议占 2/3 以上。

⑦合理搭配译例及练习的题材、文体，把握好词句与篇章的比例。要注意题材多样性，散文、小说、诗歌翻译的比例不宜太大，建议不超过全书的 1/3。短篇实用文如请帖、通知、布告、履历、证件、简单的说明书等也应当是本科阶段的教学目标。此外，教材还应包括一些新闻报道、企业概况、招商引资介绍、涉外文书、商务合同等内容。

四、翻译教材编写操作流程

（一）先进的教材编写理念

任何一个教材编写者都有自己的一套指导思想，最后编写出来的教材就是其指导思想的体现。任何一个教材使用者在决定采用某套教材的同时，实际上也就自觉不自觉地接受了教材编写者的指导思想，其采用教材后的教学活动基本上是在教材编写者的思想指导下进行的。换句话说，教材对教学法乃至整个教学活动几乎具有决定性作用，其实，教材也基本决定了人才培养的走向。因此，要想从根本上提高人才培养质量，就必须重视教学材料，重视教材编写理念，让教材体现出教育教学理论发展的成果。我国高校实用翻译教材的编写理念应该指向应用型外语人才培养，突出实用性，编撰符合时代需求和具有时代气息的翻译教材。

翻译教学中的教材编写要体现教育教学理论发展的成果。杨自俭指出，判断教材的好与差的主要标准是看其在完成培养目标中所起的作用。李运兴提出，只有结合教学法的有关原则才能编写出针对性强、容易实施的教材。教材编写者应该了解、运用相关教育教学理论和翻译理论，以切实保证教材编写的质量。在语言教学中，教材编写用到的材料更趋于个性化和地方化，材料运用时有更大的灵活性和创造性，更强调多元文化视角和意识，更强调语言学习的多维方法，更加关注学习者情感因素和个体差异。这些以学习者为主、强调学习方法的趋向在翻译教材编写中应该有所体现，尤其是在翻译知识技能性教材的编写中，因为随着人本主义教育理念的普及，教材编写也应该更人性化，要充分考虑学科发展以及教师、学习者等相关方的要求。在翻译专业本科教材编写时，要在需求分析的基础上，明确人才培养目标纲要，明确具体的课程性质和课程目标，以提高学习者的理论水平和实践技能为本，结合现代教育手段，编写融合理论与实践、兼顾知识和技能的教材。具体来说，编写思路（具体的教学对象、教学内容、教学安排、教学要求等）要清楚，各章节之间要衔接自然，逻辑性强；理论阐释要客观透彻，知识点清晰；译文应准确通顺；练习要真实实用。当然，编写者、课程性质、编写目的等因素的差异也会使教材各有不同，譬如有的强调"知识领先，描写为主"，有的主张"实践领先，规定为主"，有的侧重于理论阐释，有的突出实务训练。无论是哪一种教材，只要其潜在的编写理念符合翻译教育教学规律，能够满足教学需要，有助于发挥学生的主观能动性、提高教学学习质量，都是可以接受的教材。

（二）多样的教材编写内容

教材编写应该考虑学生的学习特点，遵循"由浅入深、循序渐进"的编写模式，符合学生认知接受规律，讲求学习效果。教材内容可分为几个衔接紧密、逻辑自然、承上启下的模块：翻译基础知识，让学生了解翻译作为一门独立开设的课程具备的学科特质；翻译理论知识，让学生大体了解目前国内外翻译理论研究的几大流派和翻译的几大对立统一关系；翻译的技巧与方法；翻译语种的特殊结构，特别句式处理；各种篇章文体的翻译策略。总之，整个教材应该由浅入深、循序渐进，呈梯级状演绎编写，先宏观展现学科特质，后微观阐述翻译技巧和策略，符合学习者的认知规律，体现作为教材的"教材性"特征。

教材内容和形式应丰富多样，兼具知识性和实用性，体现翻译内在的文化交流功能，考虑教师和学生的个体需求（如认知风格、情感、性格等）。教材（包括主干教材和教辅资源）应兼顾理论、实践、知识与技能。目前，外语专业的必修课程一般都配有教师用书（包括相关论点阐述、教学建议、参考书目、参考译文等）、教辅光盘（包括教学演示、教案）等。翻译专业教材也要拓展教材的形式，除了纸质教材之外，可建设电子教材（供学生在计算机上自学的光盘、电子书、网络教材等）、网络教材资源库（包括练习库、相关背景介绍等）、翻译学术网站链接等。就教材本身的内容而言，理论阐述应具有权威性，所援引译例应该广泛多样、有代表性。韩哲通过对六种翻译教材中译例的综合分析，提出译例为翻译教材编写的主要问题，须注重内容的新颖性、选材的广泛性，以及译例的审美性、准确性、启发性、可靠性和易读性。譬如，笔译入门教程所涉及内容应该包括摘译、编译、译述、翻译批评、译作赏析、篇章翻译等，而不应仅局限于词句翻译，所涉及篇章应该包括科技、法律、商务、公文文体等，而不应仅局限于文学文体。

（三）创新的教材编写体例

编写体例要有所创新，有理论启发性和实践应用性。传统的翻译教材编写体例比较单一，版式单调、呆板，形式不丰富。刘和平指出，大多数口译教材在编写方式上还是前半部分做一般性的描述介绍，后半部分配上练习材料、译文或说明；或者将一本教材分为若干课或单元，每课一篇到若干篇课文，附有译文和词汇，以及语言点和翻译点的说明。这一现象有一定普遍性，在笔译教材中也存在。譬如，有的教材在每一章开始先进行理论或技巧概述，在文中附上一些翻译例证（外汉对照），在文后附上翻译练习，全书后面附有答案。教材整体上不活泼、不丰富，缺少必要的插图、表格等，外观不够生动出彩，缺乏吸引力，也很少应用现代教育技术手段。针对此情况，设计者在教材编写体例上可以根据课程性质进行调整和创新。如有的教材可以分为配套的两册：一册供课堂教学用，其中的练习可附参考译文，供学生做译文对比使用；另一册是配套练习册，可分两部分，一部分是教师指定练习，每个学生必须独立完成，另一部分是供学生自己训练用的，这部分不应附参考译文，教师可分阶段提供参考译文。这样的配套教材的使用效果要好得多。

体例设计者应根据不同课型的教学需要采用不同形式，使教材框架清晰、形式活泼，更具内涵和应用价值。譬如，有的教材已经尝试打破传统体例，根据教材内容分为原理篇、技巧篇、实用篇三大部分，以专题形式分析各种实用文体的特点与翻译策略。有的教材在每一章末附有相关研究网址，在文末标注术语表、索引表和参考文献等，并对参考译文进行评析，便于学习者深入学习研究。有的教材借助一些插图等来丰富页面，增强教材的吸引力。有的教材在例句和练习下面留出相应空白，以便于学生发挥主观能动性，通过思考解决问题。有的教材尝试以翻译具体问题为焦点，例文、练习等都围绕这一问题，使学生从理性到感性逐步加深理解。有的教材侧重于翻译现象描写，一例多译，引导学生进行思考。无论编写体例如何变化，都应该更好地传达教材信息，增强教师、学生与教材之间的互动，促进学生翻译知识的积累和翻译能力的提高。总之，翻译教材的编写不是要不要理论的问题，而是如何把理论与实践有机融合的问题，应该避免目前多数翻译教材回避翻译理论研究和翻译史只重语符转换的偏向，把翻译理论研究、中外翻译简史和翻译实践有机结合起来，三位一体，多维阐释，相得益彰，使教材呈现出翻译作为国家独立设置的学科性质，系统深入，立体鲜明。翻译教材内容应该全面丰富，体例应该生动活泼，成为一个有机整体；应该让学习者透过现象，用辩证的观点把握翻译的本质，体现出教材特有的高度和深度。

（四）严格的教材编写程序

教材编写管理要有严格的操作程序，以保证编写质量。在编写者选择方面，既要突出权威性，也要注重实践性。如果教材由一人编写，那么应该选择翻译学界的知名专家学者或者中青年学术骨干，因为这样的人具备丰富的教学研究经验和实际翻译经验，熟悉本学科的发展动态。如果编写任务由小组承担，则小组成员应当既包括研究者，又包括一线擅长翻译理论和翻译实践的翻译教师和教学研究者。要注意小组成员之间专业研究方向、特长（如现代教育技术运用）等的合理匹配，使相互之间互为补充，提高编写效率。编写教材时应各有分工，高效有序工作，初步完成后由教师去选择、修订和试验。在编写过程中，管理要有条不紊、分工明确、责任到人、严格要求、定期检查、按时交稿。主编可以组织小组成员先制定编写大纲，商定工作计划，然后要求编写者按期完成编写工作，同时主编与各编写者、出版社编辑人员之间要经常交流，及时沟通，严格按编写程序和要求运行，切实保证编写质量。此外，在教材编写过程中一方面要严格管理，另一方面要强调奉献精神、敬业精神和严谨治学的态度。大家知道，翻译教材或者任何教材的编写劳心费力，耗时耗神，编写者不仅要熟悉翻译专业知识，具备一定的翻译经验积累，还要了解和掌握学生实际需求，认真精心地搜集资料，耐心细致地编辑整理，这样才能编写出高质量的教材。

五、翻译教学中教材编写展望

翻译教学按其目的可分成三类：为辅助外语教学而进行的翻译教学，即教学翻译；为培养译员而进行的翻译教学，即真正意义上的翻译教学；为推行素质教育而进行的翻译教学，即对非语言专业的、不以日后成为专业译员为目的的大学生开设的翻译课。依据这一分类，本科专业的翻译教学当属第二类，其目的在于培养翻译工作者，其重点为培养学生正确的翻译观和提高学生翻译能力。这样的分类有助于避免在翻译教材的编写中"眉毛胡子一把抓"，而能做到有的放矢，针对性强。

翻译教材的编撰正在悄然发生着科学化、规范化的变化。随着当代翻译理论的日趋成熟，尤其是西方翻译理论在这二三十年的不断引进，各种不同流派的翻译思想、相关学科的理论都被自然而然地糅进翻译教材。理论对于实践的指导性作用已不容置疑。翻译教学界沿袭数十年的增、减、拆、合等教学内容并不能反映语言的内部转换机制，即只讲"要怎样译"而不讲"为什么应该这样译"的道理，不利于学生理性地认识和掌握翻译技巧。而"功能流派""新译论流派"等流派的异军突起，从根本上打破了传统翻译教材的编排模式，开始指导学生从"怎样译"转向"为什么这样译"。

现代语言学为翻译研究和翻译活动提供了比较科学的理论基础。它帮助人们从语言学的观点来解释翻译研究中的一系列问题或其中的主要问题。它包括语际转换过程、转换过程中话语信息的传递、转换过程中语言单位的对应及转换过程中的技能意识等。这样的理论教学有助于学生认识和指导语际转换，既能对语言有共性的了解，又能知晓不同语言之间差异的规律性，从而有利于开展翻译实践。翻译的效果分析，从某种意义上讲就是翻译的批评研究。翻译批评不是一种主观看法的表现，更不是跟着感觉走的感性认识，它具有一种科学研究的性质，必须依据翻译理论以及相关的语言学理论、文艺学理论和文化理论等进行研究。

翻译教材在外语教学中具有十分重要的地位和作用，它是语言知识（语音、词汇、语法、修辞）和语言技能（听、说、读、写、译）的综合体现和应用。翻译理论是翻译学科的重要组成部分，又是翻译教学的基本任务之一，用以及时发现和解决实际问题，减少学生翻译活动的盲目性，帮助学生把具体经验上升为理性思考，有效地指导翻译实践。总之，从较新的角度和较高的起点来编撰本科翻译教材是一项重要工作，应予以足够重视。

第三节 翻译教学中课程设置问题

一、翻译教学中各层次课程设置概述

（一）翻译本科课程设置

如今，译界学者们厘清了教学翻译与翻译教学的关系；理论教学与实践教学的比例也渐趋明朗；各种层次的翻译教材已出版多种；翻译教学也已出版专著；各类翻译教学的论文及学术会议更是不计其数，并有迅速发展的趋势。可以说，我国翻译教学在改革开放的大环境下顺势而为，已经发生了很大变化。学者们的思考也从单一的"翻译课教什么"开始转入对于翻译课程的研究。何刚强的文章《翻译的"学"与"术"》虽然探讨了"学"与"术"的内容和界限，但告诉了我们这样一种现实：从教师到学生再到教材，急功近利和浮躁的心态使得人们越来越把外语的训练等同于培训。外语学习呈"快餐化"倾向，越来越多的人只强调其工具性一面，只将其视为毕业后谋取一份满意工作的途径。对于要花大力气

去学习与钻研的有关文、史、哲和文化的科目和课程不加理会，涉及人文、历史、语言、哲学、科技、经济等方面的经典书籍越来越少有人认真、系统地阅读，更不要说不断加强自身的母语与文化的修养了。从这个意义来讲，本科专业翻译课程的研究和建设应该加快速度，迎头赶上。

刘宓庆的《翻译教学：实务与理论》、穆雷的《中国翻译教学研究》以及何刚强的论文对于本科专业翻译课程的设置的探讨都绕不开翻译理论与实践的范围。虽然都是从课程设置出发，但涉及的内容只有翻译理论与实务，且着眼点在三个层次：本科阶段、研究生阶段及博士生阶段。文军首次提出从翻译课程角度来提升翻译教学的问题。他的"大课程论"的观点扩展了以前"教学"研究的范畴，将之扩大到包含课程目标、内容等在内的整个课程领域。他的研究应该说还处在理论认识的层面，但开启了翻译教学研究新的领域。另外，他在研究中没有提到研究对象，其研究对象应该是指"公共翻译课"，并非指翻译系/科的学生。

何刚强的文章从我国高校翻译系/科面临的问题谈翻译的"学"与"术"。他指出了我国的翻译系/科的尴尬处境：一方面，先天不足，国学基础弱；另一方面，外语专业院系培植译才的土壤似在日渐稀薄。因此，国内翻译系/科有必要重新审视自己的建设与发展方向。

从传统上说，我国翻译人才的后备力量主要来源于外语院系的毕业生，因为他们的外语专业训练比较系统，基本功比较扎实，且人文素养比较高。这与许多大学将外文系与中文系的教授互相打通兼课是分不开的。针对目前我国翻译系/科学生国学基础弱的情况，下一步应该从源头抓起，即从课程设置着手。

文军在《论翻译课程的价值与功能》一文中归纳了课程的价值取向：知识本位的价值取向、社会本位的价值取向和学生本位的价值取向。这三种价值取向显示了课程设置所必须考虑的因素。课程设置不能只取其一或其二，否则就会流于偏颇。当前，我国不少高校建立了翻译系/科，那么，课程设置的情况如何呢？一般而言，翻译系/科的课程设置分别根据笔译和口译而定，重心多放在外语的强化上。这与人们普遍认为外语好自然就会翻译好，以及把教学翻译与翻译教学混为一谈的观念有关。与国外相比，国外大学更注重训练学生的母语创造性思维，强调学翻译一定要以母语为目的语的做法。这正好击中了我国翻译系/科的"软肋"。仅对外语进行强化，一方面是我国教育体制的缺陷所致，另一方面是翻译教师和外语工作者自身素质所造成的。这个问题不是靠教师具备一定的翻译理论知识就能解决的。"学"与"术"是翻译研究范畴的内容，而翻译系/科课程设置要解决的是如何培养具有厚实的国学基础、广博的知识面、足量的口译/笔译训练的学生。鉴于这三方面的内容，我们应对目前所实行的翻译系/科的课程设置重新审视，并做适当调整。

何文尽管用大量篇幅分析了我国翻译系/科存在的问题，涉及课程设置的问题，但其对问题的解决重心放在了博士生阶段，而对本科阶段翻译系/科的人才培养方案没有跳出翻译的圈子，即非"大课程"的研究。事实上，从翻译专业博士生入学考卷出现的一些带普遍性的现象追根溯源，可以发现本科阶段的教育体制存在问题，具体来说这些问题就是课程设置的缺陷造成的。

综上，一方面，本科翻译系/科的课程设置要考虑"术"的教学。人们普遍认同的观点是，教学翻译是外语教学的手段而非目的；而翻译教学则把翻译作为一门专业来教授，其目的是培养出翻译能手。从教学的要求来看，前者对译文的要求较低，比较适合于大学一、二年级或以下的外语教学；而后者的对象是外语专业高年级或翻译专业的学生，对译文的要求较高。换句话说，翻译系/科"术"的教学不等同于一般的翻译教学，不仅涉及语内知识，而且涉及语外知识（如翻译目的、译文功能、译文读者、目的语社会的语言规范等）。另一方面，本科翻译系/科的课程设置要考虑"广"和"博"，即要合理安排人文、历史、语言、哲学、科技、经济等方面的知识，厚实的基础对于翻译系/科的毕业生尤为重要。这里需注意，加大学习内容并不与教学计划相矛盾，有些知识可以通过由教师开出书单的方式让学生去阅读，教师只作检查。

对于翻译系/科的课程设置来说，由于翻译的跨学科性质不同于其他专业、学科，因此除了外语类的科目外，国学基础也应在设置范围内。在目前翻译系/科课程设置中，没有真正涉及国学的厚实科目，也没有较系统的人文科学科目，在此情况下，将此作为问题提出来，有助于提升人们对翻译课程的价值与功能的认识，具有一定的现实意义和长远的历史意义。

（二）翻译专业研究生课程设置

鉴于某些高校实行翻译本硕连读模式，而且随着我国研究生教育的发展，翻译已经成为热点专业/方向，因此这里简略阐述一下翻译专业研究生课程的设置原则，并尝试分析研究生课程与本科课程设置之间的关系。

戴炜栋等曾剖析了外语专业研究生教育的特点，指出研究生教育具有培养目标的"研究性+实用性"、培养内容的多元融合性、教学氛围的互动合作性等特点。翻译专业研究生阶段所培养的高级翻译人才也反映出学术研究性和实用性的有机融合。鉴于翻译专业实用性较强，在研究生课程设置中应该坚持实践性、发展性、多元性的原则，而且要着重强调实践性。具体解释如下。

所谓实践性原则，一方面指在研究生课程设置中，充分考虑培养目标与市场需求的结合，在需求分析（如对用人单位、学生等的调查访谈）的基础上，参考国内外相关院校的先进经验开设课程；另一方面指在应用型研究生培养过程中增加实践训练性课程，在学术研究型研究生培养过程中增加学术思考和写作类的课程，使学生得以充分锻炼。如北京外国语大学高级翻译学院研究生培养体系旨在培养应用型翻译人才，所开设课程主要包括英汉交替传译、视译、同声传译、笔译、翻译理论等，实用性较强，有助于毕业生承担国际会议同声传译、高级口笔译等工作。

所谓发展性原则，一方面指课程设置内容随学年不同而不断拓宽、拓深，以促进研究生的知识建构和能力培养。譬如，广东外语外贸大学高级翻译学院在第一学期所开设的课程旨在训练学生的翻译基本功，使学生在百科知识、语言技能、翻译技能等方面有所提升；第二学期、第三学期针对学生的专业研究方向（如法律翻译、传媒翻译、商务翻译、口笔译研究、国际会议翻译研究等）开设课程；第四学期要求学生进行学术（项目）研究、完成硕士论文。发展性原则的另一方面指课程本身的内容呈动态发展趋势，不断充实新的翻译学、语言学、哲学、美学等研究视角和研究成果，达到更新专业知识、提高理论水平和发展教学科研能力的目的。

所谓多元性原则，是指所开设研究生课程融合相关学科的内容，涉及语言技能、翻译技能、科研方法、语言文化基础知识、翻译基础理论、相关专业知识和技能等层面，比较宽泛。课程内容的呈现形式也各不相同，包括纸质资料、音像资料等；信息来源渠道多元，包括教材、网络、学术沙龙、学术杂志等。譬如英国沃里克大学注重翻译研究与教学，所开设的选修课程就涉及文学、社会学、方法论等方面，如戏剧翻译、诗歌与翻译、翻译与受众研究、翻译与性别、翻译与后殖民主义、学习方法论与研究技巧等。

在实践性、发展性、多元性原则的指导下，翻译专业研究生教育作为本科专业教育的延续和发展，课程设置不但要拓展种类，丰富内容，而且在理论、材料、方法等方面要更充分地体现出研究性和实用性，体现出一定层次的难度和深度。譬如，难度较大的同声传译、计算机翻译软件设计等课程不适合在本科阶段开设，而应该在研究生阶段设立；翻译理论在本科阶段为一般性介绍，但在研究生阶段可以进行具体解析和研究；研究生阶段相关课程所涉及的必读书目无论是在数量上还是在深度、广度等方面都要超过本科阶段的要求；在办学条件和设备方面，研究生阶段某些专业课程的要求远高于本科课程,如一套稍具规模的同声传译实验设备就要耗资数百万人民币;研究生课程对于师资的要求也更高,尤其是对导师的学术水平和学术能力都提出一定要求(如翻译学理论、研究方法、术语学、学术论文写作等课程要求任课教师熟悉相关学术动态并发挥导向作用)。总之,翻译专业研究生课程设置应该涵盖翻译专业、跨学科研究、翻译实务、论文写作等方面,有助于培养学生的理论研究和翻译实践能力,提高学生的理论水平和翻译技能。

二、对翻译专业课程设置的建议

翻译专业课程设置的合理与否直接影响到所培养人才的质量,可以说,翻译专业课程设置是一个十分重要的教学环节。许钧曾经就翻译专业课程设置提出建议,认为不能因人而设,不能随意而设,各层次翻译专业或翻译方向的课程要注重科学衔接,要借鉴国内外兄弟院校的成功经验。何刚强则提出,翻译系/科的培养方案应明确三个不同层次:本科阶段以翻译实践为主;硕士生阶段原则上理论与实践并重,但可根据各学校的传统与特色,或者侧重于理论,或者侧重于实践;博士生阶段主要以理论为基础,夯实理论研究基础。这些观点对于翻译专业课程设置具有一定启发指导意义。

结合相关论述,笔者认为,翻译专业课程的总体规划、具体设置应该立足于社会和个人需求,不仅要考虑当前的社会和市场需求,还要考虑国家和社会未来的发展战略需求,围绕培养目标(研究生与本科层次有所不同),结合地域、学校特色和师资、办学条件等实际状况,充分利用各方面资源(如其他学科、专业方向的师资或企事业单位的资深译员等),科学客观地开设相关课程,并且所设置课程应充分体现翻译的学科交叉性和实践性。具体来说,在课程设置中,不仅要考虑翻译市场对全译和变译的不同需求、学科本身发展对理论研究的需求、学生对应用性翻译知识的需求等各种需求,而且要使理论性与实践性课程、知识类与技能类课程、必修课与选修课匹配得当,以保证人才的均衡发展。同时,高校应整合各种有利资源,开设翻译通选理论课、专题讲座课、翻译实习课等课程,以充分体现翻译的学科融合性,开阔学生的学术视野。当然,因培养目标不同,所开设课程在理论或实践侧重方面会有一定差异。如果目标是培养应用型译员或要求学生通过某种类型的翻译资格证书考试(如大会口译资格证书考试),则实用型技能课程(如信息技术、经济、商务等)较多;如果目标是培养教学研究人员,则学术知识型课程(如语言学理论、文学批评、译介学等)较多。

三、翻译教学中课程设置的发展趋向

翻译教学区别于纯正意义的语言教学。翻译人才的思维模式与一般外语人才有着明显的差别。这是翻译教学因应市场需求的结果。翻译教学中课程设置的发展趋向如下。

（一）翻译课程发展方向的变化

翻译学科是一门边缘性的学科。其学科重点和核心在对比语言学、比较文学和文化研究三个领域。本科阶段翻译的内容在课程运用中以两种语言的对比为基石，以文化翻译为主旨和主导思想，从语言、文学和文化三方面挖掘两种语言的本质不同和共同之处。该阶段通过语言在文学中的具体体现，进行不同地域、生活、社会等表现方式的研究，从某种程度来说，趋向于文化转向的这个目标。当然，不同应用范畴的翻译方法和技巧也是学习的关键。

（二）根据翻译课程的学科性，调整教学内容

在本科阶段翻译教学中，将课程设计的整体理论体系做出调整，在教学中重视讲授的逻辑性、科学性，以及语言、文学、文化三方面的关联性。在此基础上，思考教材内容结构的分配，知识和能力结构的分布。在学生的学习中奠定学科的基础，既注重翻译技能，又以翻译理论为指导，并注重文化与文学性，在授课过程中，以此为目的提升翻译的教与学的水平，完成本科阶段翻译学科的建设。

（三）以学科为龙头，转变教学方法

在本科阶段翻译教学中，改变传统的师生学习关系，采用师生互动、商讨的方式学习翻译技巧。教师在授课中线性、螺旋性穿插进行各种技巧练习，着重操练难点和重点，并评价练习效果。课后教师以连续型的学习指引方式布置、批改翻译练习，并注意批阅的方法和形式，使之更为合理、有效地向学生输入翻译的基础知识及语言文化素养。通过课内外学习逐步培养学生对于翻译学科的概念，提高学生的认识能力。

（四）学科理念对翻译课程的推进作用

目前外语专业的翻译课程不是按照翻译教学模式，而是按照教学翻译模式授课的。在翻译学影响下，外语专业要完善翻译课程的教学，使整个外语教学提高一个层次。这就要求翻译课程的教学要重新定位，向学生输入多角度的知识，既帮助学生掌握外语，在语言教学中发挥作用，又培养学生成为翻译人才，诸如指

导学生进行翻译资格考试证书的实践等，为培养职业人员做铺垫，帮助学生更好地适应社会的需要。

第四节 翻译教学中专业建设问题

一、翻译教材建设问题

目前翻译教材市场比较开放，名目繁多，良莠不齐，重复率较高，给教材使用者带来很多困惑。所以，在我国大力推进翻译学科建设的同时，应将翻译教材建设纳入翻译学科建设体系之中，对翻译教材实行科学化管理。途径之一是将所有翻译教材分类分层次，针对不同水平的学习者推荐不同级别的教材。途径之二是成立翻译教材建设委员会，在委员会中建立教材研究、设计、编写、发行、评估为一体的教材研发编审体系，并以教材编写委员会为主导，结合高校、出版机构及其他社会相关组织，一起通力合作，最终在我国形成"教材研究—出版发行—投入使用—质量评估—教材研究"的循环运作模式，即以研究促编写，通过使用来评估教材编写质量，同时结合教材评估情况来促进教材研究和编写，最终在我国形成教材研发的良性互动体系。

翻译教材建设应依循生态式设计的基本理念，即构建和谐的翻译教材生态环境，鼓励翻译教材的主体互动；以人为本，加强翻译教材与学习者生活、个人经验之间的联系，增加教学案例；建立一种良好的知识生态关系，加强翻译知识与相邻学科之间的联系，增加翻译教材中的知识含量；用描写性方式来陈述翻译事件，让教材具有可阐释性，保持动态平衡。

教材编写者应该和出版机构联合起来，对现有的一些优秀教材进行二度开发和创造性使用，对教材进行不断地改编和更新。同时，编写者要吸引专业译员加入编写队伍，增加翻译行业知识和翻译伦理规范，缩小翻译教程编撰与使用的差距；加快翻译技术在翻译教材中的融合和应用，从高质量的翻译语料库和数据库中选取真实语料，建立多模态翻译教学资源库，实现翻译教材立体化、电子化和多元化。

教材评估指教材评估主体对教材的价值进行判定，是教材建设不可或缺的重要方面。在应对多样化的教材和市场化的出版发行体制时，需要建立一个科学有效、符合国情的教材评估体系，为教师、教育行政领导、家长、社会分析教材情况，为选用教材提供参考，促进教学优化和人才培养质量的提高。同时，编写和出版教材的单位和个人也需要通过评估获取反馈意见，提高教材编写质量。

部分学者对各种翻译教材中的译例以实证的方式进行了深入分析，指出翻译教材中译例选择方面的问题，并提出了相应的改进意见。部分学者通过对现行翻译教学现状的调查，结合对新形势下原有统编翻译教材不足之处的分析，认为原有的统编翻译教材已经不适应新的形势，统编翻译教材改革势在必行，并提出对新的翻译教材的改革设想；同时，通过对汉英翻译教材的现状和现有汉英教材的编写模式的探讨，提出了翻译专业汉英翻译教材编写的模式。还有学者从计算机翻译教学、现代文学作品翻译等不同角度，探讨了提升翻译教材编写质量的途径。

翻译教材的评估与选择、教材编写体系研究和翻译教材发展史研究方面也取得了可喜的成果。譬如，马鸣对汉英翻译教材编写体系的研究价值进行了阐述，认为对理想翻译教材编写体系的探究是翻译教材建设的重要步骤。刘季春提出，要全面提高中译外文字的质量，首先需要提高对中译外现象的认识，加强中译外理论的研究，建立中译外教材独自的体系。

二、教学方法和手段问题

目前翻译教学方法、手段单一，理念需要更新。在翻译教学实践中，教师多强调课堂教学，对课外实践活动不够关注。在课堂教学中，主要采取教师讲解、学生练习的形式，对现代多媒体教育技术应用不足，教学手段较为传统。多媒体、网络环境的发展为营造良好的教学环境创设了有利条件，提供了更大的选择空间，但在实际教学中，这些设备或资源并未发挥应有的作用。翻译教学缺乏创新、缺乏互动，课堂气氛也就不够活跃，教学效果也就难如人意。众所周知，翻译是一门实践性很强的学科，因此应充分考虑学生的个体差异，设计丰富多样的教学活动，这有助于激发学生的兴趣和热情，使他们在"做中学""练中学""译中学"，从而提高教学效果。

三、教学评估方式问题

在翻译教学中，评估涉及课程、教师、学生、教材等几个方面；换言之，也就是评价课程本身（如教学目标、计划等）、教师（如教学态度、教学质量等）、学生（如学业成绩、学习优势及劣势等）、教材（如内容、形式、编排、功能）等方面。穆雷、郑敏慧指出，翻译教学的测试与评估主要包括对学生翻译能力的评估、对学生翻译过程的评估、对翻译课程效果的评估、对翻译课程设置的评估。其中，前两者主要针对学生的翻译能力和翻译过程，后两者主要针对翻译课程的设置和效果。

在翻译教学评价中，人们多使用终结性评价。如果借用语言测试中学业成绩测试、水平测试、诊断性测试等分类就会发现，在翻译课程的教学过程中，人们大多只通过期末的成绩测试对学生的学业成绩进行评估，几乎很少进行水平测试、诊断性测试等其他语言测试，而且也很少对整个课程进行客观科学的反思与评估。

事实上，除了学校的翻译教学测试之外，还有各种翻译资格考试可以用来评估学生的语言知识与能力以及翻译知识与能力。这些测试的效度和信度已经得到一定范围内的认可，而相应资格证书的"含金量"也在逐步扩大，但也有一些考生反映不同地域的等级证书存在难度和层次等差异，因此，如何使相应考试程序及试题类型更加客观科学值得学界深入探讨。

翻译课程的测试即过程性评估较少且存在敷衍现象，这不利于及时了解学生在翻译过程中知识与能力的变化情况。而且在终结性测试中也存在题型单一、主观性过强等问题。徐莉娜指出，翻译测试的弊病主要表现在命题方式单一（传统的翻译测试一般只进行单纯的句子、段落翻译）、测试与教学内容脱节等方面。

总之，如何在翻译教学中保证测试和评估的客观公正性，如何提高翻译资格证书的效度和信度，值得人们深入探索。尤其是不同课型的具体评估方式、评估与学生需求的有机结合，以及试题的具体题型等问题，都需要在翻译教学实践中结合测试理论进行研究，以切实发挥测试的反拨作用，提升教学效果。

从学科性质上看，翻译测试具有较强的跨学科属性，涉及翻译学、语言学、测试学、心理学、教育学、社会学等多门学科知识。翻译测试以测量考生的翻译能力为目的，试题的设计与开发、翻译评分方法的确定等问题都要运用到翻译学中的相关理论和研究成果，包括翻译能力研究、翻译难度研究、翻译过程研究、翻译质量评估研究、错误分析、评分方法及评分标准研究等。且由于翻译活动以语言为载体，通过书面语或口语形式来体现翻译结果，因此翻译测试必然涉及语言学相关知识，包括对测试试题及测试结果的字、词、句、篇、语音语调等方面的分析。此外，作为测量考生某一特定专业领域知识与能力的测试行为，翻译测试同时还具有测试学的特征，应该遵循测试学中测试设计与开发的一系列原则和标准，包括信度、效度、真实性等方面，因此在对翻译测试进行研究时也可以借鉴测试学，尤其是语言测试研究中的相关理论及方法。从翻译活动的性质来看，翻译测试要测量的翻译能力包含考生的心理特质，这种心理特质主要通过考生的翻译活动、与考试试题的互动以及最终的考试结果来体现。因此，翻译测试研究还具有心理学的学科特征。从翻译测试的使用环境来看，应用于教学环境中的翻译测试是整个翻译教学体系中的重要组成部分，在测试各个阶段必然要考虑翻译教学的整体教学目标、考生特征、考试目的、课程设置、教学方式等其他教学因素；应用于社会环境中的翻译资格考试和译者招聘考试则和语言服务业及翻译行业的职业化进程、职业译员能力特征、翻译行业对职业口译/笔译员的需求及要求等方面有密切关系，这些又是社会学尤其是职业社会学的研究范畴。因此，翻译测试也和教育学、社会学有密切关系。

四、师资队伍问题

翻译学科对于传统外语专业而言只是一门课程。这门课程的教学内容一般是一些翻译技巧，目的在于提高学生运用语言表达的能力。在传统外语教学大纲中，翻译仅仅是听、说、读、写、译五种技能中的一种，而且排在听、说、读、写四个技能之后，其实就是这四项技能的一个延续，因此其重要性常被忽视，课程设置上也受到很大的限制。

翻译专业与外语专业在学科定位上应有明显区别。翻译专业归属于独立的翻译学或应用翻译学学科。在教学目标和内容上，翻译专业教学的目标是培养合格的职业翻译人才和翻译研究及教学人员，因而翻译专业教学的内容涵盖面非常广，不仅包含翻译理论、翻译技能、翻译研究方法等，而且涵盖与翻译实践和研究相关的其他学科内容。而外语专业在教学目标上强调的是提高并巩固外语应用能力。传统外语专业常采用外语授课和外语写作教学模式，有时只重视外语语言能力的培养，忽视了母语的巩固提高以及对母语文化背景知识的丰富和充实，导致了学生母语表达和应用能力下降。翻译专业教学应强调双语能力的培养和提高。学生不断进行双语思维转换，此过程也是一个两种文化相互碰撞、两种思维相互磨合、两种语言互相弥补并行提高的过程。

合格的专业师资队伍是专业翻译教学体系建构中的关键所在。基于上述分析，师资队伍中必须包含四类结合：国际与国内结合、学术与职业结合、专职与兼职结合、学界与业界结合。从事翻译教学的高校外语教师同样应有明确的学科定位。笔译课程和口译课程的教师应分开。无论是笔译教师还是口译教师都必须对翻译理论有深入研究，同时必须努力提高自己的通识能力，阅读大量中西文学、文化、哲学等各领域的经典名著，努力使自己成为"杂家"，唯有这样才能做好翻译、教好翻译。另外，高校外语翻译教师还应有明确的学术追求，在各自科研成果上体现出鲜明的学术个性，努力成为翻译研究某一领域的专家，对翻译学术界产生正面影响。

第三章　翻译教学的历史与现状

虽然我国翻译教学有着悠久的历史，但是目前翻译教学仍存在一些问题，这些问题严重影响了翻译教育的质量。在教育教学深化改革背景下，我们要对翻译教学现状进行理性思考，找到具体可行的教学策略。本章分为我国翻译教学的发展历史、国内外翻译教学的现状两节，主要内容包括早期的翻译教学、民国时期的翻译教学、新中国成立后的翻译教学、国内翻译教学的现状、国外翻译教学的现状等。

第一节　我国翻译教学的发展历史

一、早期的翻译教学

（一）佛经翻译与英语翻译教学

我国翻译活动历史悠久。要讲翻译教学的历史，首先就要回顾我国的翻译史和英语教育史。谈到我国的翻译史，原始社会无文献可考，就是略有文献的夏商两代，现有史料也均失之过简，无从窥测当时的翻译活动。而最早有记载的翻译史，要从佛经翻译算起了。我国的佛经翻译，从东汉桓帝末年安世高译经开始，魏晋南北朝时有了进一步的发展，到了唐代臻于极盛，北宋时已经式微，元以后则是尾声了。翻译佛经的力量，主要来自两部分人。一部分是从西方来中国的僧侣，另一部分是西行求法求经的中国僧侣。西来的僧侣，显然不会在中国接受翻译教育。而中国西行的僧侣，其国外"留学"之旅，有的中途死亡，有的流寓不归，就知名者而言，回国的约有1/4，一般都从事翻译工作。翻译人员中也有不少是在国内学会梵文的。当时国内并没有翻译教学。据载，明代的"四夷馆"是我国最早的专门培养翻译人才的英语学校，该校毕业生分发各部充当译员，但遗憾的是，并没有留下如何进行翻译教学的具体记录。推测当时译字生所使用的教材，大概是两种语言对照的读物。真正意义上的翻译教学，应该是从清末的京师同文馆并入京师大学堂、改为翻译科以后的事情。

（二）三次英语教育的高潮

大连外国语学院教授赵忠德在《中国大陆高等院校专业英语教学的回顾与展望》一文中这样写道：

第一次鸦片战争以后，外国传教士蜂拥而至，纷纷在中国建立教会学校，外国语言及文化渐入华夏。帝国主义的入侵，洋务的兴办，各种文馆、书院、学堂的相继设立，揭开了中国近代教育的序幕。这是在中国的高等教育史上，兴办外国语专门学校的第一次高潮。

第二次兴办外国语专门学校的高潮是在民国初期。1912 年，中华民国成立后，取消了清末学制中"高等学堂"的称谓，改称"专门学校"。同年 10 月，教育部公布的《专门学校令》将专门学校分为十类，其中第七类为外国语专门学校。《专门学校令》公布后，各省纷纷成立各类（或改校名为）专门学校，如湖北公立外国语专门学校、奉天公立外国语专门学校、四川公立外国语专门学校、福建公立外国语专门学校等，都开设了英语专业。1922 年新的大学学制颁布后，不少专门学校改办成大学。1913 年 1 月，《大学规程》颁布，文学门分为八门，其中有英语文学类。从当时来看，英语专业无疑是一门重点学科，各文科大学及师范大学均有设置，且招有较多学生。

第三次高潮是在中华人民共和国成立初期。1949 年以后的高等英语专业教学大体上经历了三个阶段。

引述这段话不是要考证我国英语教学历史的长短，而是要看看我国翻译教学历史的起源。如果从学科意义上来考察，作为英语教育其中一个分支学科的翻译教学，它的起步比英语教学晚是符合学科发展的逻辑顺序的。而对京师同文馆的考察是挖掘我国翻译教学源头的必由之路。

（三）京师同文馆

第一次鸦片战争后，我国国门被打开，中外交往日趋频繁，培养对外交往人才的问题逐渐引起部分清政府官员和开明知识分子的重视。1859 年，翰林院编修郭嵩焘奏请清廷设立外国语学馆以培养对外交涉的人才。1861 年，苏州翰林冯桂芬鉴于西人"能读我经史，于我朝章、吏治、舆地、民情类能言之"，而我官员绅士对于外国情形，则"懵然无所知"的严峻现实，建议在上海设立翻译公所，学习外国语言文字。但这些建议都未能引起清政府应有的重视。

第二次鸦片战争期间，英法联军攻占北京，放火焚烧圆明园，强迫清政府签订了一系列不平等条约。所有这些都使得清廷比较讲求实际的官员们在震惊之余认识到一种新的国际形势已经开始，越来越感到西风东渐以及此风的势不可挡。代表清政府与列强谈判的奕欣从痛苦的经历中认识到："查与外国交涉事件，必先识其性情。今语言不通，文字难辨，一切隔膜，安望其能妥协？"（出自奕欣奏折）《中英天津条约》又强行规定："嗣后英国文书俱用英字书写……遇有文字辩论之处，总以英文作为正义。此次定约，英汉字详细较对无讹，亦照此例。"此时外国公使公然进驻北京，中外交涉不但不可避免，而且将日益频繁。

面对刻不容缓的中外交涉形势，清政府于1862年6月创办京师同文馆。京师同文馆作为专门进行英语教育的学校，其创立标志着我国英语教育的正式开始。

英语和汉语是早期京师同文馆最主要的课程。但为了学习西方推算、格致之理，制器、尚象之法，京师同文馆于1872年正式公布了新的西学课程，规定由英语学习西学需八年。

京师同文馆八年制西学课程的最大特点是英语贯穿始终、翻译是核心。英语教学措施的最大特色是注重翻译实践。从八年制西学课程中可以发现，京师同文馆的核心课程是翻译，包括由简易句子翻译，经文章、文件翻译的过渡，逐渐涉及西书的翻译。

京师同文馆注重翻译是由培养外交人才的性质决定的，是为了了解西方所采取的一项措施，是一种具体的英语教学模式，是作为英语教学流派中的一种语法翻译教学法而存在的。京师同文馆的翻译虽然是一种教学手段，还不是一门专业，但它已经具备了翻译教学的许多特征。通过分析其他国家的早期英语教育和我国京师同文馆的英语教育，我们不难发现，所有早期英语教育都是以翻译为手段（通过翻译学英语），也以翻译为目的（学好英语做翻译）的，英语教学与翻译教学没有严格的区分，这也是语法翻译教学法在众多英语教学法中成为最早出现的一种教学方法的原因。

1902年，京师同文馆并入京师大学堂，改称翻译科。不久，翻译科又并入该校增设的译学馆，以研习英、俄、法、德、日语文字为主，这是我国高等学校英语专业教育的起点。译学馆的教学以外国语文为主，并要求学生通晓中国文义，毕业后能阅读、翻译外文书籍，能担任口译工作及编写文典。译学馆在选拔学生、按不同程度编班上课、按成绩等级分派工作、课程设置及教学要求等方面，较并入之前均大有进步。据载，译学馆注重翻译实践，均有翻译练习，从翻译条子（便条）、公文入手，进而转入书籍翻译。这大约可以说是我国高等学校翻译教育的起点了。因此，我国的高等学校专业翻译教育应该从1902年算起。

（四）早期翻译教学的特点

京师同文馆的建立标志着我国近代教育的启动，其英语教学无疑是我国近代英语教学的开端。京师同文馆在外交人才培养、翻译事业进步、教育改革等方面，为探索我国近代发展道路迈出了第一步，也是重要的一步，它的建立是我国近代教育史上的重大事件。

京师同文馆的英语教学具有鲜明的特点：①以翻译为手段，通过翻译学习英语。京师同文馆的英语教学与翻译教学没有严格的区分，在八年的教学中，从第二年便开始翻译训练，逐年增加。由于京师同文馆是清政府创办的第一所新式学校，没有现成的教科书可直接使用。五年制课程的学生年龄较长，使用汉语学习科学，教科书主要依靠京师同文馆师生翻译以及选取由传教士和教会学校业已翻译的西学书籍。八年制西学课程的教科书主要由京师同文馆自己编写和直接使用原版外文教材。②学习英语的目的就是担任翻译。京师同文馆有大量学生先后担任外交翻译，还有28人先后做到驻外公使。除此之外，京师同文馆还有大量的毕业生在国内外事部门担任官职、翻译和教习，据记载，"1888年为21人，1893年为32人，1898年达到47人"。

虽然京师同文馆英语教学已成为历史，但京师同文馆英语教学注重翻译实践的教学模式、语言和科学相结合的课程设置，以及英语教学措施不断调整并定位于为社会需求服务的方向，对当今英语教学仍具有一定的研究价值和借鉴意义。

二、民国时期的翻译教学

（一）国民政府教育体制下的翻译教学

1912年元月，中华民国成立，国民政府对清末教育体制进行了新的改革，形成了新的学制系统。新学制规定有条件的高小可以开设外国语课，以英语为主，并规定教学目的在于"通解外国普遍语言文字，具运用之能力，增进智识"。

1912年10月，教育部颁布《专门学校令》，明确专门学校以"教授高等学术，养成专门人才"为宗旨。专门学校一般为国立，也允许私立，分法政、医学、药学、农业、工业、商业、美术、音乐、商船、外国语等种类。外国语专门学校分英语学、法语学、德语学、俄语学、日语学 5 科。

令人遗憾的是，在教育部 1913 年颁布的《大学规程》中，为英语文学类规定的 11 种科目中多为英美文学和语言学，没有翻译教学的内容。此时英语教学的方法除语法翻译教学法外，还引进了国外的直接教学法、听说教学法等，为国家建设培养了一批急需的英语人才。

1915 年，新文化运动全面兴起，各种教育研究组织和学会成立，其中最有影响力的是 5 月份成立的全国教育联合会。这时，英语已经成为一门主要学科，具备了明确的教学目的和较科学、先进的方法。高等英语教育也有了很大发展，许多大学中成立了英语系 / 科。

（二）延安时期的翻译教学

1941 年，在抗日战争的炮火声中，为了培养翻译人才，中共中央和中央军委决定在抗日军政大学筹办一个俄文大队。1944 年，延安外国语学校成立英文系后，培养目标发生了变化——不仅要培养军事翻译人才，而且要培养外交人才。当时的课程设置有讲读、语法、会话和翻译四种课型。付克在《论英语教学》一书中比较详细地记录了当时的翻译教学情况，包括课型、开课时间、教材、教学方法及存在的问题等。

延安外国语学校培养了大批翻译人才，这一时期的翻译教学实践为后来我国的翻译教学摸索出了一条道路，积累了有益的经验。在专业翻译方面，有的毕业生在中共中央编译局从事马列主义经典著作的译审工作，有的毕业生后来长期从事军事翻译和研究工作。延安外国语学校的毕业生基本上可以达到：多数人能阅读军事、政治原文书籍，能翻译一般性的文件资料（中译外略差），能进行日常生活会话，少数人可以达到较好的水平，翻译经典和文学著作。

从全国来看，20 世纪 20 年代以后，1949 年以前，大学里的公共英语课把提高学生的阅读和翻译能力作为主要任务，以语法翻译教学法为主要的英语教学法，翻译只是用作英语学习的一种主要方法和检查学生英语理解程度的一种手段，翻译教学还不够完善与正规。

三、新中国成立后的翻译教学

（一）新中国成立初期

1949 年 10 月，中华人民共和国成立，从此迎来了我国英语教学的第三次高潮。由于历史原因，当时设置的俄文专业比英文专业多。高等教育部明确规定，俄文专科学校的任务是培养翻译干部和部分师资，因此分设翻译班和师资班，翻译班占全体学生的70%，师资班占30%。英文专业未见明确的比例分配。

随后，高等教育部颁布高等学校文、法、理、工学院各系的课程草案，作为各校组织教学、开设课程、编写教材的依据。课程草案规定，文学院外国语文系的教学任务如下：培养学生熟练运用和翻译外国语文的能力，使其成为翻译干部、英语师资及研究外国文学的人才。

根据高等教育部的统计，1953年，全国高等师范院校中，共8所设有英语系，在校学生196名，教师77人。由于当时普通中学很少开英语课，而大量开俄语课。所以，英语师资过剩，俄语师资严重不足。许多师范院校英语系的学生被调整学俄语，部分英语教师也改行教俄语。但是，专门的翻译教学在我国尚未真正开展起来。

20世纪50年代初期，英语院校的学生在听、说、读、写几方面的基础比较扎实。有关资料显示，"那个时候并没有正规的翻译教材，英文系所用的英语教材是新中国成立后编写的教材和当时中国、苏联、东欧国家出版的英文读物，翻译练习就是从这些读物中找些句子或片段。教师找到什么就用什么"。由此可见，当时的翻译教学较薄弱，没有什么计划性。

1958年，我国第一部英汉翻译教材《英汉翻译理论与技巧》（陆殿扬编）由北京时代出版社出版，标志着我国英汉翻译教学开始有本可依。

1964年10月，《英语教育七年规划纲要》出台，确定了个别英语院校以培养翻译人才为主，而且是培养语言文学水平较高的高级翻译人才。翻译教学开始逐渐受到关注。

1949年到1966年这十几年间，我国的外国文学翻译出版工作进入了一个蓬勃发展的阶段，翻译出版了大量外国文学作品。成百上千的翻译工作者参加了翻译工作。这些人虽说大多是新中国成立之前培养出来的(有些人有出国留学经历)，但他们丰富的翻译实践对新一代翻译工作者的成长产生了重要的影响，起到了很好的示范作用。

这段时期，新中国刚刚成立，翻译教学仍处于摸索之中：没有比较成熟的教学经验，人们对翻译教学的认识也不明确、统一；没有完整的教学环节，学生的翻译水平也难以达到一定的高度。有人估计，这期间翻译教学教出来的毕业生多数只能做旅游和生活翻译，他们"中文水平太差，知识面太窄。翻译或起草普通的文稿和资料往往文句不通，错别字经常出现，不大会用标点符号，尤其是古汉语掌握得很差，很普通的古文和常用的典故看不懂或不会用。这种情况并不是少数。很简单的外文句子都难以用中文流畅地表达出来"。这是学校方面对学生的评价，而造成这种现象的原因既有社会环境的因素，也有学校教学方面的责任。不过，新中国的翻译教学在这十几年间毕竟逐渐起步并走向正规化了。

（二）改革开放前后

1976年10月，我国开启了新的历史时期。在各行各业百废待兴之际，英语教学迎来了新的春天。

1977年，我国恢复高等学校招生考试制度，"英语热"伴随求知热在全国迅速掀起。当年英语高考成绩以10%记入总分，到1983年英语高考成绩以100%记入总分，英语成为高考的主要必考科目之一。

1979年4月12日，教育部发出通知，试行高等学校英语专业教学计划和英语专业基础阶段实践教学大纲。计划规定，翻译为英语专业必修课，这就正式确立了翻译课程在英语专业教学中的重要地位。

当时，教育部根据新的教学计划和大纲，组织编写了统编翻译教材，即《英汉翻译教程》和《汉英翻译教程》，之后，其他语种也相继陆续编写出《俄汉翻译教程》《俄汉科技翻译》《德语口译教材》《德汉翻译教程》《法译汉教程》《日汉翻译基础》《汉日翻译教程》《日译汉教程》等一批翻译教材。这是我国正式出版的系列统编翻译教材，它对保证翻译教学的顺利实施起到了重要作用，成为当时翻译教学从无序状态逐渐进入有序发展的一个良好开端。

在此期间，全国召开了各种英语教学年会和研讨会。其中对翻译教学影响最大的要属1984年10月在西安外国语学院召开的英语专业高年级教学研讨会。

1984年10月16日，高等学校英语专业教材编写委员会英语组与中国英语教学研究会在西安外国语学院召开英语专业高年级教学研讨会。会上通过了《高等院校英语专业高年级教学试行方案》，其中对学生毕业时应达到的翻译水平规定如下：能译一般文稿，如新闻报道和一般有关文化、文学、政治、经济等文章，译文基本正确、通顺；汉译英、英译汉的速度分别为每小时150汉字和200单词左右。方案还规定，翻译课分设汉译英和英译汉，每周2学时，共开2～4学期。翻译教学要求如下：①翻译课的主要活动是学生的翻译实践及教师的讲评，通过实践及讲评教给学生基本的翻译理论及技巧。②可先开英译汉，后开汉译英，也可交叉进行（有条件的学校可开设口译课程）。③翻译课每学期应要求学生至少做9～10次作业，每次2学时，在速度要求方面，英译汉为每学时300～400单词，汉译英为每学时150～200汉字。翻译练习可安排在课内进行，以提高翻译速度。

④翻译课用材料要适当注意不同体裁和题材。这次西安研讨会对我国翻译教学产生了重大影响，直到现在，翻译教学的许多做法仍然沿用这一方案。

（三）20世纪90年代以后

迈入20世纪90年代，我国改革开放政策进入了深化的阶段。整个社会经过了20世纪80年代的热情与躁动之后慢慢变得沉稳起来，人们变得更加善于思考。从20世纪90年代初到现在，我国的外语教育，特别是英语教育进入了一个历史上前所未有的黄金时期。党的十一届三中全会以后，我国经济建设快速发展，国际交流与贸易日益频繁，外资企业大量进入，三资企业不断涌现。我国的经济发展对英语人才的需求不断增加，这为我国英语教育事业的发展提供了前所未有的发展机遇。20世纪80年代英语师资的紧缺状况，到20世纪90年代以后得到了根本性的改变。20世纪90年代中期以后，全国所有的中学和大中城市的小学三年级以上都开设了英语课。全国绝大多数本科院校都增设英语系（或外国语学院），部分有条件的专科学校也开始设置英语系（院）。在这样的形式下，翻译教学也呈现出前所未有的兴旺局面。

第二节　国内外翻译教学的现状

翻译作为一种具体实用的教学手段，被广泛运用于外语教学实践中。随着我国与其他各国交流愈加频繁，综合素质高、专业精通、外语扎实、具备较强翻译能力的实用复合型翻译人才日益受到用人单位的青睐。本节阐述翻译教学的现状，分国内和国际两个层面。

一、国内翻译教学的现状

（一）翻译教材现状

目前的翻译教材一般都会涉及翻译理论知识（翻译技巧和基本技能）的讲解，而这些基本理论的讲解对翻译的初学者来说是非常必要的。对于初学者来说，如果没有一定的翻译技巧和技能的指导，他们多不知道如何才能更好地翻译，以及如何评价自己的翻译作品。

然而，目前高校所使用的翻译教材译例有限，且其中的文学类例子较多，对于翻译初学者来说较为困难，而适合他们的简单的、基本的例子则相对较少。同时，这些教材还存在一定的滞后性，教材内容大多滞后于时代的发展，缺乏合适的、时代性强的、信息性强的翻译例子。在这样的情况下，学生会因为教材内容较难或较乏味，不能引起学习翻译的兴趣而厌学。

（二）翻译教师素质现状

翻译教师队伍中，有的是从学校到学校的教师。这些教师多数翻译实践较少甚至有些人为零，根本不知道如何捕捉翻译的时代脉搏。而翻译教学思想应该反映时代的特征，体现翻译所肩负的重大使命，这是翻译教学最大、最基本的价值观。

另外，国家为了满足高等教育大众化的需要和经济发展的要求，高等教育连续多年扩招。学生的增多导致师资紧张，师资紧张直接导致班级规模日益扩大。而授课班级过大、学生过多，使教师难以因材施教，只能以"满堂灌"的形式来驾驭课堂的翻译活动。此外，迫于平时工作繁忙和科研任务重，教师多没有足够的时间和精力进修或自修以提高自身的素质和业务能力。

（三）翻译课堂教学现状

目前，部分翻译课教学以课堂为主，以书本为中心，教学模式相对单一。教师对语法知识传授投入了较多的精力，但由于课时所限，难免顾此失彼，在翻译技能培训方面不够重视。学生往往追求正确答案而不求甚解，没有积极思维意识。这往往影响学习效果，无法使学生在翻译能力上得到更大进步。此外，调查发现，我国的高等院校学生对英语的词汇、语法的学习大都比较关注，常常将大部分时间都花在词汇、语法等语言点上，对相关国家的经济、文化背景知识关注不足，而这不利于应用能力的培养与提高。

（四）翻译教学内容现状

随着科学技术的快速发展和社会的不断进步，今天的世界已经处于一个经济、文化多元化发展的新时代，人们的思想意识和观念也随之发生了变化，这种大环境的改变使得学生的思想、个性也发生了深刻的改变，从而需要更丰富、更新鲜的教学内容来刺激他们的神经，激活他们的学习动力。

以英语为例。大部分院校的英语翻译教学内容仍旧大量沿袭和采用传统的教材，这些传统教材的专业性一般都较强，且比较偏重于理论，不能反映现代社会的社会现实。同时，能够反映时代信息的科技、外贸、影视、媒介、法律、军事等题材的教材很少。在这种情况下，学生无法掌握更多更新的相关专业知识和专业术语，这给学生的英语翻译学习和实践造成很大的困难。此外，有的学校给涉及英语翻译的所有专业的学生配备了同一本翻译教材，而专业不同的学生对英语翻译的需求是不同的，因此这种情况不仅不能满足各个专业的教学需求，反而会导致学生学不到和自己专业相关的语言知识，更不用说学到更多的翻译技巧了。在这种情况下，学生的学习兴趣会大减，学习的积极主动性也会受到打击。可见，在现代社会环境下，英语翻译教材的内容是否新鲜和全面都会在很大程度上影响学生的英语翻译学习，以及英语翻译能力的培养和提高，因此，使英语翻译教学内容与时代同步已经成为发展英语翻译教学刻不容缓的重要举措。

（五）翻译教学理论和实践的关系现状

帮助学生对翻译的原则形成健全的意识，并使学生自觉地将所学到的翻译知识运用于翻译实践，是翻译教学最重要的目标之一。而健全的翻译原则意识很明显地只能建立在健全的理论基础之上，所以任何一种严谨的翻译教学都要以中肯的理论作为指导。和其他课程相比，翻译课的实践性较强。因此，翻译教学不能只局限在教师讲解译例或学生练习的单项活动的层面上，而应是教师结合译例讲解理论知识、学生实践练习的一种较广泛的教学行为。

初学者所学习的理论知识一般只涉及翻译操作的一些基本知识和技巧，所以这时的每节课教师讲解的内容较少，所以有时候教师会感觉到初级翻译课程没什么可讲的，于是会将大部分时间留给学生去进行翻译练习。对于翻译学习来说，翻译练习确实需要占用很多的时间。所以，如何组织学生进行翻译练习，如何调动学生练习的积极性，如何激发他们的兴趣和合作精神，如何让他们主动参与而不是被动地练习，是翻译教师需要摸索和探讨的问题。

同时，学生接受事物的能力存在一定的差异，因此选择的翻译材料的难易程度等问题会影响教师的课堂组织与管理。而学生进行翻译实践的过程也是对理论加深认识的过程。因此，如何选择翻译材料就成为教师必须考虑的问题。如果翻译材料较为简单，就不易引起学生足够的重视；如果翻译材料太难，又会让学生失去翻译的兴趣，有时甚至会导致学生放弃翻译。

可见，翻译教学中诸如此类的因素常常会直接或间接地造成教师的理论讲解和学生的实践练习结合不起来，或者使学生在实践中不能将已学的理论知识和实践结合起来，使得理论与实践相脱节。

二、国外翻译教学的现状

随着经济全球化的进一步发展，我国与世界的交往日益频繁，对外交流的范围日益广泛，因此，需要更多的翻译人才，对翻译人才的要求也越来越高。这对翻译教学提出了更高的要求。因此，我国需要不断地借鉴其他国家翻译教学的经验和教训，在发扬传统翻译教学模式优势的同时，与时俱进，根据时代和社会发展的特点，积极探索和尝试新的教学模式。

近几十年来，欧美不少国家极为关注翻译教学的研究和发展，培养了大批专门人才，提出了不少有关的理论和实践问题，使翻译教学体系不断地发展并逐渐地走向完善。然而，由于种种原因，我国的翻译教学发展并未得到足够的重视，存在一些问题，如课程设置随意性强、教学计划较为混乱、很难达到既定的教学目的等。我们有必要借鉴其他国家一些先进的理论和方法，博采众长，以期建立一个严谨的翻译教学体系。

（一）英国翻译教学现状

英国的翻译研究在世界翻译研究领域中占有重要的地位，无论是纯理论研究还是应用性研究，其成果都颇丰，为世界翻译史上的一面光辉旗帜。近年来，翻译教学在英国作为一门独立学科发展迅猛，表现出其特有的教育理念，值得人们研究和借鉴。

1. 英国翻译教学思想和教学体制

从翻译教育的思想来看，在20世纪50年代以前，翻译基本上被看成一种技能，缺乏明确的理论指导。正如费米尔所言："翻译教学实际上传授自下而上的语言技能，即学生学习单词、词组、句子，理解文章的意义，然后再用母语表达所理解的意义。"翻译的教授方式也十分单一，只是靠教师的言传身教，缺乏系统性和科学性。

由于实证主义思想的影响，高等教育人才培养模式开始逐步"走向市场"，传统高校陆续开设实用性强的翻译教学项目，其翻译教学体现出面向社会的特色。

2. 英国翻译教学的特点

（1）英国翻译教学培养模式多元化

英国翻译教学没有一个统一的模式，教学时间长短不一，教学目的各有侧重，教学方法多元互补，教学思想百家争鸣，因此各校的翻译教学各具特色，极大地活跃了学术探索的气氛。这既可以适合不同学生的能力及需要，增加学生可选择学习的范围，使学生有宽广的发展路径，又能为翻译学科的发展注入活力和生机。

①培养模式多途径化。绝大多数大学都将时间较长的学位培养计划分解成时间更短的翻译文凭和证书课程模块。英国硕士培养时间通常为一年，而文凭和证书培养时间更短，不足10个月，学费也相应降低。这样灵活多元的培养模式不

但较好地满足了社会对各类翻译教学的需求，而且在一定程度上实现了教育普及化和大众化。

②授课方式灵活多样。除远程教育外，翻译学科教育还有全日制、非全日制甚至"三明治式"课程（"三明治式"课程指课程学习与工作交替进行，从事新职业的人员可以视其为职前训练以适应新的工作，在职人员可以视其为继续深造提升的途径，利用工作闲暇接受训练）。以布里斯托大学（University of Bristol）为例，它所设置的翻译（法英翻译）文凭、硕士课程均在周末开班，非常适合那些全日制的上班族提升自己的职业技能。

③在教学评估环节上体现"订单制"是英国翻译教学的一大特色。各高校根据不同的培养目标，为学生提供除撰写毕业论文外的多项选择，如以完成具体翻译作品或项目的方式来毕业。以英国的伦敦大学学院（University College London）为例，学校开设有与翻译研究、翻译技巧、电子交际与出版、翻译技术相关的大量课程，并根据不同培养路径从中挑选课程进行模块组合。学生通过选修不同的课程模块，可以有5种途径（理论与实践途径、电子出版途径、理论途径、翻译实践途径、技术途径）来获取该校的翻译理论与实践硕士学位。不过实施此种方式，学校必须在教学评估环节上严格把关，使社会真正得到所需的不同层次的翻译人才。

（2）英国的翻译教学紧跟社会需求

不少高校从社会需求和学校办学条件出发，开设了翻译专业方向的课程，并针对培养目标具体安排教学内容，如法律翻译、商务翻译、科技翻译、视听翻译、翻译与写作或专业性笔译、交替传译、同声传译和对话传译等。同时，各高校还通过讲座、中期测试评估等方式让学生了解自身的能力及潜能，帮助学生根据就业兴趣及时调整好自己的专业方向和培养途径，从而为未来学业及就业做出计划和打算。可以看出，高校的翻译教学重点突出，实用性强，并紧跟市场需求。

从英国翻译教学情况来看，我们可以得到一些启发：英国多元化翻译教学较为成功的一个重要原因是其教学定位清晰，导向明确。一般高校的翻译课往往只是作为语言学习的辅助课程，而不是职业培训。翻译院系又有各自不同的教学目标，每一层次都严格制定，因此才能有针对性地制定教学大纲、开设课程、选择书目、进行教学。在我国，翻译学作为一门新兴学科正在发展之中，我们应当在翻译教学领域进行大胆改革，使之紧跟社会需求。

（二）法国翻译教学现状

在法国的文化生活中，翻译有着举足轻重的地位。在法国，直接或间接从事各种翻译工作的人员较多。培养译员是法国教育的一项重要任务。法国在翻译人才的培养方面，积累了丰富的经验，比较重视翻译教学。法国有专门培养国际会议译员和职业翻译的学校，因其培养目标不同，教学内容、方法和手段必然有所不同。

1. 巴黎高等跨文化管理与传播学院（原巴黎高等翻译学校）

该校专门为联合国教科文组织、北大西洋公约组织等国际机构培养国际会议译员和笔译人才，学生来自全球的各个国家，涉及40多种语言。学校招收对象为文、理、法、社会学各科大学毕业生，新生没有数量限制，但入学考试十分严格，除对翻译需要的相关能力的考查外，还考查考生已具备的未来将适用的工作语言水平。学校下设3个系：口译系、笔译系和研究生系。口译系学制2年，第1年学习即席翻译，第2年学习同声传译。同时开设经济、法律、语言学、翻译理论、术语学等课程，每周总课时大约24小时。笔译系一般为3年，第1年学习基础翻译课，第2年学习经济翻译，第3年学习科技翻译。同时开设口译系翻译除外的其他课程。两个系还同时开设母语及外语进修课（每门1.5小时/周）。2年或3年学业期满，考试及格或论文获得通过者分别发给"会议口译人员高等专家毕业文凭"和"笔译人员高等专家毕业文凭"。学生毕业后，大部分投考各国际机构的翻译部门，也有一部分毕业生为了工作自由不投考国际机构而分别向各国有关机构申请自由译员的工作执照。几十年来，该校为联合国及西方各国的外事部门等培养了一批又一批的高级翻译人员。

巴黎高等跨文化管理与传播学院以塞莱斯科维奇的释意理论为翻译教学的理论基础，该派理论运用语言学、逻辑学、心理学的成就来阐释翻译的理解和表达过程。其核心思想正是对穆南、贝尔尼埃和阿尔比的语言学译论的继承。这一核心思想就是：翻译的主要目的是译意，而不是源语的语言外壳，提倡在翻译中进行"文化转换"。释意理论提出的翻译程序是：理解—脱离源语语言外壳—重新表达。不可否认，这一翻译理论体系在培养高级口译人才方面是十分有效的。

巴黎高等跨文化管理与传播学院的一个重要特色，就是极为重视翻译教学理论的研究，推出了一系列翻译教学研究专著。这些专著在翻译教学理论研究方面，针对翻译教学的性质、特点、目标、方法，进行了较为系统的探索，提出了许多富有启迪意义的观点，总结了可资借鉴的经验。比较有代表性的成果有：杜里厄的《科技翻译教学法基础》、拉沃的《翻译在语言教学法中的作用》、巴拉尔的《翻译——从理论到教学》《大学中的翻译：翻译教学研究与建议》、勒菲阿尔的《笔译推理教学法》等。

2. 雷纳第二大学

该校颁发多语种多媒体交际工程学职业文凭，用十年左右时间发展起来的"语言和技术"专业主要为翻译机构培养英法德笔译人员。这所学校的培养模式同布鲁塞尔玛丽·哈普斯自由学院接近，但不培养口译人员。学生毕业后以担任翻译、审校、译审、项目负责人等为主。该校的特点是把翻译教学同计算机的使用和专业术语研究及企业需求紧密结合。例如，该校出版有《奥林匹克英法实用词典》。

该校新生每年在25～35人，在校各专业学生约25000人。该校专业指导教师出版翻译理论研究专著多部，研究成果丰硕。雷纳第二大学教授瓜岱克在他撰写的《描述翻译和概要翻译》中根据职业翻译特点和程序提出了"渐进式"这一特殊的翻译教学模式。

随着互联网的广泛使用，不少公司希望随时从全球各地的网站上了解行业信息，因此对翻译有了新的需求。这些公司通常不需要译者完整翻译网上的内容，而是要求译者采用"描述"或"概要"形式对原文进行适当的压缩和摘编，即编译、摘译或译述等，然后视信息情况决定是否需要翻译全文。这也是"描述"和"概要"翻译训练进入培训内容的原因之一。

（三）德国翻译教学现状

1. 基于现实生活的文本翻译的翻译教学模式

与英国相比，德国的大学一直注重翻译专业人才的培养，并认为每个人都应该享受大学层面的教育。然而，大学所提供的学术训练并不见得是为将来的专业需要所设计的。例如，有的英语教授实际上是英国文学教授，而文学作品的选择也是由教授的个人研究喜好而定的，并没有考虑课程要求。

随着经济全球化的发展，国际交流与合作不断增多，德国的翻译教学也开始与那种以纯文学翻译为主的外语教学分离，转为以基于现实需要的文本翻译为主的教学模式。这种翻译教学模式并不是要培养专业的笔译者或口译者，而是为了使所有专业语言研究人员能够具有处理日常的或非正式的翻译的能力，并能够监督公共的或正式的文本翻译的质量。

对于训练时的翻译文本，德国翻译教学会选择在真实生活中可以或应该被翻译的文本，比方说某个特殊的客户所需要的，某个特殊目的所需要的，或是要对某个特殊观众所说的文本，这样一来学生就可以处理真实的翻译任务了。在翻译课上，教师可以和学生共同探讨所选择的文本，内容包括：其被翻译的必要性；它的可能读者；为适应目标读者需要，译者要对该文本做哪些调整等。任务可以由个人完成，也可以由小组成员合作完成。那些在翻译中可能遇到的问题，如数字、数据的处理，特定时间，人名，地名，文章修改，文化内容等都可以加到翻译教学课中。

德国的杜伊斯堡－埃森大学采用了这种基于现实生活的文本翻译的翻译教学模式。这里的学生只有外语专业水平达到一定高度才可以开始翻译工作。学生在第一学期学习翻译基础课程，学习翻译的各个方面。比如，对不同词汇项的翻译，如何合理使用字典和其他材料资源，文化因素的翻译，如何调整文本以适应特定读者，语域分析，文本类型，相同文本的不同翻译等。之后的两个学期学生要学习德译外和外译德。最后一个学期是选修课程——学生翻译工作组。这个课程的教师一般都是目的语的本族语者。学生可以在翻译过程中发现很多专业翻译时所遇到的问题，并且可以学习如何使用参考资料以及如何加快翻译速度。

基于现实生活的文本翻译的教学模式是值得我国翻译教学界借鉴的。文学翻译对于学生来说难度较大，并且对于未来职业需求意义不大。在我国进行翻译教学时，可以根据学生所学专业和未来职业需求来设计翻译教材，翻译文本可以是科技翻译、商务翻译、旅游翻译和法律翻译等。

2. 基于培养文学翻译的翻译学校——杜塞尔多夫大学

以上提到的基于现实生活的文本翻译的翻译教学模式是为了培养更多的具备一定翻译素养的专业人才。在德国，由于地理位置、地缘政治和历史等原因，德国民族文学的形成与发展在很大程度上得益于外国文学的翻译，因此文学翻译占有一定的市场。

德语文学史上的许多知名诗人、作家，从歌德、席勒到霍夫曼斯塔尔、里尔克、格奥尔格，再到埃里希·弗里德、伯尔、汉特克和恩岑斯贝格尔，都翻译过外国文学作品，为外国文学在德语区的传播做出了贡献。按翻译作品数量计算，德国远远超过英、法等国。然而，受传统观念影响，译事不为学界看重，译者的社会地位相对较低，报酬也偏低，多数情况下不能靠翻译稿酬维持生计。迄至1987年，在正规的德国高等教育中没有设置专门培养文学翻译人才的专业，对外国文学作品的书评也很少涉及翻译本身的问题。

针对上述情况，在杜塞尔多夫大学文学院，以法国文学专家尼斯教授为首，汇聚了对跨国界、跨文化的语言与文学交流及翻译理论感兴趣的一批教师。他们深感有必要成立一个新的专业，制订完备的教学计划，更科学、更系统地培养文学翻译人才。他们认为，面对不断扩大的职业需求，传统的、通过自学摸索的方式造就文学翻译人才的办法，无论对译者、出版机构和读者都是事倍功半，不能再继续下去了，"翻译"这一重要的跨文化传播工作应当职业化。

杜塞尔多夫大学文学翻译专业教学计划规定，学制（包括毕业考试）为4年3个月，达到毕业要求须完成的课时为160个学期周课时（修读一门一学期、每周2课时的课程可获得2个学期周课时）。其中必修课和限制性选修课计148个学期周课时，与其他文科专业相比，任选课比例稍低一些。完成教学要求、通过毕业考试者获"硕士翻译"学位。可供选择的外语为英语、法语、西班牙语、意大利语，因为这4种语言的译本占全部翻译作品的4/5。学生须从这4种外语中选择一门主修专业方向和一门辅修专业方向（英、法两种语言中必选一门），另外还必须辅修德语（目的语）作为第二门辅修专业方向。主修外语占总课时的一半，即80个学期周课时，两个辅修语种各占40个学期周课时。这就是说，学生至少须掌握两门外语，能翻译两门或多门外语的文学作品。教学计划还规定，每个专业方向（包括主修和辅修）的教学都包括理论性课程与实践性课程两方面。

以主修专业方向为例，学术性、理论性课程必须修满36个学期周课时（必修课），其中语言学和文学各占16课时，具体课程有语言学导论、语言史、词汇学、语义学、句法、语言变体、文学导论、文学史、语篇分析基础、文学的接受、类别文学专题等，翻译比较占4课时。语言与翻译实践课共需修满32课时（必修课与限选课），具体课程有语法对比、词汇对比、成语对比和大量的文学翻译实践课，以外译德为主。这里，文学的概念比较宽泛，既包括严肃文学和消遣文学，又包括讲究文笔的人文科学文章。在翻译实践课中，学生要练习翻译各种文学门类和体裁的文章，如散文（小说、随笔等）、韵文、戏剧（舞台剧、广播剧、影视作品等）以及论说文等。到高年级时，每个学生都须选择一个重点领域，深化提高。

另外，该专业还有跨语种的、以翻译学中普遍的共同问题为内容的课程（占8课时），如翻译导论、翻译理论、翻译史和翻译工作者职业概貌等。特别要指出的是，该专业在传授理论知识过程中，力求避免为理论而理论的经院式教学，注重从实践中总结出来又能反过来指导翻译实践和翻译批评的理论。

正像负责文学翻译专业的院长代表尼斯教授强调指出的那样："大学学习不

能代替实践，但我们力求给学生贴近实际的理论，传授技能和背景知识。"该专业办学的指导思想之一就是培养学生的独立工作能力，提高他们在劳动市场上的竞争力，使他们尽快适应毕业后的职业工作，把所学理论知识应用到实践中去。

（四）奥地利翻译教学现状

奥地利翻译教学最有代表性的是维也纳大学翻译学院。该学院始创于1943年，在其教学大纲中，口译和笔译是翻译活动的两种完全不同的形式。口译要求未来的专家应具备相应的能力：良好的听力、清晰的发音、敏锐的反应力、特殊的记忆力。这种记忆力有助于在短时间内捕捉到谈话中的一段（有时是相当长的一段），并且能在翻译完这一段之后马上去理解另一段。笔译者则要求具备高度发达的语感、洞察最细微修辞色彩差异的能力，能找到传达这些色彩的最贴切的字眼，同时，还应精通源语和译语的特殊性和表达手段。笔译者应是既有创造能力又一丝不苟的人。基于这种视口译和笔译为两种形式的观点，维也纳大学翻译学院的教学课程设置分为2个阶段。

第一阶段4个学期，注重整体培养，把主要注意力投放到研究第一外语和第二外语、完善和加深母语知识、锤炼口译和笔译技能，以及获取国情知识上。第一阶段利用4个学期开设必修课，包括第一外语（1个学期至少28学时）、第二外语（18学时）、国情学。除此之外，学生应该听完一系列理论课，包括《翻译的科学原理和专业实践的原理》《法学和经济学原理》，以及《普通语言学》《实用语言学》《语言和言语心理学》这3门课任选其一。每学期学习第一外语所需的全部学时中的一半以上，即不少于14学时是要用来学习翻译课的。

语言教学大纲包括语音室教学、视听教学、口语实习课、语音学、正音法、语法、词法、句法、对比语法、成语学、修辞学、词汇学。后四种学习内容以实践课或以讲座课形式来进行。《科学与技术语言》这门课包含如下分支：人文科学语言、自然科学语言、技术语言、医学语言、公文语言。学生在学习语言时，还要练习写作文、做记录、起草报告。他们可以选择上所有这些课程（共60～100学时），也可以选上其中的一些课程（不少于14学时）。教学第一阶段的翻译课包括德译外和外译德的练习、双向翻译实习课、德译外或外译德的翻译讲习课、报刊文章翻译、经济和法律文章翻译、公文翻译。学生可自愿选上他们喜欢的课程（不能少于14学时，规定40～60学时）。第二外语的教学大纲大致也按这一模式来制定，不过课时数要少一些。第一阶段的国情学课包括所学语言国家的文化、地理、经济、社会制度、国家与法律、现代史、报纸杂志及文学实习课。

在选学课上，《普通语言学》《实用语言学》《语言和言语心理学》的课程包括：语言学原理、普通语言学导论、语法理论、音位学理论、语义学、篇章语言学、社会语言学、语言纯洁性、心理语言学和言语心理学、外语研究方法、术语学研究等。不过这些课程中只有两门是必听的。由于学生选的课程不尽相同，因而经常是只有两三个人上课。不过，开设大量符合学生多种兴趣和爱好的选修课和实践课，还是颇有成效的，或者至少是理应受到重视的。教学第一阶段学生宜选修科学工作技术讲座、所学语言的历史讲座、所学语言的文学史讲座和实践课、声带卫生和言语矫正法讲座、自发言语技巧实践课、教育心理学讲座、国际关系讲座或实践课、国际法讲座以及其他一些课程。

在教学的第二阶段，实行口译和笔译分开教学。考试课程还是那些，只不过教学时数有所变更，语言和翻译增加6学时，而国情学减少4学时。增加《国际组织》讲座课作为考查。整个学期中，不论是笔译还是口译，语言课每周分配2小时，笔译2小时，口译4小时，随译和同声传译各2小时。第一外语、第二外语及口译、笔译课程的安排大致与教学的第一阶段相同。只是教学时数和教材的繁简有所不同。在第二阶段，国情学课的选题明显拓宽。譬如，学生应涉猎所学语言国家人民的精神发展史、现代哲学思想趋向、艺术史、绘画和建筑史、现代音乐、所学语言国家的文学和文学研究、现代戏剧等。

关于笔译和口译的共性问题及个别问题的课程包括下列一些专题的讲座：笔译理论、口译理论、翻译语言学理论，以及评论分析已发表译文的实践课、辞典编纂实践课等。选修课的课程安排与第一阶段相同。但是学生应选前4个学期，即第一阶段没学过的课程。

维也纳大学翻译学院旨在培养高度专业化的翻译人才，注重强化语言研究，下苦功夫练习，深入钻研所学语言国家的社会制度、文化、经济和政治特色。这种扎实的教学理念是值得我国翻译教学界借鉴的。

第四章 翻译教学的原则与方法

翻译教学原则是翻译教学中必须遵循的基本要求和指导原理,翻译教学方法是翻译教学中培养翻译人才的重要途径。只有掌握了翻译教学的原则与方法,才能合理安排翻译教学内容,提高学生的翻译认知水平,完善学生的知识结构,达到翻译教学的教学目标及效果。本章分为翻译教学的原则、翻译教学的方法两节,主要内容包括翻译教学的理论性、普遍性、过程性等原则,以及翻译教学的过程教学法、任务型教学法、项目导向型教学法等方法。

第一节 翻译教学的原则

一、理论性原则

翻译理论教学的基本目的是培养学生进行理论分析和理论阐述的能力,并在提高认知(知识和理解)的基础上,提高实务的操作能力及对译作的评析能力。理论课是为能力培养提供理论武器,包括认识论、价值论和方法论。理论教学的以下基本原则或指引都是根据教师多年教学实践的教训、经验和目的论(特别是教训)总结出来的,可以作为翻译理论教学的参考。

(一)启发性

启发性是最关键的一条理论教学思想原则。所谓"启发式",从认知科学来说包含两点:①为学习者提供必要的已知信息,而将新的信息留待学习者自己去探寻;②为学习者提供探寻新信息的"推论手段",以便学习者做出正确的推论。所谓"推论手段"有很多,比如比较,教师要求学生从比较中找出"差异",这时"差异"就是"新知"。在很多情况下,"启发"就是"引导",教师用间接陈述(或含蓄陈述)引领学生推导出直接陈述(或明显陈述),这时推导出的推论就是"新知"。对学生来说,这种由自己主动地、自觉地获得的新知是最可贵的。在学习过程中，应强调个人钻研，在个人研习的基础上辅以集体研讨，而教师的引导则是全程性的，这三个方面都不可偏废。

（二）导向性

在翻译教学的理论教学中，学生需要开阔视野，领悟翻译研究的发展趋向。在学习阶段，学理论的主要目的就是为了指导实务，因此导向性很重要。"导向"指导着对语际转换在各层级上的基本规律的把握。我们这里只能说基本规律（或规范），因为"翻译行为"有"经验性"，不可能完全受规律、规范的框囿，但从理论上认识基本规律仍是十分必要的。学生认识了基本规律就不会被自己有限的经验所框囿，同时又拓展了视野，看到了翻译途中既有一马平川又有崎岖小路的多种风景。

学习理论对学生体认翻译是一个关键环节。经验得到深化提升的主要手段就是学理论，因为理论既是对已知世界的描写，又是对未知世界的阐述与预测，而描写也好、阐述与预测也好，都是"服务于功用"。这样，理论与实践就结合起来了。教理论就是使学生在这个不断延伸的结合过程中体认翻译，领悟翻译研究的意义所在，为今后参与翻译做好专业上和心理上的准备。

（三）可操作性

理论学习应该分阶式进行，由浅入深，循序渐进，这是将"理论性"转化为"可操作性"的关键。如果超出学生接受水平，即便是可操作性很强的理论也毫无用处。因此，在实践意义上说，可操作性等于"用处"（实用性）。可见，接受者水平、理论、实用性这三者密切相关。

（四）合理性

在翻译教学中理论课题的合理分布是关系到教学效果的重要问题。分布不当，不考虑学生认识的渐进性，就会直接影响翻译教学效果，实务翻译教学也可能兼受其害。

二、普遍性原则

实际上，翻译行为是一种语言行为，而语言行为具有经验性，所以在翻译教学中应遵循普遍性原则。人们通常掌握的事物的经验被认为是"纯经验"，这种经验一般是表面的、局部的、粗糙的，难以对翻译现象的普遍性进行说明，也难以对翻译活动产生指引作用。然而，人们也不应忽视其中一些经验的典型性与开拓性，所以要用一种科学的态度对待经验。

普遍原则并非对经验的总结，而是在普遍原则的指引下，在翻译活动中能够产生新的经验，从而不断实现对原则的检验、调整、修正、优化。因此，翻译教学要坚持普遍原则，使学生了解其基本指导思想，从而指导学生的翻译实践活动，帮助学生总结翻译经验，提高翻译质量。

三、过程性原则

翻译教学属于技能教学，体现为教师传授技能、学生学习技能。传统的技能教学遵循先灌输后练习的顺序，教学效果多一般，学生易感到枯燥。技能的传授应该与学生的练习结合起来，并且在练习的基础上进行总结、提炼。在练习前，教师可以就练习材料的内容简单介绍一些技巧，然后要求学生进行练习。实际上，学生在练习时往往顾不上使用这些技巧，所以在学生完成练习后，教师必须对学生的练习进行讲评。需要指出的是，在翻译教学中，教师的讲评不是点评形式，而是在分析原文的基础上，整理出其中的知识点，就学生在练习中出现的问题进行总结，最终上升至理论。这样，学生才能真正掌握翻译技能，也才会将训练落到实处。教师在选择练习材料时，应进行慎重考虑和有所侧重。材料的选择是一个艰辛的过程，需要教师有实际的翻译经验，能够从庞杂的材料中选出适合学生的练习材料。

要想达到掌握翻译技能的目的，教师必须组织学生完成一定的练习，至少每周要翻译一篇文章。同时，教师要指导学生在练习中感受、思考和想办法解决问题，学会将感性的经验和自己的思考结果上升到理论层面。这样一来，通过不断的实践、思考和总结，再实践、再思考和再总结，学生分析问题与解决问题的能力才会不断提升，翻译能力与水平也会提高。因此，翻译教学的重点就是关注学生的翻译过程，帮助、启发、训练和鼓励学生解决理解、表达和审校过程中遇到的具体问题。

四、文化性原则

很多人误认为翻译是一种纯粹的实践活动，认为翻译根本不需要遵循任何原则，并提出了"译学无成规"的说法。还有不少人认为，翻译是一门科学，有其理论原则。金隄和奈达在两人合编的《论翻译》中指出，"实际上每一个人的翻译实践都有一些原则指导，区别在于自觉和不自觉，在于那些原则是否符合客观规律"。

可见，翻译原则是指翻译实践的科学依据，是一种客观存在。历史上大量的翻译实践证明，合理地使用翻译原则指导翻译实践活动将会收到事半功倍的效果。当然，基于文化差异下的翻译活动也必须遵循一定的原则。奈达在《语言·文化·翻译》中提出，"翻译中的文化因素应该受到更多的重视"，并进一步发表了"功能对等"理论。当奈达把文化看作一个符号系统的时候，文化在翻译中获得了与语言相当的地位。翻译不仅是语言的传递，而且是文化的传递。因为翻译是随着文化之间的交流而产生和发展的，其任务就是把一种民族的文化传播到另一种民族文化中去。因此，翻译是两种文化之间交流的桥梁。据此，有专家从跨文化的角度把翻译原则归结为"文化再现"，含义包括如下两个方面：①再现源语文化的特色。"A clever woman can't make bread without flour"就是我们的俗语"巧妇难为无米之炊"，意思是"即使是聪明能干的人，如果做事缺少必要条件也是难以办成的"。译者保存了原作中"米"的文化概念，再现了源语的民族文化特色，符合作品的社会文化背景。"无米之炊"译成了"bread without flour"，译者的出发点是考虑到西方人的传统食物是以面包为主，故将"米"转译成"面粉"来帮助西方读者接受和理解。虽然西式面包与整个作品中表达的中国传统文化氛围不太协调，在一定程度上损害了原作的民族文化特色，但译文已经能够传达原文的文化内涵，并且提高了译文的可接受性，因此是值得提倡的。②再现源语文化的信息。"It was Friday and soon they'd go out and get drunk"，如果读者看到这句话后肯定会感到不知所云，很显然这句话承载着深层的文化信息。在英国，星期五是发薪水的固定日期，所以到了这一天，人们领完工资之后就会出去大喝一场。译者在翻译时不妨将"Friday"具体化，加上其蕴含的文化信息，可把这句话译为"星期五发薪日子到了，他们马上就会出去喝得酩酊大醉"。如此一来，"Friday"使这一词在特定的语境中所承载的文化信息得以完整传递。

（一）文化创新

在翻译教学中，必须把在翻译教学中培养学生的文化认同感放到经济全球化的大背景中。经济全球化要求人们要有理性的文化认同观。在经济全球化的推进过程中，世界各民族文化日益从原本封闭隔离的状态走向了与其他文化的交汇交流，并在这一过程中不断获得文化新质。在这种形势下，无论我们愿不愿意承认，文化认同只能以文化创新的姿态出现。创新是对传统文化最好的继承和认同，也是对文化糟粕的最有力、最深刻的批判。我们应该坚持在文化平等的基础上，兼取各文化之长，并加以融会贯通，创造出新的本土文化。对我国来说，我们要对中外文化进行综合分析，对我们有益的就取用，无益的就舍弃，有害的就加以肃清。新形成的文化是多种有价值的文化的综合，形成的过程也是一个文化创新的过程，一个文化生成的过程。只有这样，中国文化才能越来越博大、出彩。

（二）文化对比

文化教学中的对比原则就是将本土文化和目标文化进行对照、比较，在找出相同点的同时，发现差异。欧洲杰出的理论家翁贝尔托·埃科1995年访问中国，在北京大学发表演说时指出："了解别人并非意味着去证明他们和我们相似，而是去理解并尊重他们与我们的差异。"对我国来说，翻译教学中的文化对比原则，就是让学生对中国本土文化和目标文化（主要是西方文化）进行对比研究。中国文化和西方文化都是多年流传下来的人们约定俗成的价值观念、交际规则与知识体系，理应加强沟通与了解。教师在鼓励、帮助学生作中西文化对比时，应当告诫学生实事求是。一方面，要消除文化中心主义，不要认为本民族文化一切都好而蔑视西方文化；另一方面，不要崇洋媚外地认为"外国的月亮都比中国的圆"，这样会丧失民族性格，最终导致中国传统文化的流失。教师尤其要鼓励学生在中西文化发生冲突或表现不同时进行对比。通过对比，让学生深刻体会两种语言、两种文化的差异，使教学更有针对性，从而更好地发挥母语的正迁移作用，同时，加深学生对中西文化的理解，这对于中国优秀传统文化的传承，加深中国文化的认同，起着至关重要的作用。此外，在对比中，教师要引导学生特别注意三个方面：①目标文化所具有的而本土文化所不具有的；②本土文化所具有的而目标文化所不具有的；③本土文化和目标文化都具有，但有一定差别的。

（三）文化实用

实用性原则就是要求导入的文化内容与学生所学的教材内容密切相关，与学生的日常交际所涉及的主要方面密切联系，对学生今后的工作、学习和生活具有一定的实用价值。文化教学应结合语言交际实践，使学生不至于认为语言和文化的关系过于抽象、空洞和捉摸不定，从而激发学生学习语言和文化的兴趣，提高教学效率。外语教学的目的是要培养学生运用所学的语言知识和文化知识进行交际的能力。这就要求教师必须注意语言文化知识的实用原则，从教学实际出发，在传授语言知识的过程中适时地导入相关的文化内容，语言知识讲到哪里，文化知识也随之落到哪里，而不是把教语言与教文化割裂开。

（四）文化渐进

文化教学不能独立于语言教学之外，教师讲授的重点、程度、方式、分量，要根据不同层次、不同课型的教学要求进行合理安排。在初级阶段，教师应多教一些普及性的文化知识，如中西方社会的风俗习惯和人们日常行为模式的内容，让学生明白在日常生活和交往方面本土文化与目的语文化的差异，以及在语言形式和交际中的具体表现。到了中高阶段，教师要多讲一些专门性的文化知识，让学生了解目的语文化与本土文化在思想观念、思维方式、思维习惯、价值观念、民俗心理和民族感情等方面的差异及其在语言形式中的具体表现。

（五）文化适度

适度性原则是指在翻译教学中文化教学量和教学方法的适度性。对我国翻译教学来说，文化适度指的是在翻译教学中要注意中国文化输入的量和度。毕竟我们这是外语教学。要学好一门外语，首先要了解与其相对应的文化，因此，外语教学的首要任务应该是让学生掌握外语文化。这对提高学生外语的综合应用能力是非常有益的。进一步，在学生学习外语文化的同时，也要对其进行中国文化输入。课堂的时间毕竟有限，所以，教师应该积极倡导学生在课外进行适量的课外阅读和实践，增加文化知识积累，并创造机会让学生自己进行探究性、研究性学习，增强自主学习的能力。

美国哲学家爱默生（R. W. Emerson）认为：自我是人们唯一学习和研究的主题。不同的环境造就不同的价值观和思维模式，也形成了不同的文化意义和文化特点。在跨文化交际中，人们既要了解对方，也要保持自我，体现自我的民族性。

（六）文化规范

中国语境下的外语教学，应以国际上规范的外语文本为基础，以中国官方媒体外语为规范的变体。中国使用外语的群体出于需要，有时会有意识、有目的、规范地"借用"各种汉式说法，并遵守外语规范，且能够做到被国际上外语的读者所理解和接受，从而最大限度地发挥汉语和中国文化正迁移的作用。在进行跨文化交际时，我们应树立外语的规范意识，以避免和消除中国式外语带来的负面影响。

五、实践性原则

实践性是翻译的一个显著特点，所以翻译教学要遵循实践性原则。在翻译教学中，教师应该为学生创造更多的实践机会。例如，组织学生到翻译公司实习，让学生通过真实的翻译活动来体验翻译的过程。在实践中培养学生的翻译能力，一方面可以调动他们的学习积极性和动力,另一方面可以为他们进入翻译行业打下基础。

六、应用性原则

(一)应用的目的性

德国功能目的论奠基人之一费米尔是这样表述翻译的目的性原则的:"每种语篇的产生都有一定的目的,并服务于这一目的,无论笔译、口译、讲话或写作所生成的语篇/译文,都要能在对方的语境中对想要使用该语篇/译文的人确切地发挥它的功能。"

在费米尔等人提出的目的论中,翻译的目的和功能被强调到至高无上的地位。翻译工作的具体目标往往跟翻译的发起人或委托人的特定目的联系在一起,也就是译文要满足委托人的要求,为受众或使用者所接受,达到译文应该达到的功能。根据目的论,无论何种翻译,其最高法则都是"目的准则"。根据目的准则,翻译行为由行为目的决定,即"目的决定手段"。在目的论的理论框架中,决定翻译目的的最重要因素之一便是受众——译者心目中的接受者,他们有自己的文化背景知识、对译文的期待以及交际需求。每一种翻译都指向一定的受众,因此翻译是在"目的语情景中为某种目的及目的受众而生产的文本"。因此,译者在翻译时必须考虑文本的接受者,了解其文化背景、知识结构、期待和感受性等特征。目的性原则并非仅仅基于译者对原本形式和内容的简单认同与取舍,它还涉及受众诸多特征的反作用,因此译者也具有翻译过程中的主体性地位,需要充分发挥其主观能动性,对文本信息的量与质的综合传递给予相应的控制和调节。

目的论把原文只看作"提供信息的源泉"。翻译的目的是通过发起人指派的"任务"确定的,必要时译者也可以调整目的。目的论还有另外两个准则:一致准则和忠信准则。前者指译文须符合篇内一致的要求,是针对译文语篇内部及其与译入语文化之间的关系而言的;后者指译文与原文之间应符合篇际一致的要求,是针对译文语篇与原文语篇之间的关系而言的。译文须与原文逻辑一致,"忠信准则"必须首先服从于"目的准则"和"一致准则"。

由上可知,翻译目的往往不是单一的。翻译目的确定后,译者根据目的行事。例如,采用归化法,用具有译语文化色彩的词语来翻译源语的词语,目的是使译文地道生动,读起来流畅。如果采用异化法,则迁就外来文化的语言特点,吸纳外语表达方式,目的是使译文保持原文的文化风貌,让读者熟悉源语文化。可见,没有哪一种原本只有一种正确的或理想的译文。翻译的目的决定源语信息的取舍，决定翻译策略以及文本的形式和风格。

（二）应用的对策性

翻译教学的应用理论要符合信息翻译的特点和要求，经得起科学验证和实践检验。实践是应用理论研究的出发点。应用翻译理论来自实践，又指导实践，并在实践中经受检验、得到修正。翻译理论的实践性主要在于两方面：语言（包括源语和译语）实践，即以语言的多样性、差异性，以及双语的可译性为基础，研究翻译实践中的各种问题；通过翻译过程及翻译过程的参与者，包括原文、作者、原文读者、翻译发起人、译者、译文、读者等因素，来描写并解释应用翻译的实践过程，重点是译者、译文、读者。

翻译对策是应用翻译理论研究的落脚点。翻译对策研究包括理论观念、策略手段和翻译技巧研究。①理论观念研究，指对应用翻译的实质、目的、功能和特征的探索和论证。②策略手段研究，包括对已有策略（如归化、异化、同化、改写、阻抗、文化移植、全译、变译等）的适应性研究和创新研究。③翻译技巧研究。传统的研究主要从语法角度加以条理化、系统化。现在，除在传统技法的基础上进一步发展外，还需从各种相关学科（如语用学、篇章语言学、认知语言学、语言心理学等）的原理出发，对翻译技巧加以总结和提炼，并做出更好的概括和解释，以适应应用文本新词生长快、形式变化多、互文性强等特点。

（三）应用的功能性

从翻译实践层面而言，应用翻译中除等功能翻译外，还有近功能翻译和异功能翻译。其中异功能翻译使译文和原文具有不同的功能。综述性译文的功能既不等同于某篇文章的功能，也不等同于原文或几篇原文的功能的总和，而是贯穿于应用翻译理论研究的各层面。但是，就目的论而言，目的是首要的，功能可以因目的的改变而改变。

从理论层面而言，应用翻译理论的功能除实践功能外，还有认识功能（由研究应用翻译的本质特点而得）、方法论功能（以研究翻译策略和方法为基础）、批判功能（依赖于应用翻译理论的本体论、认识论、价值观、方法论）等。

（四）应用的系统性

应用的系统性包括两方面：一方面是应用翻译子系统受制于译学总系统，随译学总系统的发展而发展；另一方面，子系统的发展也有助于翻译学科总系统的发展。这就是说，作为子系统的应用翻译理论研究，要接受总系统普遍理论的指导，要运用总系统中的相关研究成果，同时，应用翻译理论的发展也会促进总系统的发展。

（五）应用的综合性

应用的综合性体现在两方面。一方面是研究对象的综合性。应用翻译语域宽、涉及广，其理论的覆盖面应具有应用翻译所及的宽广度。因此，需要提炼各层次语域的共性，加以集中研究和讨论，特别要侧重于应用翻译功能、目的、文本类型、翻译规范、翻译策略、翻译技巧等方面的理论研究。另一方面是对于与应用翻译密切相关的交叉学科的综合研究。要加强对应用翻译研究范畴具有开拓性和依赖性的学科的综合性研究，如功能语言学、文本类型学、文体学，社会语言学、篇章语言学等。

七、循序渐进原则

理解是一个接受和破解原文信息码的过程。理解的第一步是大脑接受原文承载的信息，这是一个从具体到抽象的思维过程。理解的第二步是破解大脑中的信息码，以获取信息，这是一个由抽象到具体的思维过程。

翻译是两种语言之间表达方式的转化，在这种转化过程中，原作的概念与译作的概念、原作的背景与译作的背景、原作的推理与译作的推理、原作的结论与译作的结论之间均有一个转换的问题。翻译质量的优劣，或者说翻译成败的关键，取决于转换手法是否恰当，以及转换技巧是否适宜。

表达是译者用流畅的语言将原文的信息准确传达出来的过程。严格来说，表达是一个词语选择、句式选用、句群组织的过程。准确的表达当然首先来自准确的理解，但并不意味着表达一定是高质量的。表达的好坏还有赖于译者对句式运用的娴熟程度。

翻译完成之后，审校是一个必不可少的环节。审校检查的要点是：首先核实译文的核心信息是否明确，主要观点是否与原文一致；其次审查术语、数据、机构名称、人名地名、年月日等翻译得是否准确无误；再次斟酌译文是否符合表达习惯，是否有过于翻译腔的现象；最后对译文进行润色，增加译文文采。

经过以上循序渐进的过程，翻译最后呈现的应该是一份经得起专家检验、可供读者欣赏的译品，前者指的是精通两种语言而又掌握有关知识的专家，而后者则指以目的语为母语的广大读者。

第二节 翻译教学的方法

一、过程教学法

（一）过程教学法的定义及内涵

过程教学法不强调翻译结果而侧重描写与解释由翻译过程到结果是如何产生的，这是过程教学法的特点。它突出的重点是描述译者的行为表现、思维活动、操作过程。这种教学方法的目的是逐步培养学生的认知能力、策略能力、专业操作能力和心理素质，将他们的注意力转向翻译过程、思维过程、决策过程。该方法可帮助学生在翻译实践的同时，体会和认识自己所运用的知识、采取的方法技巧、发挥的创造力，即综合获得的翻译能力。李薇薇认为，翻译教学是有目标的交际活动，重在培养学生的综合翻译能力，需要学生积极参与大量翻译实践；过程教学法是一种动态的学习，强调把教学活动放在交际环境当中，调动学生的积极性，鼓励学生自己查找更多的相关资料，互动学习，在与教师与同学的交流中达到学习目标。

从具体的操作层面来看，翻译过程教学法的教学模式的实施分为准备阶段、实施阶段和跟踪阶段。在准备阶段，教师对教学有所规划，如制定大纲、准备教案等，而不是简单布置文章，让学生进行现场翻译。在实施阶段的教学前期，教师利用翻译理论辅助翻译实例进行翻译鉴赏，讲解翻译过程、标准等相关知识，带领学生进行学习、思考；在教学中期，教师在课堂上可利用评注式翻译手段，让学生以小组或集体的方式报告翻译过程中的思维发展过程，教师则主要介绍翻译资源如相关语料库等；在教学后期，教师应让学生进行独立翻译实践，进行自我评注。在跟踪阶段，教师仍跟学生保持一定的沟通和联系，随时掌握学生的学习和翻译情况，适时做出相应调整。

过程教学法模式的教学实施步骤一般分为 7 步：①教师根据学生水平选择文本；②教师带领学生阅读文本并进行思考；③学生借助词典和其他资源进行初步翻译；④学生以小组形式各自比较译文；⑤每组推选一位学生高声阅读本组译文，其余学生集中精力倾听两遍，第一遍对照原文倾听，第二遍对照各小组的译文倾听；⑥教师组织学生讨论在翻译中运用了哪些翻译技巧以及如何运用，重点讨论翻译某个语段时在选择自认为合适的翻译方法之前的思路；⑦每个小组结合讨论时他人提出的意见和建议，给出修改后的最终译文，并附上详细的"翻译笔记"，教师则收集所有译文并根据"翻译笔记"的翔实程度进行最终评分。

由上可以看出，以过程为取向的翻译教学模式也基本遵循教师布置翻译练习、学生完成练习、教师给出参考译文这三个步骤，但在这一过程中，讲解不占据主导地位。教师会引导学生去关注自己在翻译过程中碰到的问题，如通过撰写翻译日志等手段，让学生自己找出困难所在，然后通过教师指导下的小组讨论等方式让学生找出解决这些困难的方法，这样就贯穿了"以教师为主导、以学生为主体"的教学理念。

过程性教学环节离不开科学的过程性评价标准。关于评价原则和目标，徐惠仁认为，各个教学活动的过程评价必须以提高教学质量和培养学生学习能力为目标，分别研究确定具体的观察要点和评价指标，制定可操作的观察评价表。对课堂教学活动的过程评价，主要是对教师教学方法、教学行为进行观察分析，从课堂教学活动的设计和组织来确定观察评价要点。程洋洋认为，过程性教学评价的基本原则包括有效性原则、多元性原则、可行性原则、等级制原则和注重过程性原则。

关于过程性评价内容，一些学者也进行了有益的探讨。王澜认为，在英语教学中，要对学生的外语学习过程进行持续评价，不仅评价学生对外语知识的掌握情况，更为重要的是，要对他们日常学习过程中的表现、所取得的成绩、存在的不足以及所反映出来的情感、态度、学习策略等方面的情况做出综合评价。在大学外语阅读教学中，其过程性评价包括小组评价、教师评价和自我评价的内容。其中，小组评价包括完成阅读任务情况、读书笔记、阅读计划与监控、课外背景知识阅读、参与小组活动、平时测验、对待评价的态度这几方面内容；自我评价是学生根据自己一段时间的表现进行真实、客观的自评，自评等级分为五等。

温彤认为，目前国内相当多的课堂依然采用传统课堂教学评价方法，即期末考试成绩等终结性评价，对学生网上自主学习和课堂协作学习的过程性评价方式，特别是翻译课教学的过程性评价标准还很少见。在实践调查中，温彤以英语基础较好的学生为研究对象，采用过程教学法教学，将学生按专业分组，每次课都有一个小组展示小组合作完成的翻译任务，由教师及同学进行点评。课程过程性评估和终结性评估各占50%，其中过程性评估内容包括小组展示（占10%）、课后作业汇报（占10%）、课堂参与（占10%）、自主学习（占10%）、测试（占10%）。评价方式主要包括：评注式翻译（翻译日志）、同伴互评、小组互评、学生对微课和翻转课堂的评价、教师对学生自主学习效果和课堂表现的评价以及网上测试。从中可以看出，过程性评价具有评价内容多样化、评价标准具体化、评价主体多元化、评价关系平等化的特点。

以上学者谈到的评价内容均关注到了学习过程本身，旨在检测学生在学习过程中各个环节任务的完成情况，并进行了细致划分，有的还明确了比重和算法，能够反映出学生在完成学习任务过程中的完成质量，并促进过程性教学的开展。

然而，课后作业汇报、课堂参与、小组互评、小组展示等环节的评价标准有待进一步细化。同时，一些项目较难设置评分标准，如果有标准也是主观性较强，比如小组展示如何评分主要依据教师的主观判断。另外，评价内容多样化也容易造成重点不突出的问题，如对于学生态度的评价可以融入对于学生作业完成情况的评价上来，不必单独评价。

（二）过程教学法在翻译教学中的应用

1. 教学原则

以过程为中心的翻译教学模式遵循的教学原则是鼓励主动探求，提倡经验互动。建构主义学习理论认为，意义建构是学习的目的，只有靠学生自觉、主动去实践才能完成，而教师和外界环境的作用只是帮助和促进意义建构。因此，教学过程要充分展示知识的形成过程、能力的发展过程以及思想的内化过程。学生有自己的经验世界，能对同一问题形成不同的假设和推论。在过程教学实施中，学生在与他人的沟通和交流中，可看到问题的各个侧面及其解决途径，在此过程中，学生通过经验的互动来充实、丰富和改造自己的知识体系。

2. 教学重点

过程教学法应以体验翻译过程为重点，而不以获得翻译结果为重点。翻译没有绝对的或者唯一的标准答案，只有译文相对于原文适合程度的差别，因此，翻译过程的重点在于对译文与原文切合度的把握和权衡。翻译过程教学的重点是教师通过练习例文启发学生如何翻译，如何在以后的实际翻译过程中应对课堂上出现过的类似问题。这些问题不仅仅局限于词的选择、句的理解等语言范畴，而是涉及更宽的文化。同时，练习例文可培养学生的创造性、批判性的思维能力，帮助学生构建自己的翻译思想。教师要在翻译教学中有意识地引导学生进行思考和思维方式的训练，帮助学生逐渐超越语言对应，养成思维对应的习惯，实现从源语思维到译语思维的自动化，进而从根本上提高翻译能力和翻译水平。这里还需补充一点,在翻译教学中,参考译文可以是从书本上或网络上得到的他人译文,也可以是教师自己的译文。选用教师译文作为参考译文,好处在于教师可以用语言将译文的翻译过程陈述给学生以供比较,同时教师可以更好地把握学生所遇到的难点。

3. 教学内容

教学内容的设置应以教学目标为指导原则。

（1）在教学中选择合适的翻译文本

翻译文本作为知识的载体,是实现特定教学目标的重要保证。除了适当采用部分文学类的文本来培养学生的语言美感之外,翻译文本应尽可能地采用真实翻译项目中的翻译素材。因为这些文本在社会生活中具有较强的实践性,更为贴近翻译市场的需求,因而学生在翻译此类文本时能更加真切地体会到职业译者的翻译过程,并积累翻译经验。

（2）合理利用各种翻译资源

具体而言,翻译资源主要包括文本资源（如词典、术语表、参考书籍等）、电子资源（如网络资源、翻译软件等）和人力资源（如学科专家等）。教师可以引导学生有效地使用双语词典,引导学生搜寻、总结并编制术语词汇表,引导学生学习利用平行文本,向学生介绍可提供咨询服务的某些职业译者/学科专家/译者协会。同时,教师可以让学生将待译文本带出课堂去翻译,以便他们能够更充分地利用各种翻译资源。

（3）适当的职业行为指导

鉴于中国国情,大部分高校学生从未参与过真实的翻译项目,社会实践经验缺乏,因而适当的职业行为指导能够帮助学生了解译者所应具备的观念和素质,以便以后顺利地融入未来的职业生活。教师可在每节课内安排5～10分钟的时间讲授译者的职业道德,译者在工作场所时个人的穿着、言谈举止,以及作为一名译者怎样与客户/同事建立良好的合作关系等。若条件允许,教师也可以邀请职业译者举办专题讲座,与学生一起分享相关经验与感受。

4. 教学实践

在学生具备一定的翻译基础之后,教师可尝试联系社会资源,带领学生进行翻译实践,具体步骤如下。

（1）寻找翻译项目源

教师可带领学生了解本地的翻译市场,寻找符合学生需求和能力水平的真实翻译项目。若条件允许，教师可将自己手头上的翻译项目分配一部分给学生，自己充当组织者和质量审核者的角色。

（2）译前的准备工作

这一阶段教师的主要任务是根据待译文本内容，引导学生搜索与翻译项目相关的背景资料。具体操作包括：收集翻译情景信息（交付译文的时间、地点、方式，预期目标读者的文化水平，译文所需实现的文本功能等），并据此确定翻译策略；收集相关主题的平行文本，了解原文和译文的风格和语言规范差异；预测在翻译过程中可能会发生的不确定因素；等等。

（3）学生分组进行翻译

分组翻译的具体开展形式为个人单独翻译、日志撰写、小组讨论、班级讨论、师生讨论和问卷调查等。

教师可以根据原文本的内容和翻译工作量的大小将学生分为若干组，各组指定一名小组长；学生以小组为单位研读原文后进行个人独立翻译，小组讨论并统一译文风格和规范术语，消灭拼写和语法错误，初步修改译文；针对初步修改的译文开展班级讨论和师生讨论，再次修改译文；努力寻求客户的参与和配合，向客户征求译文反馈信息；集中译文错误的共性，经过班级讨论和师生讨论之后再一次修改译文；再次向客户征询意见，并修改译文，直到定稿。当然，分组后要先明确小组成员的分工，以免因为个人能力差异而使得翻译能力较差的组员过度依赖同伴的帮助。在讨论过程中，教师切记不要带有一种"纠错"的心态，而要采取诱导的方式来引导和监控课堂，为学生创造一个轻松、自由、平等的学习和思考空间，提高学生的积极性。

同时，教师应要求学生及时记录翻译日志，描述和解释自己在翻译过程中的思维活动，记录的重点在于"如何译"和"为何如此译"。此外，教师应要求学生记录讨论时所争议的问题以及每次讨论之后译文的改动情况。这一阶段的重点在于锻炼学生自我监控、自我反思的能力以及独立思考和与人协作的能力。学生在翻译过程中的日志记录提供了大量真实可靠的自省性信息，教师可从中发现每个学生的不足和错误，因材施教地引导学生解决问题。如果学生的日志记录信息有所缺失和偏差，教师可以通过问卷调查来补遗。

（4）对学生的翻译能力水平进行评估

翻译能力评估是翻译能力研究不可或缺的一部分，它直接反映了翻译能力培养的实际效果，同时也有利于规范学生的翻译行为，使学生在培养翻译能力时具有明确的导向性和主动性。在教学中，自我评估和被动评估的结合可以增强能力评估的客观性，因此建议综合考虑客户评估、教师评估和学生自我评估三方面的因素。为便于直观统计，可采用计分的方式进行评估。

译文成功与否在很大程度上取决于客户对译文的满意度，而客户对译文的客观评价往往对学生的能力发展方向具有直接的引导作用。因此，教师和学生可对客户进行问卷调查，具体内容包括译文的可接受性、术语的准确性、译文的连贯性、学生的工作态度以及表现出的职业化水准等。教师评估学生的翻译能力大致有三点依据：直接观察学生在翻译过程中的行为，根据学生参与讨论的活跃度以及发言的深度等做出评价；研究学生记录的翻译日志，系统地对学生的译文进行纵向分析，从而发现其自我提高的轨迹；参考学生的翻译成果，以及客户对译文和学生表现的评价。学生的自我评价主要包括自身的翻译意识变化程度、利用翻译资源和翻译操作的熟练程度、译文的准确程度等。自评学习成效亦可帮助学生养成自我反省的习惯，使学生在自我检讨的基础上不断提升自我。

（三）过程性翻译教学的重要性

1. 培养翻译能力

过程性翻译教学能够有效地保证对理解原文和调查搜索的重视程度，让学生充分利用互联网上庞大的资料库，在反复分析斟酌中找到恰当的表达，从而有效地提升译文质量。通过反复训练强化，大部分学生可以掌握调查方法，形成调查搜索习惯，会在原文理解和斟酌表达上下更多功夫。

同时，过程性教学也强调译文修改的重要性。翻译作业需要经过同伴审校、自行修改等多个环节，译文会在一遍遍修改中得到完善。在修改过程中，学生会感受到译文质量提高的过程，并认识到修改的重要性。调查显示，在实践翻译时，大部分学生会对稿件修改1～4次，虽然距离更高的要求还有差距，但足以见得学生已经形成了修改译文的习惯。

2. 营造合作氛围

在过程性翻译教学中，教师与学生之间、学生与学生之间的有效交互能够为整个集体营造出一种开放合作的氛围，从而有利于学生高效率地接受知识、认清自身的优缺点并有针对性地进行练习。

在良好的翻译教学互动中，教师会通过批改作业了解到学生的薄弱环节，然后在课上进行针对性讲解；同时再次强调相应的翻译理念，培养学生的探究能力，教导学生不迷信权威，让学生具备发现问题、解决问题的能力。同时，教师课下会与学生通过邮件互动来讨论翻译问题,并将所有往来邮件(包括所有学生的作业批改情况)公开以便让学生互相学习。这一方法让教师和学生不受时间、地点等种种条件的束缚,随时随地进行交流。利用邮件进行交流的同时抄送给其他学生也是重要的交互手段之一。

学生之间的交互主要体现在同伴互审。互审为翻译作业的强制步骤,学生通过互审过程可以学习别人的译法,并发现一些自己难以看出的问题。在小组翻译任务中,学生也会在有条件的情况下进行互审,以提高翻译质量。

3. 锻炼综合能力

除了培养译者的专业能力之外,综合素质的提高也在翻译课上倍受重视。为扩大学生的知识储备,教师可要求学生每两周读一本英文专著,并通过阅读报告、知识题、总结词汇和课堂小测验的方式对书本内容进行总结、思考和实际应用。各种话题知识都应积累,这会对学生将来从事翻译工作有所帮助。

知识本身浩如烟海、无法穷尽,所以培养学生终身学习和阅读的习惯对于翻译来讲至关重要。通过翻译课程的学习,不少学生会认识到积累各种学科的背景知识对提高翻译能力的重要作用,从而养成良好的阅读习惯。这些无疑都是培养高水平翻译人才的重要方法。此外,守时和格式美观对翻译工作也很重要。学生应参照具体的译文要求养成对格式问题的敏感性,不仅注意译文的语言美,在格式上也注意形式美。

二、任务型教学法

(一)任务型教学产生的背景

从 20 世纪中期开始,很多语言研究者都慢慢地体会到,对一种语言的学习应该是最大限度地去使用这种语言,这样才能加深记忆,进而掌握并熟练运用该语言。而这些正是语言所特有的功能即交际功能。鉴于这种思想的出现,很多教师开始采用新的教学方法也就是交际法进行自己的实际教学,以期能够给学生带来更好的听课效果。在交际教学出现不久之后,一种新的教学方法应运而生——任务型教学法,这种教学方法可以称得上是交际教学法的发展。

最早提出任务型教学的是普拉布。他认为,仅仅为了交际而去学习一门外语太局限了,学习的目的可以有很多种,方法也应该不止一种,交际只不过是学习外语的一种途径而已,还会有更多的方法供大家使用。经过深思熟虑,他提出比较好的外语学习方法应该是能让人感到有趣的,这样既能避免学习的枯燥,给人带来乐趣，又能使人加强对所学习内容的掌握。而通过一系列任务的完成就可以达到这样的效果，前提是这些任务的分发要合理适当，这样才能有成效。

普拉布提出的就是现如今被大家熟知的任务型教学。应用该方法时，课堂中教师给学生布置任务让学生完成，一般教师会创设一个生活情境，让学生在情境中用外语对话交流来完成任务。该方法用贴近现实的方式练习外语，能够使学生的外语应用能力得到较为全面的锻炼和提高。

（二）任务型教学法的概念及特征

1.任务型教学法的概念

对于任务型教学法的定义，学术界有不同的看法，而且随着认识的发展，学者们对任务型教学法的定义也在不断深入。1994年，美国应用语言学家道格拉斯布朗（H. Douglas Brown）认为，任务型语言教学就是根据学生的需求设计一系列教学任务，让学生通过用外语做事情达到学习目标。

1996年，威利斯（Willis）在《任务型学习的框架》一书中提出了组织任务型教学的程序，包括前任务、任务环和语言焦点三个阶段。其中，交际任务是任务型学习框架的中心。该任务要求学生以语言表达的形式完成，或口头形式或书面文体。通常，一项任务要涉及听、说、读、写四项技能，任务以体验语言的运用开始，以审视语言的自然特征结束。可以说，威利斯提出了任务型教学的整体框架，并明确了任务的具体要求。

纽南（Nunan）对任务型语言教学的定义如下：任务型语言教学是语言课程设计的一种方法，它的出发点不是一个有序的语言项目列表，而是一个任务集合。根据埃利斯（Ellis）对任务型教学的阐述，有两种方式适用任务型语言教学，它们分别是基于任务的语言教学（把任务纳入传统的基于语言的教学方法）和任务型语言教学（把任务视为教学本身融入整个课程设计）。这两种情况都采用了使语言教学更具交际性的任务。因此，任务是交际语言教学的一个重要特征。换句话说，任务型教学法将任务作为教学大纲设计的单元。这种解释与第二语言习得研究相联系，后者认为语言的发展不是通过控制和实践，而是通过有意义的语言使用和更自然的获取过程习得的。

与基于内容的教学方法一样，基于任务的教学方法旨在为学生提供一个自然的语言使用语境。当学生为了完成一项任务而工作时，他们有充足的机会和教师互动。这种互动被认为有助于语言习得，因为学生必须努力理解对方所说并表达自己的意思——他们必须检查自己是否理解正确。此外，有时他们还必须向其他学生或教师寻求澄清。通过与他人的交流，学生对外语有了更多的接触，这可能超出了他们的能力，但这有利于吸收目标语言的知识，以便以后使用。任务型教学关注的中心目标是语言学习，而任务是以学生所掌握的知识和新知识之间的相互协商、解决问题的形式呈现出来的。

对于任务型教学法，学者的理解各有不同。总的来说，任务型教学法将具有实际目标的任务或活动用于教育目的。它以任务为教学单位，通过为学生提供使用语言的机会来发展学生的语言技能。教师根据特定的教学任务设计出具体、可操作的交际任务，学生通过表达、询问、交涉、协调等方式完成任务，在执行任务的过程中使用目的语，从而学习和掌握具体语言项目。

任务型教学强调直接通过课堂教学，让学生用外语完成各种真实的生活、学习、工作等任务，从而培养学生运用外语的能力。任务型教学法在任务的履行中以参与、体验、互动、交流、合作的学习方式，充分发挥学生自身的认知能力，调动他们已有的资源。在任务实践中感知、认识应用目的，是现代教育基本理念的体现，是外语教学的崭新理念。这种教学模式强调"在做中学，在用中学"，强调教学任务功能化、生活化、情境化、社会化，实现真实的互动。任务型教学融入情感因素、训练策略意识、重组语言知识，利用完成任务的方式激发学生的创造力、团队的合作能力，有助于激发学生学习外语的热情和主动性。

2. 任务型教学法的特征

任务型教学法注重帮助学生在完成任务的过程中提高语言交际能力，达到交际目标。另外，任务型教学法也特别注意引导学生发现语言系统本身的学习和应用方法。关于任务型教学法的基本特征，不同的学者给出了不同的意见，但大多都集中阐述以上两点。其中，纽南和菲斯（Feez）的观点被引述较多，为多数学者所接受。

纽南就任务型教学法的基本特征概括如下：①强调通过使用目的语互动学会交际；②在学习中使用真实文本；③学习者不仅需要关注语言，而且要关注学习过程本身；④强调学习者个人经历是促进课堂学习的重要因素；⑤使课堂语言学习和真实语言活动联系起来。菲斯则做了如下表述：①注重过程而不是结果；②强调交际和意义的表达，活动有实际的交际目的；③在任务完成的过程中，学习者需要有目的地开口讲话并完成互动；④语言活动和任务既是学习者现实生活的需要，也是课堂教学特定的教学目标；⑤教学活动和任务应该按难度大小循序渐进；⑥任务的难度取决于很多因素，包括学习者已有的学习经历、任务的复杂性、完成任务所需的语言知识等。两位学者都从任务本身的特征和任务完成过程两方面进行了阐述。

综上所述，任务型教学法要求学生在互动中完成具体、实际、真实、有意义的交际任务，并按任务的难易顺序习得语言。任务型教学法提供机会让学生体验真实的和实用的外语，激发学生在真实环境里应用外语的自然愿望，挑战学生运用外语作为工具完成任务的能力，能使学生获得成功感，能使学生对自己的学习负责任，能使每一个学生都参与并做出贡献，有助于学生培养预测的能力，能使学生学以致用，能够让学生独自完成或团体合作完成任务。具体来说，任务型教学法的特征如下。

（1）目的性

任务型教学模式中的任务，是由授课教师精心设计的、以让学生完成学习任务为目标而进行的目的明确的活动。任务型教学模式将任务作为主要核心，任务中出现的问题不是关于语言知识的问题，而是要求学生能够熟练地运用所学习的语言知识来解决的问题。而实际课堂教学中的任务，则是为了能够让课堂教学充满目的性而存在的，是为了保证确实的交流而产生的任务。

（2）主体性

在任务型教学模式中，授课教师应该充分发挥学生的主观能动性，为学生提供充足的语料以及真实的语境，让学生可以将在日常学习以及生活中所遇到的情景与课堂教学紧密结合起来，自发、主动地进行有目的性的构建，而不是机械式地接受教师准备好的知识。在这一学习过程中，学生占主体地位，是他们通过自身的思考、努力的探索、踏实的实践以及充分的总结来获得所要学习的知识。

（3）交际性

在任务型教学模式中，授课教师布置各种需要思考才能完成的任务，而学生通过完成教师布置好的任务来达到提升自己的交际能力的目的。这些任务是从日常人们交往中提炼出来的任务，在具有现实意义的基础上，还具有教学意义。同时，通过任务型教学模式，还可以提高学生参与交际活动的积极性，让学生在勇于表达自己的想法的同时接受新鲜的事物。

（4）合作性

在任务型教学模式中，授课教师布置的任务都是以小组的形式来完成的。这种任务布置形式主要是为了培养学生的团队合作精神，将学生个人之间的竞争转变成各个小组之间的竞争，让学生学会以小组成员的身份进行思考，找准自身在小组中的定位。同时，这样的任务布置方式能有效地避免学生由于自身的短板而无法发挥潜力的现象，实现课程学习的目标。

（5）生活性

在任务型教学模式中，授课教师所布置的任务，应该是现实生活的切实反映，源于生活又高于生活，能够为学生提供真实明确的语言环境，让学生在真实明确的语言环境中学习。在设计任务的过程中，教师应该充分考虑到学生的兴趣和爱好，同时应该注意学生的以往经验，将日常生活中出现的真实的案例融入任务，主动将课堂内外所蕴藏的知识融合起来，让学生置身于真实的模拟环境中自发地去学习、去掌握知识。

3. 任务型教学法的构成要素

（1）目标

如同日常生活和工作中的任务一样，教学任务必须具有明确的目的，即教学活动必须具有较为明确的目标指向。这种目标指向具有两重性：一是任务本身要达到的非教学目的；二是利用任务所要达到的预期的教学目的。任务教学所期望达到的教学目标，旨在通过完成任务的过程，对该过程中所产生的语言交流感受有所体会，进而增强语言意识，提高交际能力，并在语言交际过程中学会应用诸如表示假设、因果关系的目的语言表达形式。任务教学法作为促进学生学习的重要方法，教师应该更多地关注它的教学目的。

（2）内容

任务教学法的内容要素可简单地表达为"做什么"。任何一个任务都需赋予它实质性的内容，任务教学法的内容在课堂上的具体表现，就是学生需要履行的具体行为和活动。

（3）程序

任务教学法的程序是指学生在履行某一任务过程中所涉及的操作方法和步骤，表现为"怎样做"。它具体包括任务序列中某一任务所处的位置、先后次序、时间分配等内容。

（4）输入材料

输入材料是指学生在履行任务的过程中所使用和依据的辅助资料。输入材料可以采取语言形式，如新闻报道、旅游指南、产品使用说明、天气预报等；也可以采取非语言形式，如照片、图表、漫画、交通地图、列车时刻表等。尽管部分课堂任务并不一定都要使用或依据此种类型的输入材料，但在任务教学法的设计过程中，通过提倡运用此种类型的材料，可以使教学任务的履行更具有操作性，同时，能够更好地使教学任务与教学相结合。

（5）教师和学生的角色

任务教学法并非都要明确教师和学生在教学任务中所要履行的角色，但教学任务大多会暗含或反映教师和学生的角色特点。教师既可以是教学任务的参与者，也可以是教学任务的监控者和指导者。在教学任务的设计过程中，设计者需要考虑为教师和学生做出明确的角色定位，以使教学任务能够顺利高效地进行。

（6）情境

任务教学法的情境要素是指教学任务所产生和执行的环境或背景条件，具体包括外语语言的交际语境，以及课堂任务的组织形式。教师在教学任务的设计过程中，应尽量使任务情境接近真实，以提高学生对语言和语境之间的关系的意识。

（三）任务型教学法的优势

根据学生的实际生活环境而创设的任务情境，能够引发学生的好奇心，从而提高学生对学习的参与性，促使学生自觉主动地学习。任务型教学法就是让学生自己参与解决问题，让学生通过自己的身体力行来感受知识、获得灵感，进而得到知识的提升，同时任务型教学法能让学生把身边的事情与自己的实际学习联系起来，学会在"做中学"。因为情境与任务都是学生自己遇到的、经历过的，所以面对相似情境或任务的学习时，他们会有一种亲切感，这也就在一定程度上促进了任务的完成效果。以学生熟悉的事物和环境作为媒介拉近了学生和课程内容的距离，让课程内容以学生熟悉的形式与之接触，可以在很大程度上减少学生的畏惧感，进而引发学生的热情和活力，提高学生吸收知识的效率。

任务型教学法以学生作为教学主体。任务型教学法从某种程度上改变了原有的教学方式，原有的教学都是以教师为中心的，现今从学生的角度出发，以学生自己的实际情况以及以往的亲身经历为出发点，能够帮助教师用最适合学生接受的方式把知识传递给学生。当学生感受到自己的看法能够实实在在地影响教学方式和内容时，其自主性会大幅度提高，会更为主动地参与到教学中。

任务型教学法的情境创设理念将真实生活融入课堂。学生在学习中遇到的事件、处理的任务都与实际生活所遇到的情况相近，并涉及多方面。任务型教学法可以从多种角度培养、提高学生的知识水平，并且能够有效弥补学生的薄弱知识点部分，从而全面提升学生的知识水平。

任务型教学法的应用范围很广，适用于多种教学内容。外语是一门实践性和实用性极强的学科。外语课程的教学模式、教学内容大多围绕着外语的沟通功能而展开。任务型教学法的主旨就是让学生在"做中学",这与外语学科的属性相当切合,而且与大多数学科教学的思路是一样的。任务型教学法在学习体验方面拥有独特的优越性,能够有力地支撑外语教学。

(四)任务型教学法的模式

目前最具影响力的任务型教学法实施模式是威利斯所提出的任务型教学法三步骤。威利斯将任务完成过程分成三个阶段:前任务、任务环和语言焦点,各阶段的主要内容如下。

①前任务。

教师介绍主题和任务。

②任务环。

任务环节:学生按小组或结对执行任务;

计划环节:学生为即将进行的汇报做准备;

汇报环节:学生报告任务的结果和完成的情况。

③语言焦点。

分析环节:突显语言形式,帮助学生注意并学习;

练习环节:教师根据需要组织练习活动,回溯学过的语言点。

前任务阶段提供一些和任务完成相关的输入,帮助学生熟悉任务话题、了解新词汇和语言项目。该阶段的主要目的是激活学生的相关知识,降低任务难度,减轻负担。

任务环阶段是整个任务完成的主体部分。

在任务环节中,学生在相对较小的范围内进行交谈,准确性压力较小,注意力主要集中在任务的完成上,这有助于提高学生的自信心,减少焦虑。教师应该在该过程中提供帮助,同时监督学生,要求学生使用目的语进行交流。但教师不应该纠缠于学生语言表达的准确性,而应该把精力放在如何协助学生尽量流利、顺畅地就自己所具有的知识对任务进行表达。

在计划环节,学生需要为即将到来的汇报做准备。此时,他们会自然而然地关注表达的准确性,希望把刚才在任务环节积累起来的语言更好、更准确地表达出来。在此过程中,教师应该至少完成两方面的任务:一是解释清楚学生应该如何完成汇报,汇报的形式是什么,汇报要强调语言的准确性等;二是为学生提供帮助,此时学生会提出较多问题,希望在汇报中达到语言明晰、结构严谨的目标。

在汇报环节，学生需要使用较为正式、准确的语言向大家介绍自己所在团队的任务完成情况。同时，教师需要组织学生的汇报，指导其他学生进行评议、补充。

语言焦点阶段的主要目的是帮助学生探寻语言的系统，培养学生对语法、词汇搭配等语言项目的认识，帮助学生在任务完成的过程中对所了解到的语言特征系统化，最重要的是将任务相关的语言形式突显出来，强化学生注意力，以便将来能够识别和应用。

在分析环节，教师可以依据在前面的任务环节中遇到的语言材料，要求学生注意其中的一些关键的语言现象。例如，要求学生找出与文章主题相关的词汇和短语；找出所有过去完成时的句子，并说明这些句子所指的时间是什么。

练习环节比较类似于传统教学中的语言知识传授。教师带领学生进行朗读、词汇记忆练习、句子填充练习、语法项匹配训练、词典查阅等。练习过程是对语言现象的强化，能为学生增加记忆，易于为他们所接受，能够让学生感到自己完成了某些"实质性"的内容。

综上所述，任务型教学法的理念是，一个语言形式，在自然环境中经过多次重复，就会自然地整合到学习者的语言系统中。它和普通教学方法的区别在于，任务的完成过程帮助学习者真实地接触了语言，在完成任务的过程中，学习者是积极主动地进行认知加工，他们更关注语言的意义，因而情感过滤水平较低，更易于接受语言。教师在任务型教学中主要承担辅助者、促进者的角色，为学生提供帮助。需要指出的是，任务型教学法并不完全排斥语言知识的教授，只是强调语言系统知识教学必须建立在真实任务的基础上。

（五）任务型教学法的发展

任务型教学在我国已经取得一定进展，但也存在一些不足。我们可以在以下几方面继续关注任务教学今后的发展。

1. 系统介绍和研究国外任务型教学

目前国内任务型教学法的研究者虽然对国外任务型教学的概念、原则、理论基础、应用等进行了引进、介绍和研究，但从已有研究成果来看，对任务型教学在国外的发展历程、不同研究流派的分类、相关研究成果和争论以及研究走向等，至今还缺乏系统的研究，对国外任务型教学实施状况更缺乏系统的介绍和研究。为此，我们需要全面、系统而深入地对国外任务型教学理论和实践两方面的研究成果进行梳理，在此基础上对国外任务型教学进行系统、深入探究并不断借鉴，进而充实和完善我国相关研究，指导我国任务型教学的实践，真正促进任务型教学理论的形成与创新。

2. 不断提升任务型教学的本土化水平

从已有研究成果来看，由于缺乏宏观的、整体性的关照，我国尚未从整体上提出任务型教学的本土化模式。在具体的本土化模式探讨中，研究者的本土化理论建构意识还略显薄弱，大多是立足于国外任务型教学研究的成果，去探讨我国任务型教学在实施中存在的问题，并进行对策研究。为此，研究者要在系统了解国外任务型教学研究成果和实践的基础上，投入本土化理论建构的实践，积极从实际出发去研究任务型教学在我国的具体实施，形成具有我国本土特色的任务型教学，为一线的外语教师提出可操作的思路及步骤，寻找任务型教学实施效果的可测量标准。

3. 促进任务型教学理论和实践的有效结合

任务型教学的实施与教学目标、师生活动、教学步骤等密切联系，其目标是促进学生在任务完成的互动中产生语言习得，即任务型教学研究最根本的目的是指导语言教学实践。当前，任务型教学研究在一定程度上存在着理论和实践吻合度不够的问题，理论探索中往往忽略教学实践。任务型教学在我国的实施，离不开理论和实践的双向沟通和互动。任务型教学的顺利实施涉及语言学、教学论、学习论等方面相关理论的指导，这要求研究者必须立足于理论层面的研究，就如何认识语言学习过程、准确定位任务型教学的适用范围、处理好任务完成和专项测试的关系等任务型教学的深层次问题，进行理论上的探索。任务型教学理论的发展，同样要求研究者必须关注我国任务型教学的实践和现状，深入剖析其实施路径、阻碍因素和应对策略等。任务型教学只有将理论研究和实践探索结合起来，才能在中国得到深度推进。

4. 强化任务型教学的跨学科研究

任务型教学法主要以语言学、教育学等学科的相关理论成果为其研究的理论基础。语言学的相关理论成果有助于厘清任务型教学中如何看待语言的本质、语言的功能等问题，以便形成相应的语言观，在课堂教学中更好地指导语言学习。教育学理论中的学习论、教学论，集中概括了教学活动对"任务"的界定，如何看待学生的地位，以何种学习观能够更好地组织、建构学习，如何促进学生知、情、意、行整体发展等内容，有益于学生语言学习效果的提升。

随着任务型教学模式越来越多地被关注，许多教师在大学外语课堂上采用了这种教学方法。任务型教学法在全世界第二语言习得研究和语言教学法研究中都开始占据中心地位。但是，在我国外语课堂教学中，传统教学方法仍然占据主导地位，任务型教学法还没有得到广泛而深入的应用。只有外语教师在一线外语课堂中积极实施任务型教学法，并采用实证研究的方法，探索外语教学中这种教学手段的可行性以及符合学生特点的具体教学方式，任务型教学法才能真正在我国生根、发芽。为了深入推进对任务型教学法的研究，研究者必须克服本专业理论视域的不足，对任务型教学法的理论基础进行融合，形成对任务型教学进行跨学科研究的思维及视野，自觉地将语言学基础和教育学基础融合起来，并进一步融合心理学等学科的研究成果，不断形成新的研究成果，充实任务型教学研究的理论基础。

（六）任务型教学法在翻译教学中的应用

翻译技巧的掌握不是一蹴而就的，加上学生自身的水平有限，所以掌握这些知识对他们来说一般有些许的困难。教师需要用适当的方法去促进学生对知识的理解和掌握，而任务型教学法不失为一个好的方法。

①任务第一阶段。教师进行常规的翻译技巧方面的知识点的讲解，还可以结合一些典型的翻译例句做进一步介绍，以解释翻译技巧，让学生容易接受。接下来就是教师为学生布置任务，让学生完成。任务可以是教师根据自己计划设定的。

②任务第二阶段。教师为学生分组，组员之间可以提出问题或者讨论。经过组员的讨论之后，小组选择完成教师所布置的翻译练习可以使用的翻译方法，大家相互帮助一起翻译出译文，并派小组代表向大家介绍译文及如此翻译的原因。在布置任务的时候，教师根据任务的难度为学生限定一定的时间。在规定时间之后，所分小组可以选择一名小组代表向教师汇报。等到所有小组都汇报结束之后，全班同学一起决定一个最好的译文。这样教师既能让学生真正地参与到学习中去，又能提升学生的学习兴趣和效率。

③任务第三阶段。每组对比其他组的译文进行改进，然后确定出本组的译文。针对学生翻译中所采用的翻译技巧以及学生所给的译文中存在的问题，教师给予相应的指导，教师恰当的指导可以让学生从自己的翻译练习中学习、进步。教师可以给学生留一定的练习供学生课后巩固所学。

任务型教学法就是要求教师放手让学生自主认真地投入自己的任务中，进而完成教师布置的任务，同时学生的翻译能力以及他们彼此间合作学习的能力亦能够得到发挥。

三、项目导向型教学法

项目导向型教学法是建立在建构主义教学理论基础上的一种教学模式。建构主义教学理论强调学生学习过程中的主体地位，认为教学仅仅是以学生现有知识为基础，引导他们产生学习兴趣。学生是学习的主体，是学习意义的主动建构者，而不是知识灌输的对象。传统的教学以教师为主体，学生被动接受信息，不能充分发挥学生能动性，甚至可能引发学生产生厌学情绪，不利于教学质量的提高。

（一）项目导向型教学法的内涵及优势

项目导向型教学法，就是以项目为载体，实施理论与实践、知识与技能一体化的教学方法。项目导向型教学法由德国西门子公司培训中心创立，简称 PETRA 教学法。项目导向型教学法体现为"四动"，即学生主动学、教师生动教、师生合作互动、过程活动为主。这种特点和优势使其成为一种以能力养成为主导的教学方法，它传授给学生的不仅是知识，而是在自主、合作和探究学习中养成从事职业工作的实际应用能力。

项目导向型教学法中，学习的主体是学生，教师起到指导与提示的主导作用。在项目导向型教学法实施过程中，教师要注重理实一体、学以致用，关注学生自主、合作、探究学习能力的养成，其核心目标在于培养学生独立工作能力、团队工作能力、创新工作能力。

项目导向型教学法的价值在于能够促进学生直接就业的能力和学生综合能力的养成，培养学生的主动学习精神、独立工作能力及创新能力。此外，项目导向型教学法还能够完善工学结合的培养模式，完善理实一体的教学过程，提升实践教学的改革力度，最终提升教学质量。

项目导向型教学法的运用，对学生综合素质的培养具有切实的促进作用，使学生的"能力"内涵在以下 6 个方面有所提升。①单个能力：在社会方面包括适应能力、协作能力、社交能力、团结能力和宽容能力；在工作方面包括技能性、知识性、全面性、责任性、准确性、坚毅性和纪律性；在个人方面包括主动性、参与性、灵活性、创造性、判断性、预见性、果断性和实践性。②任务的组织和实施能力：以目标明确、精确准时、系统协调、组织管理为目标。③知识和技能的运用能力：以学以致用、系统思考、形象思维、举一反三、动手操作为目标。④独立和负责能力：以独立思考、信任可靠、谨慎行事、自我评价、自辨能力为目标。⑤交往和合作能力：以开诚坦率、善于表达、合作工作、考虑他人、公平主义为目标。⑥承载能力：以专致集中、耐久坚毅、警觉清醒、容忍挫折为目标。

（二）项目导向型教学法在翻译教学中的实施过程

项目导向型教学法在教学过程中要以学生为中心，充分发挥学生的主动性和创新性，而教师则起着指导和协助的作用，负责整个教学的设计和组织。一个完整的项目导向教学的过程一般有以下4个阶段：项目设计期、项目实施期、项目展示期和项目总结期。

1. 项目设计期

好项目可以充分调动学生学习的积极性，所以项目的选取非常关键。项目选取最重要的原则就是可实践性，以保证学生可操作并有所收获。设计项目应采用结构化的方法，自上而下、逐步细化。教师在具体选取和设计项目时应注意以下事项：①从本校的教学资源实际状况出发，项目要可行；②项目要由易到难，逐步提高难度；③项目设计要注意分散重点、难点，考虑"任务"的大小、知识点的含量、前后的联系等多方面因素；④项目设计要符合学生的特点，充分考虑学生现有的文化知识、认知能力、年龄、兴趣等特点，做到因材施教；⑤以"项目"的方式（以"布置任务—介绍完成任务的方法—归纳结论"的顺序）引入有关概念，展开教学内容。项目导向型教学法的着眼点在"项目"，而项目的选择要以教学内容为依据。

项目设计可以选择以国际商务情境下（接待、陪同、洽谈等）商务翻译员或商务助理员的工作任务为线索来进行。项目活动载体可以选择以一个大学毕业生新入公司后所经历的一系列翻译涉外活动为主线，使用各种对应知识点和技能点的案例，覆盖其所有工作项目，合成完整、真实的商务译员或商务助理岗位的工作任务。

2. 项目实施期

项目设计好后，学生要根据项目细分任务，制订工作计划和步骤，并分组实施。项目的实施采用自下而上、由易到难、逐步完善的原则进行。此时，教师应充分相信学生的能力，让他们自己动手，面对学生计划中的欠缺或不完善处，教师可适当地加以点拨或指导，然后师生合作，共同完善它。在实施项目的时候，要根据不同的项目采用不同的方法。

对于一些操作比较简单的项目，学生自己可以从书上或者其他渠道（如网络、实地调查）找方法，自己根据理论知识进行操作；对于一些操作比较复杂的项目，教师要及时给出相关资料，并适当提醒学生先做什么、后做什么，必要的时候做一下示范，这样做既可以避免接受能力较差的学生面对较为复杂的项目时束手无策，又能避免学生走不必要的弯路。例如，在公司简介的翻译环节中，教师可以通过模拟法,将全班学生分成4组,以组为单位模拟成立外贸公司,让学生为自己的公司取名,注册国籍和业务范围,设立法人代表,成立董事会,制作公司简介。在此基础上,教师再让学生根据教材内容和项目要求,做成演示文稿予以展示,学生相互评价。这样,学生通过进行相应的商务模拟实践活动就熟悉了商务活动环节,也了解了相关词语的翻译。

3. 项目展示期

这一阶段是以学生作品展示为主、教师点评为辅,其特点是集思广益、拓展思路、鼓励创新。展示期可以进行作品欣赏或方法交流,也可以开展一些热门问题的讨论,让学生在思路上得到一些启发,取人之长、补己之短,提高创作水平。教师在这一阶段可以在教学节奏上给学生一个放松的时间,同时可以查缺补漏,讲解一些共同的难点和重点,并触类旁通地给出大量应用实例,加深学生对所学知识的理解。

4. 项目总结期

学生学习能力不同,对知识的吸收和掌握程度也不同,很容易出现成绩的两极分化和对教学知识点的疏漏。针对这些问题,教师在采用项目导向型教学模式的时候,要加强对课堂小结和知识点的回顾,使学习能力差的学生或操作有疏漏的学生能通过教师的总结和回顾跟上教学进度,从而达到教学要求。

(三) 项目导向型教学法对翻译教学的影响

1. 对学生学习兴趣的影响

项目导向型教学法能够改变原有翻译课程的传统教学中教师"一言堂"的教学模式,将所开设课程的教学内容设计成具体技能的训练项目,根据项目组织实施教学与考核,重点体现翻译的趣味性与应用性,从而提高学生对翻译课程的兴趣和主动性。

2. 对课堂学习效果的影响

在项目导向型教学法中,学生能够从被动翻译到主动翻译,从根本上改变学习及思维习惯,发挥主动性和创造性。学生不再是被动学习所谓的翻译技巧,而是主动思考、研究并进行翻译实践,从实践中学习技巧、巩固技巧、熟练掌握技巧,于是学习效果事半功倍。

3. 对学生未来发展的影响

项目导向型教学法由于在实践的过程中引用的都是真实翻译项目,使得学生在真正踏入翻译行业之前就已经充分了解并能够驾驭翻译实践。更为重要的是，由于真实翻译项目都是与当今时代接轨的材料，体现了当今社会下真实的文化差异，因而学生能够在不断实践的过程中了解这些信息，真正掌握处理文化差异的翻译方法，从而使学生成为不但具有过硬的专业知识和技能，而且能够促进国际文化交流的全方位的应用型人才。

4.对翻译专业教学长远发展的影响

建立一套全新的、实用的、科学的、系统的翻译教学模式，是翻译专业教学改革的基础，有利于培养大批创新性、技术技能应用型翻译人才，从而为翻译专业的长远发展奠定坚实的基础。因而，发展项目导向型教学法对我国翻译专业的发展是较为有利的。

翻译始于实践，终于应用。当今国际形势的发展需要呼唤国际化、专业化、应用型的翻译人才。将项目导向型教学和翻译教学有机结合起来，打造以真实市场翻译项目为教学载体，以学生为翻译主体，教师提供翻译指导，教师、学生、客户三位一体的翻译评价系统，不但彻底打破了传统翻译课堂的教学模式，而且使翻译教学紧密结合社会发展实际，更加高效地提高了学生的翻译实践能力，使翻译专业的学生步入社会后能迅速适应社会发展需求，为社会贡献专业的翻译力量。

四、翻译工作坊

（一）翻译工作坊的定义

"翻译工作坊"兴起于20世纪60年代美国的一些高校，并逐步发展成为一种重实效的、以学生为中心的、以过程为导向的教学方法。翻译工作坊类似于商业性的翻译中心，由两个或两个以上的译者集中在一起进行翻译活动。在翻译过程中，译者之间互相交流，通过合作来解决翻译中的实际问题。这种教学方法移植到翻译课堂就成了一种翻译教学途径，其本质是促进学生在"做中学"，即通过翻译实践来学习翻译。翻译工作坊模式符合"实践—认识—再实践"的认识规律。在这种模式下，学生按小组组成工作坊，并在教师的组织下模拟实际的翻译情境，通过相互探讨与协作，在课堂上完成特定的翻译任务。教师不再是学习活动的主导者，学生的动手操作能力和积极探讨协作能力被重视和鼓励，换言之，工作坊教学方法非常重视学生创造性思维和技能的提高。翻译工作坊教学形式一般会有小组集体讨论和个人发言两部分，同时教师会对问题进行一些解释和说明。

作为一种教学途径，翻译工作坊能促进教师和学生之间的互动，并强调学生的参与作用。

（二）翻译工作坊的特点

1. 翻译工作坊的教学目标

翻译工作坊的教学目标是通过完成翻译实践任务，提高学生的双语能力，培养其解决问题的能力，使其更加掌握翻译策略。翻译工作坊教学意在提高学生翻译能力的同时丰富其专业领域知识，增强其自主学习能力、沟通合作能力和沟通能力，获得专业译者的综合素养。

2. 翻译工作坊的教学模式

翻译工作坊的教学模式多是基于实践的探讨式教学，即把全体学生分组，以翻译实践小组为单位承接翻译任务，教师提供翻译任务的相关信息和要求后，学生通过组内合作讨论确定译文，然后交由教师点评译稿。

3. 翻译工作坊的教学内容

翻译工作坊的教学内容可以是翻译项目或实践性较强的非文学文本，文本翻译难度应与学生的翻译能力水平相适应，可涉及各专业领域的翻译，但选材要有时效性。

翻译工作坊的教学模式重在翻译实践，理论为辅，目的是提高学生翻译能力和帮助学生积累翻译经验。翻译工作坊讲究合作会话、平等交流，旨在培养学生的译者素养，让学生学会分享翻译心得。

4. 翻译工作坊的教学可操作性

在翻译工作坊教学方法中，教师要确保每节课学习目标明确、任务具体，使学生明确该工作坊操作的步骤并按指示去完成翻译任务。在整个翻译过程中，学生应全程参与，在教师的引导下，主动去完成翻译知识与技能的建构。

（三）翻译工作坊的构成

1. 对指导教师的要求

翻译工作坊的指导教师应具备丰富的翻译实践经验、扎实的双语能力、沟通协调能力和敏锐的洞察力。指导教师需要能评定出学生在翻译任务中的表现和其翻译能力状况。同时，指导教师作为翻译工作坊的指引者，要善于从翻译实践中总结经验。

2. 对学生的要求

翻译工作坊以学生为主体。学生应提高自主学习能力、沟通合作能力，在翻译实践中积极主动，提高自身的双语能力和翻译能力，同时，学生还需扩展自己的百科知识，丰富头脑中的知识框架。

3. 对翻译任务的要求

翻译任务应是学校师资能驾驭的各类非文学文本或实践性较强的翻译任务，应有助于提高学生的翻译能力，帮助学生在翻译过程中积累翻译经验。翻译任务的范围应考虑到学生的翻译职业方向，提高学生学习的积极性和翻译工作坊的实效性。

（四）翻译工作坊在翻译教学中的应用

1. 翻译工作坊在翻译教学中应用的必要性

在过去的几十年中，我国的高等教育经历了翻天覆地的变化并且高等教育逐渐成为培养专业技能人才的主要力量。与此同时，高等教育的蓬勃发展正在唤起我国的教育改革。高校的翻译教学对于探索如何培养优秀翻译人才的有效策略是非常重要的。翻译工作坊作为一种创新的教学方法可以达到其独有的目的。

（1）提高学生的翻译兴趣

在传统教学模式中，学生对于翻译的兴趣常常受到传统教学中课堂氛围的影响。这种氛围所导致的主要问题是学生自主参与的积极性受到了影响。朱惠丰指出，翻译工作坊对于高等院校翻译教学的贡献和作用有以下两点：①教学模式由教师为主导转变为以学生为中心；②该模式以满足学生的成就感为导向来激发学生对翻译学习的好奇心并激活其学习的氛围。

翻译工作坊这种讨论式、互助式的教学方式可以借助网络平台，实现学习方式更加多样化，评估机制更加灵活、客观，从而在更大程度上激发学生学习翻译的兴趣，使学生学习的自信心和主动性增强，同时使翻译工作坊的课堂气氛轻松活跃，师生关系平等融洽，互动增多，实现了双向交流。

（2）翻译实践中错误的避免

翻译工作坊中的翻译任务通常是由不同翻译者相互合作共同完成的。针对不同水平的学生，教师应当在教学中注意以下两点：①行之有效的教学方法和策略；②课堂活动及教学过程的组织。为了解决这一问题，教师可以在课堂中安排一些合作活动、互动性活动以及增加一些个人小测试。因为学生个人在翻译中遇到的语言障碍困难很可能会在合作中被解决或者在互动中得到启发,所以学生在课堂中的翻译过程才会变得更加轻松和容易。

(3)翻译教学实效性的实现

翻译教学的实效性是指教学目标是为了学生在毕业之后获得工作的机会。高等院校只有以此为导向才具有现实意义。翻译工作坊教学可以有效地帮助高校学生培养翻译能力,因为学生会通过翻译工作坊完成不同类型的联系实际的翻译素材。

(4)有意识地注重应用性翻译理论知识与实践的结合

翻译工作坊教学侧重实用性,克服了课堂上教师全篇介绍高大上的翻译理论,而学生听了不会使用、收效甚微的状况,缓解了翻译教学中理论与实践脱节现象。教师在研讨课上和作业讲解点评过程中,会适时深入浅出地将翻译理论知识与翻译实践相结合,促进学生融会贯通,因为学生只有掌握了一定的双语语言差异之后,经过训练才能学以致用。

事实上,学生翻译能力的提高取决于许多的因素。对于高等院校的学生来说,他们首先要通过主修专业课学到知识,锻炼技巧,而这些知识和技巧通常又是翻译工作的基础。这种系统地学习与专业有关的外语(如科技外语、医学外语、商务外语等)会很明显地帮助翻译的过程。在此基础上,翻译工作坊应该更关注学生在课堂中的实践以及他们今后在工作岗位上会真正遇到的翻译任务。

2.翻译工作坊在翻译教学中应用的原则

有许多因素可以促进翻译教学的过程。翻译工作坊在大学翻译教学中应当遵循以下原则。

(1)合作与互动原则

使用翻译工作坊教学的翻译课程应当具有合作性与互动性。这一原则实际包括以下两点。

①合作性。译者间的相互合作能够完成所有种类的实践性翻译任务,学生在课堂上通过彼此的配合能够完成相对高质量的翻译作品,例如,通过相互合作避免任何形式的语法错误与源语言意义的传达差异。

②互动性。学生与指导教师之间的互动,可以使课堂的学习氛围更加积极、融洽。

(2)相互协作与探究原则

高校的翻译教学受许多因素的限制。在这些因素中,语言能力的不足会直接体现在学生的翻译作品中。此外，学生在独立完成翻译的过程当中，对于许多困难问题的探究也会使自己感到十分吃力。这些难点包括对于不同风格及文体的文章的翻译标准、修辞的正确使用以及一些特殊的翻译技巧（如增词法、减词法、词类转换法等）。因此，教师在使用翻译工作坊进行翻译教学时，应当遵循相互协作与探究的原则，从而使学生获得更多的翻译知识及翻译技能。

（3）实效性原则

翻译工作坊教学在高校翻译教学中可以发挥实效性。虽然课堂仅仅能使指导教师教授给学生有限的翻译知识与技巧，然而，课堂本身就是翻译工作坊的一种。学生在进行集体翻译时，指导教师可引导学生对不同种类的文件及材料进行翻译工作。如果翻译工作坊教学中的模拟环境可以被正确地采用或者按照正确的顺序引导，学生便会自觉承担起翻译任务的职责。同时，完成一个翻译任务后所获得的成就感在很大程度上会激起学生对翻译工作的兴趣及热情。

（五）翻译工作坊在翻译教学中的实施

翻译工作坊在大学翻译教学课堂中的具体应用过程主要包括三个阶段，即翻译任务前的准备阶段、翻译任务过程中的管理阶段以及翻译任务后的评价阶段。每个阶段实际都包括相应的具体任务。这些任务需要指导教师与学生一起努力完成。

1. *课堂准备阶段（翻译前）*

众所周知，完善、细致的课堂准备对于翻译教学的成功是十分必要的。在翻译工作坊中，指导教师需要搜集大量相关材料，设计每一个具体步骤，使学生逐渐熟悉所翻译的内容及相关的翻译策略与技巧。这一阶段主要包括教师的讲解和学生的知识准备。教师通常在第一节大约花20分钟讲解翻译基础知识或有关翻译的基本问题，突出重点和难点。教师在讲解翻译理论时，重点应放在翻译原则或标准、翻译技巧和文体翻译的基础知识方面，而训练学生的翻译技巧则是重中之重。常用翻译技巧的讲解应清楚简洁、要点突出。

2. *课堂管理阶段（翻译中）*

在翻译工作坊中，课堂教学的中心是学生。指导教师将学生分为若干小组。去完成不同的翻译任务，以提高他们的翻译能力。指导教师在管理和控制整个课堂翻译的过程中起着十分重要的作用。当之前提到过的准备阶段完成后，学生就应该开始进行翻译活动，此时指导教师应尽量保证翻译课堂融洽、活跃的氛围。

这一阶段分为以下两个步骤。

（1）第一步：理解

①预设文本。教师在必要的讲解后向学生下发相关的练习材料。学生通过预读大致了解原文的内容，然后通过研读对原文有一个透彻的理解。下发翻译材料之前，教师应根据文本内容提出一些问题，引导学生去钻研、发现并提取一些重要的知识和特殊的信息。

②文本分析。学生研读原文后，教师再指导学生进行文本分析，这是充分理解原文的重要手段。学生分组进行文本分析活动，有助于学生讨论一些文化负载词和晦涩难懂的词语的意义，弄清单词的字面意思和隐含意思，理解原文的修辞语言，最终透彻理解文本的思想内容。这样，原文的内容清楚了，就为下一步动笔翻译奠定了坚实的基础。

（2）第二步：表达

正确理解原文并不一定能够保证准确表达译文。译文质量取决于活动参与者是否能正确地理解原文及灵活地运用翻译技巧。在正确地理解原文这一过程的问题解决后，准确表达译文便成了首要问题。在正确理解原文的基础上，学生在规定的时间内独立进行翻译活动。在这个阶段，教师不应妨碍学生的翻译活动，而应暂时退到"后台"，变成一个监督者来组织监督学生的翻译活动。教师应确保学生的遣词造句能够准确地传达原文的意思，并符合目的语的习惯表达。

3. 评价阶段（翻译后）

这一阶段，各小组间的翻译任务已经结束。此时教师应当指导学生评价自己的翻译任务。评价工作在翻译工作坊教学中是十分必要的，因为它能够使学生意识到如何去处理相似类型的材料。准确来说，本阶段包括修改和评价。在修改时，教师可要求小组成员之间互相修改译文，将对方的译文与原文进行对比研究，看看是否有晦涩难懂或欠妥的地方，并在译得好的地方画"√"，在理解有误或错误的地方画"×"，在欠妥的地方画波浪线。通过彼此进一步修改，力争让译文再上一个台阶。修改结束后，先在小组内部评价译文并选出最佳译文，然后在全班当众宣读，其他小组学生指出其优点与缺点。教师如有更好的译文可以当众提出，让大家借鉴。

举例来说，译后阶段可分如下三步进行：①双人活动。外语专业教学班通常有30多名学生，可按其座位大致分成十几个双人组，同桌之间互相批改对方的译文，也可以前后两个双人组之间互相批改，然后选出较好的译文。②小组活动。

每 3～4 个双人小组可按就近原则组成几个大组。从双人小组中选出来的译文在大组当众宣读。同组其他学生指出译文的优劣，并提出修改意见。同时每个大组选出最佳译文。③全班活动。从各个大组挑选出最佳译文在全班当众宣读后，其他学生指出译文的优劣，并提出修改建议。在这个阶段，教师应及时对学生的讨论和评价活动予以指导和评判，引导学生得出正确的翻译结论，并总结翻译经验和翻译原则。这样在及时反馈学生信息的同时，教师也能够掌握学生的翻译情况，使全班同学既能意识到自己的问题，又能看到别人的问题，从而在今后的翻译活动中避免犯同样的错误。

五、评注式翻译教学法

（一）评注式翻译的概念及目的

评注式翻译是指译者在进行翻译活动时，同时或之后将译文的选择以及译文形成的过程记录下来，标注在译文旁边，除了书面记录的形式，也可以采用口头叙述的形式。标注的内容一般是译者在翻译过程中遇到的问题以及对问题的思考、求证、解答过程。评注式翻译可以使译者整体把握翻译过程，同时，有利于教师对学生翻译技巧和策略使用的评估，有利于教师评估学生的翻译能力。从评注式翻译的定义可知，此种运用于翻译活动以及翻译教学中的方法有两个最主要的目的：①使学生掌握自己的翻译过程。学生通过记录自己进行翻译活动时所遇见的问题及其解决情况，掌握解决此类翻译问题的方法，从而提高翻译理论应用能力及翻译实践能力。②可以为教师提供一个可以掌握学生翻译理论学习能力、翻译策略及方法的使用能力的评价材料，有利于教师判断学生的翻译能力，从而制定有效的教学内容，选择下一步教学的重点，以及控制教学节奏。

（二）评注式翻译的过程

外国学者和教师多将评注式翻译运用于翻译课堂教学之中，作为一种翻译方法和教学方法来辅助教学。此外，外国翻译专业学生的毕业论文形式，也可以采用撰写足够字数的、包括翻译过程评注在内的翻译报告的形式。

国内翻译课堂对此虽然还没有明确地关注，但事实上在翻译课堂教学中，很多师生进行的翻译活动和运用的方法正是这一翻译形式。在评注式翻译过程中，学生运用专业书籍和网络搜索等方式进行翻译任务领域专业知识的学习和研究，把评注作为辅助工具完成翻译活动。评注式翻译能够体现学生对翻译理论的理解和应用情况，能够反映学生对未知知识的检索能力、独立思考和研究的能力，以及翻译策略能力等一系列重要翻译能力。评注式翻译同时也是教师评价学生翻译理论掌握能力以及翻译实践能力的有效工具。评注式翻译的过程要注意两方面内容：①评注哪些内容；②什么是有意义的评注。

1. 评注内容

从定义上来看，评注式翻译是指译者在翻译的同时或之后，将遇见的翻译难题和解决难题的过程和方法，以书面或口头的形式记录或表达出来，并且探讨或说明翻译过程中运用的理论和方法。评注式翻译可以用于翻译课堂，便于学生梳理自己的翻译过程，同时有利于教师对学生的翻译过程和能力进行评价。同时，评注式翻译也可用于其他形式的翻译活动中，以明晰译者翻译时遇到的问题和解决方法，从而有利于译者对自身翻译活动的掌控，也有利于译者对翻译活动进行反思和总结，进而逐渐提高翻译能力。

2. 有意义的评注

学生在进行翻译训练时，可能会遇见很多翻译问题，需要进行复杂的分析和思考才能最终得出译文。所有的问题和对翻译过程的思考都可以落实为翻译评注。事实上，学生要基于对评注式翻译定义的理解，明确翻译评注的两个目的：①帮助学生掌控自己的翻译过程；②为教师提供可对学生翻译能力进行评估的材料。以这两个目的为出发点，学生应该对翻译过程中自己发现的难题进行标注。如果有的原文内容对大多数学生来说很难理解，但对某位学生来说，能够从容译出，那么该学生就不需要评注这种"难题"。所谓"难题"，一定是翻译过程中对学生本人的理解与翻译产生障碍的部分，能够体现学生的翻译问题，也就是体现学生在该翻译领域知识储备的不足和欠缺。学生通过自己的探索与分析，最终形成译文的过程即学生对该领域欠缺知识的学习和补充。这种评注有利于学生翻译能力的提高，是有意义的评注。

另外，从教师的角度来说，教师在课上或课后，要求学生进行翻译评注，是为了更好地了解学生对翻译方法的掌握情况，以及评价学生翻译能力。因此，教师会要求学生在进行翻译评注时，要注重标注所使用的翻译理论、翻译策略和方法。这样做一方面能强化学生对翻译理论知识的理解和记忆，同时能使教师了解学生对理论知识的学习和运用情况。翻译理论评注也是有意义的评注。

（三）评注式翻译教学法的实施

评注式翻译教学法，作为一种自省式的教学方法，要求译者在翻译实践活动的同时关注自己的翻译过程。在此，对其具体的实施方法介绍如下。

评注式翻译教学法要求译者首先要找出翻译难题，然后在某一翻译理论原理的指导下解决难题，最终获得良译，并能自证其合理性。

①找出翻译中遇到的难题。难题意味着学生无法立刻判断原文的意思，这就需要在翻译评注中体现出来。②记录解决翻译难题的过程和方法。学生在翻译时，对遇到的难题，通过查找网络、了解翻译资料的相关知识和背景，再结合自己的翻译知识和外语语言知识，对之前难以确定的短语进行深入理解，最终确认译文。这个过程是需要进行翻译评注的内容。③记录运用的翻译理论和方法。除了记录翻译难题和解决难题的过程之外，学生还需要对翻译中涉及和使用的翻译理论和方法进行标注，以便梳理和掌握自己的翻译过程，同时有利于教师对其翻译理论的掌握情况进行评估。

（四）评注式翻译教学法在翻译教学中的应用

翻译评注的撰写或口头报告可以敦促译者理性对待翻译难题，确定解决问题的方案，用经得住证据检验的方式有条有理地分析和解决问题。评注式翻译限制了译者在翻译中的随意性，能够促使译者反思和监控自己的翻译行为，以严谨的态度解析原文并传递原文讯息，寻找实证证据来验证自己译法的合理性。

评注式翻译的另一大作用在于它能促使译者深刻理解并自觉应用翻译基本原理与方法。在翻译课程的教学中，教师常需花费大量时间和精力讲解翻译原理和翻译方法，然而学生即便当时听懂了讲解，也未必能真正理解这些原理和方法后面的精神实质，离融会贯通翻译原理、自如运用翻译方法的学习目标更是有相当远的距离。如果要求学生在翻译时或译文完成后撰写或口头陈述自己的翻译评注，就可以促使他们去主动思考怎样运用原先可能看似抽象难懂的翻译原理来指导自己的翻译实践，以及怎样使用恰当的翻译方法来解决具体的翻译问题。

评注式翻译这一教学手段还可以帮助教师打开学生翻译过程的"黑匣子"。通过阅读或聆听学生翻译时的思考过程，教师可以比较客观地了解学生对翻译原理和翻译方法的掌握情况。

评注式翻译是国际翻译教育界普遍使用的一种教学手段。它能促使译者关注翻译过程，反思并调节自身翻译活动。这一过程减少了翻译活动中的随意性，使译者主动增强对其自身翻译行为的自省和监管，主动将翻译原理和方法内化为译者素养，从而提高翻译准确性，保证翻译质量。同时，它还是评估翻译原理与方法掌握情况以及翻译教学效果的一种行之有效的方法。评注式翻译教学法的合理使用对实现传统翻译教学目标转向、提高翻译教学效率和译者能力、更好地培养优秀的翻译人才来说至关重要。但不得不承认，以过程为取向的评注式翻译教学，并不能解决所有的翻译教学问题，对于那些缺乏学习动机以及双语能力较差的学生来说，评注式翻译无法提供有针对性的解决办法；此外，评注式翻译也无法解释翻译中的那些特殊、困难的个案问题。

六、互动教学法

（一）互动教学法的定义

1. 互动

互动是指彼此联系、相互作用的过程。而日常中的互动是指社会上个体与个体之间、群体与群体之间通过语言或其他手段传播信息而发生的相互依赖性行为的过程。在互动中，涉及各个功能系统的功能和心理活动的产生机制，即各个因素相互作用产生心理。结合互动定义可以看出，互动是指两者或两者以上进行信息交换的过程，是社会发展及人类活动的必需途径。

2. 互动教学法

"互动式"教学是一种教学模式，就是把教育活动看作师生进行一种生命与生命的交往、沟通，把教学过程看作一个动态发展着的、教与学统一的交互影响和交互活动过程。在这个过程中，通过优化"教学互动"的方式，即通过调节师生关系及其相互作用，形成和谐的师生互动、生生互动、学习个体与教学中介的互动，强化人与环境的交互影响，以产生教学共振，达到提高教学效果的目的。

3. 互动教学的形式

（1）精选案例式互动教学

在课堂授课中，教师借助多媒体等方式来呈现案例，在学生已有知识基础上设置悬念、引导学生来解决问题，从中体现出课堂重点，上升为理论知识。精选案例式互动教学的步骤为"案例解说—尝试解决—设置悬念—理论学习—剖析方案"。该互动教学形式具体直观、生动形象，能够营造良好课堂氛围，让学生对知识有较深印象，但理论知识学习并不深刻，课堂呈现内容较少，学习效率上偏慢。

（2）主题探讨式互动教学

在互动式教学中，师生双方围绕主题来进行互动，有利于达到课堂教学目的。主题探讨式互动教学步骤为"提出主题中的问题—思考讨论问题—寻找答案—归纳总结"。该互动教学形式在授课中主题明确、探讨深入，学生积极围绕主题参与课堂活动，但缺点在于组织难度大，学生在主题讨论时教师无法控制提出问题的广度和深度，常影响到教学过程。

（3）多维思辨式互动教学

在外语授课中，教师以问题来引导学生进行分析和讨论，传授给学生问题解决经验，还可以在课堂中设置正反方，由个体在争论中得到优化答案。多维思辨式互动教学步骤为"解说原理—分析优劣—发展理论"。该互动教学形式在课堂中能够营造出良好氛围，使学生深入分析和讨论问题，课堂有着较大自由度，这就要求教师要了解班级实际学情，对课堂中出现的新情况、新问题、新思路有整体把握能力，提升学生个体问题分析水平。

（4）归纳问题式互动教学

在外语课堂授课中，教师在课前针对教学目的、重难点来设置问题，提前做好互动问题归纳。教学开始后，教师提出问题来引导学生进行讨论，达到使学生熟悉学习内容、拓宽课堂思路目的。在归纳问题式互动教学中，教师应充分调动课堂积极性，激发学生创新思维能力，提升学生问题求解水平。

（二）多元互动教学

"多元互动"中的"元"即"要素"，指与学习有关而又能相互作用的各种教学要素，包括教师和学生人员要素、教材信息要素、教学条件与环境物质要素等。"多元互动"中的"互动"是指充分利用各种跟学习有关而又能相互作用的教学要素，促使学生主动地参与学习，达到高质高效教学效果的一系列教与学活动。教与学活动是多种教学要素之间多向互动的有机整体，可以实现主体与客体的辩证统一。在多元互动中，教学目标的达成具有动态生成性。

多元互动教学方法，是在信息技术环境下，把教学活动看作多元的交往沟通和动态的交互影响过程，通过优化教学互动的方式，充分利用各种与学习有关的教学要素，调节它们之间的联系与作用，调动和促进学生的主动积极性开展学习活动，形成全方位、多层面的和谐互动，以产生教学共振、提高教学效果的一种新型教学结构形式。

多元互动教学活动是指教师与学生——大学外语教学活动的双主体，在课内、课外等活动场所，以及网络虚拟空间的三维环境中所进行的师生之间、生生之间、生机之间的外语学习活动。在此过程中，教师的主要作用是引导、促进、协调学生的外语学习；而学生通过探索、实践与互动，在"例中学""做中学""探中学""评中学"的过程中完成对语言知识及使用规则的内化和语言行为的外化。

多元互动教学具有如下特点。

1. 教学方式的交融性

信息技术在培养学生外语综合运用能力方面具有很强的操作性,因为它可以较真实地模拟语言环境,使外语教学内容真实化和情境化,充分调动学生听、说、读、写各种技能,加深学生对语言材料的理解。多元互动教学模式将教学方法、教学手段、教学内容、教学组织形式交织为互动的一体,把比较抽象的教育思想变为具体的操作性策略,促使学生全方位地进行感受、判断、实践,调整自己的学习行为。

2. 教学环境的开放性

互动教学模式实质上是要赋予学生更大的学习主动权和自主权。所以,在某种程度上讲,互动形式是开放的,互动的过程也是非确定的。由于合作、互动学习教学模式下的课堂是一个活动型的课堂,学生课前与课后必须做好相关工作,因此这种学习过程本身就有利于促使学生培养寻找及储备学习资源的技能。据此,学生学习语言的自主性、时间、地点乃至于内容都得到了扩展。此外,信息技术环境为增加学生之间和师生之间的合作提供了便利的条件。通过在真实或仿真实的社会情境中与他人交流合作,学生可以获得新的信息来弥补自己的信息沟。同时,真实或仿真实的交流环境有利于发挥学生情感因素在语言学习中的作用,增强其认知能动性。

3. 师生关系的平等性

在教学实践中,往往教学成败的关键并不在于教师的专业知识和教学技巧,而取决于师生关系、教师对学生的态度。多元互动教学模式倡导建立一种平等的师生互动关系。教师尊重学生的人格和经验,鼓励和培养学生自主探索、互动协作和实践创新的精神,尽量营造宽松、和谐的互动教学氛围,让学生根据自己的特殊情况和学习要求选择不同的学习方式,积极主动地参与整个互动教学过程。

4. 教学形式的多样性

多元互动教学模式促使教学活动的多种要素产生积极互动,它反对千篇一律和传统的灌输式教学,既反对"人灌",也反对"机灌",注重学生积极、主动、协作式地获取知识,注重"学会学习"和"终身学习",注重挖掘学生的潜质、促进人的全面发展、使外语学习成为活泼而富有个性的快乐体验过程。在小组合作、互动的环境中，一方面每个组员为了达成小组共同的目标，必须要将自己的力量贡献给所在的小组。这种相互依赖的关系使学生渐渐学会彼此尊重，看到其他人身上的优点。个人的努力也容易得到小组其他成员的认可，这样便抵消了传统课堂上那种惯有的焦虑现象，从而使整个学习环境变得宽松而高效。另一方面，学生不再被动地接受语言输入，不再单纯地为学语言而学语言，而是用所掌握的语言知识来探讨问题和解决问题。因此，语言学习不再成为一种巨大的压力，而成为一种动力，学生学习的自主性因此得到了加强。

5.互动的层次性

多元互动教学模式对学生的学习内容、学习方法、学习过程与进度、网络媒体的使用等不做统一的规定和要求，而是以师生共同制定的"自学与指导"计划为风向标、以互动任务为驱动、充分尊重学生个性的互动教学，以满足不同层次学生的需要。同时，多元互动教学要求师生在课前、课后必须做好充分的准备工作，包括：课前学生自身目前的认知水平与以往有关的认知结构进行互动以形成新的认知结构，学生与学习材料之间的互动，学生与学生之间的合作互动，学生与信息网络之间的互动，师生互动等；课上师生的行为互动，人机互动，人本互动，生生互动，情感互动，认知互动，师生与教学环境、文化氛围等之间的互动等。多元互动离不开学生充分发挥自己的主观能动性，并在很大程度上培养了学生自主探索、互动协作和实践创新的精神。总之，在互动过程中，重视学生的思维和主动性成为互动教学关注的焦点。

6.评价体系的多样性

外语教学评价是外语课程教学的一个重要环节。全面、客观、科学、准确的评价体系对于实现课程目标至关重要。它既是教师获取教学信息反馈、改进教学管理、保证教学质量的重要依据，又是学生调整学习策略、改进学习方法、提高学习效率的有效手段。信息技术环境下的教学评价包括形成性评价和终结性评价两种。其中，形成性评价包括学习系统的评价、学生自识、学生互评、教师评价、小组评价等。形成性评价以学生课内和课外活动的记录、网络学习平台对学生学习情况的记录、学习作品展示等为依据，促进学生有效地参与自主学习外语的过程。

综上所述，作为一种以强调平等、合作为鲜明特点的活动型教学模式，多元互动教学模式更加符合语言习得规律。从近年的教学实践看，多元互动教学模式在提高学生外语综合应用能力方面发挥了积极的作用。

（三）互动教学法在翻译教学中的重要性

1. 激发学生的翻译学习兴趣

在学习过程中，兴趣可以大大提高学生的学习效率。如果学生对所学内容提不起兴趣，那么会产生厌学心理，久而久之，会对所学内容产生抗拒。当学生对于翻译学习兴趣较低时，学生就会处于一种被动学习状态。互动教学法相对灵活，能够激发学生学习的主动性和积极性。在互动教学法之下，教师能够帮助学生培养对于翻译学习的兴趣，使学生不但在课上积极学习，在课后也能够自觉、主动学习。

2. 有助于创设良好的教学环境

在翻译教学过程中，互动教学法能够营造轻松愉悦的氛围，帮助学生在浓烈的外语学习氛围中找到学习的动力，使翻译学习的应用性更加突出。不少学生翻译学习停留在初级阶段，没有上升到应用的意识。在互动教学法之下，教师与学生会进行翻译表达交流，为学生创造了翻译学习的条件，凸显了翻译教学的实践性。

3. 有助于培养学生自主实践能力

在互动教学法下，学生从被动学习状态转为主动学习状态。互动教学法强调教师的指导作用，教师帮助学生掌握学习的方法，激发学生学习的渴望。在互动教学法下，学生与教师进行互动交流，在交流过程中，学生会深入学习思考。当遇到问题时，学生更多的不是从教师那寻求答案，而是通过自己的努力去解决问题。在解决问题的过程中，学生慢慢会掌握翻译学习的方法，提高解决问题的能力，自主实践能力也会随之提高。同时，在互动教学模式下，轻松愉悦的氛围通常能使学生"举一反三"，从而使教师的教学负担减轻，学生的学习负担也随之减轻。

（四）互动教学法在翻译教学中的应用

1. 课内互动

在翻译教学的初始，教师会与学生交流对翻译的认识和理解，了解学生对翻译课程的期待，引导学生树立对翻译的正确认识，为后面的课程教学奠定良好的基础。当然，教师也可以和学生共同商讨课程的要求、作业量以及完成方法。教师让学生自己选择翻译原文，有利于学生形成自己的翻译风格。教师应指导学生认识到任何一篇原文都可以有各种各样不同的译文，并给他们指出各种不同的路径，使他们能够离开教师的扶持而独立工作。

在讲解翻译流派、翻译技巧等理论知识时,教师将任务分配给学生,要求学生以小组为单位收集相关内容。小组在课前讨论之后,会产生相对统一的见解。教师可让每个小组在课堂上派出代表进行陈述,组内其他成员可以进行补充和说明。遇到有分歧的问题时,小组之间可以进行一些交流和争论。这种做法不仅可以让学生感受到教师对自己的信任,同时也便于教师了解学生对知识点掌握的情况,并进行具有针对性的讲解。这样有利于学生对知识的消化吸收,提高学习效率。

在课堂上,教师可选择外文名著对学生的翻译能力加以培养;在口译课程训练中,模拟宴会、记者招待会、商务洽谈会等真实场景,让学生在真实的场景中体会翻译的快乐和痛苦,学会琢磨、推敲、应变。这样不仅能够激发学生的学习热情,促进学生对知识的消化和吸收,而且能够培养学生的翻译意识。

2. 课外互动

教师将课堂上要讨论的主题事先布置给学生,并提出指导性意见和具体要求,要求学生以小组为单位收集相关的内容。学生课前就各自收集的资料进行讨论,在讨论中产生相对统一的见解,课堂上进行小组汇报。

在布置篇章翻译作业时,教师事先告知学生原文的出处,让学生分析原文的文体、功能,并要求学生查询相关的背景资料,提醒学生在翻译时注意考虑译文读者的接受情况,恰当地处理译文功能。同时,教师可以和学生一起讨论文章理解的难点和翻译的难点。通过这样的译前互动,可以避免一些学生翻译中的语言错误,改变传统教学中的"纠错"教法,把学生的注意力引导到翻译技巧的实践中去,引导学生发挥自己的优势,产生高质量的译文,有效地提高学生的翻译能力。

在学生独立完成翻译作业以后,教师要求学生以小组为单位,对翻译作业进行互评,在翻译本上写出评阅意见,然后分组讨论,最后每组上交一份自认为比较满意的译文,作为最终成绩。同时,每个学生也上交自己的译文修改本,便于教师把握学生的翻译进展情况。

学生在完成译后互动行为之后,在规定的互动时间内进入翻译教学网络平台进行师生、生生、组内、组际互动。互动的内容包括翻译过程中的得失、翻译策略选择以及具体的翻译词句探讨等。

这些都是互动教学中常见的课外互动内容。

第五章 翻译人才培养的理论

在新时代背景下，翻译人才在对外交流活动中扮演着越来越重要的角色，但翻译人才的需求与短缺之间的矛盾突出，国内外对翻译人才培养的研究也相对缺乏。本章分为翻译人才培养的理论框架和价值取向、翻译人才培养的本土化身份重构两节，主要内容包括翻译人才培养的理论框架、翻译人才培养的价值取向、本土文化身份重构的必要性、本土文化身份重构的指导思想、本土文化身份重构的原则、本土文化身份重构的内容、本土文化身份重构的策略等。

第一节 翻译人才培养的理论框架和价值取向

一、翻译人才培养的理论框架

根据高等学校翻译专业本科教学质量国家标准（以下简称翻译专业国标），翻译专业的定位隶属"外国语言文学"类，以汉语与外国语为翻译语对，以政治、经济、文化、科技等内容为翻译内容，以口译和笔译为翻译形式，面向文化多样化、经济一体化、信息全球化的语境，培养具有国际视野、人文素养、创新能力的专业化翻译人才。笔者探讨的翻译方向人才培养以翻译专业国标作为理论框架，以翻译专业国标制定的知识要求和能力要求作为对翻译方向人才的培养规格。

根据翻译专业国标，翻译专业的专业定位是坚持汉语与外语的跨语言沟通基本属性，突出双语特色，贯彻培养中外互译和双语转换跨文化交流人才的核心理念。在人才培养目标方面，主张文学和文化教育既要深化学生对目标语语言和文化的理解，也要增进对母语汉语和传统文化的把握，只有这样，学生才能在了解世界的同时，更好地向世界介绍和传播中国文化，成为高素质的国际化人才。

翻译专业的本科人才需要具备语言知识、翻译知识、相关专业知识和百科知识。语言知识包括所学外语的语音、词汇和语法知识以及汉语的语音、词汇和语法知识，学生需要在了解所学外语的语言学基本概念和理论的同时，了解汉语的演变、发展和基本特征，并熟悉不同文体的汉语写作知识。翻译知识包括翻译的基本概念和理论、翻译实践的基本要求和方法、语言服务产业的基本运作机制和职业规范。相关专业知识和百科知识包括所学外语国家的政治、经济、文化、社会、地理、历史、文学、科技等领域的基本知识，以及从事相关行业翻译所需的相关专业知识。

翻译专业的本科人才能力要求主要包括语言能力、跨文化交流能力和翻译能力。语言能力指的是翻译专业毕业生应具备较强的所学外语的输入和输出能力，能听懂正常语速的广播、电视节目和影视作品，能读懂中等难度的文学作品、报纸杂志和电子媒体上的文章，能准确流利地进行口头交际、系统连贯地表达思想，能进行不同体裁文本的写作，内容充实、语言通顺、语体得当。同时，翻译专业毕业生应具备较高的汉语水平，能运用汉语针对不同体裁、不同题材、不同语域有效地进行口头和笔头交际。跨文化交流能力指的是翻译专业毕业生应具有跨文化交际意识，对文化差异有敏感性，能采用得体的策略处理文化冲突问题。翻译能力指的是翻译专业毕业生应能够运用翻译基础理论和口笔译基本技能，使用翻译技术和翻译工具，合作或独立完成一般难度的口、笔译任务，从事翻译服务和其他跨文化交流工作；能胜任中等难度的文化交流、商务会谈等场合的联络口译工作，胜任一般难度的会议口译工作；能胜任一般难度的政治、经济、文化、社会、科技等领域的笔译工作，要求意义忠实、术语标准、表达准确、语体得当。

高校学生思辨能力的发展是我国高等教育的核心目标之一，对翻译专业人才培养来说也是如此。《国家中长期教育改革和发展规划纲要（2010—2020年）》（以下简称《纲要》）明确提出，教育的长期发展要"促进学生全面发展，着力提高学生服务国家服务社会服务人民的社会责任感、勇于探索的创新精神和善于解决问题的实践能力""倡导启发式、探究式、研讨式、参与式教学，帮助学生学会学习""营造独立思考、自由探索、勇于创新的良好环境"。从《纲要》中我们不难看出，我国教育界已经意识到思辨能力发展对于学生、社会和国家的重要意义。然而，目前我国大学生普遍的思辨能力状况不容乐观。黄源深教授曾多次在文章中提到，英语专业的教学并没有将学生思辨能力的培养视作教学的重要一环，导致了英语专业整体"思辨缺席"。这样的状况使得英语专业很难培养出适应时代发展和社会进步需要的人才。正如黄源深教授所说，由于在翻译课程设置上过于强调听、说、读、写、译技能的训练，忽视对学生分析、推断、总结等基本思辨能力的培养，英语专业在整个学科体系中已经处于弱势地位。基于此，孙有中提出，要想改变这一弱势地位，英语专业必须以培养学生的思维能力为导向，全面推进培养目标、培养方式、课程设置、教学方法、测试方法、教材编写和师资发展等多方面的改革。思辨能力对于翻译能力的培养更是有着重要的意义。保罗（Paul）和埃尔德（Elder）将思辨能力定义为"为了决定某种东西的真实价值，运用恰当的评价标准进行有意识的思考，最终做出有理据的判断"。有学者据此提出，思辨能力在翻译人才培养中包括分析、评价、推理和改进四种核心能力。因此，翻译人才光有语言能力和翻译能力并不够，还需要对译文进行筛选、甄别、评价和改进等，要有对译文进行识别、归类、比较、区分的分析能力，要有对译文进行质疑并提出修改假设以及进一步论证的推理能力，要有对自己的或者别人的译文都能进行评判的能力并同时掌握对译文的改进能力。由此可见，思辨能力应该成为高校培养翻译人才实践过程中不可或缺的组成部分。

二、翻译人才培养的价值取向

《国家中长期教育改革和发展规划纲要（2010—2020年）》指出，要"适应国家经济社会对外开放的要求，培养大批具有国际视野、通晓国际规则、能够参与国际事务和国际竞争的国际化人才"。对国际化翻译人才的培养是响应国家战略规划的重要载体和举措。为了提高国际化翻译人才的素质，满足国家、社会、个人对翻译教育的需求，新时代国际化翻译人才培养的价值取向应该满足三元价值取向、生态价值取向和战略价值取向。

（一）三元价值取向

1998年颁布的《中华人民共和国高等教育法》指出："高等教育的任务是培养具有社会责任感、创新精神和实践能力的高级专门人才，发展科学、技术、文化，促进社会主义现代化建设。"该法促使我国高等教育的价值取向走向了"三元"格局，即个人本位价值取向、社会本位价值取向、知识本位价值取向三维共存。而国际化翻译人才培养作为高等教育的众多组成部分之一，需要契合三元价值取向并以之为指向。三元价值取向是在继承以政治为中心的一元价值取向和以政治为主、经济为辅的二元价值取向的基础上发展起来的，认为高等教育属于社会领域而不是政治领域，同时还要凸显个人价值和知识价值的重要性。

1. 个人本位价值取向

个人本位价值取向认为，国际化翻译人才培养的最终目标是培养出真正的、具有鲜明个性的、有能力的、为社会可用的、完整的、自由的翻译人。个人本位价值取向强调，翻译教育不能只是为社会提供翻译人力资源，同时反对为社会发展进步培养翻译人才的工具性价值观。国际化翻译人才培养的价值就在于重视人的存在，在于个性解放，最基本价值就是促使个体实现专业知识和翻译能力的全面发展，完成个性完善和自我实现。

个人本位价值取向由来已久，起源于古希腊柏拉图（Plato）的"学园"以及亚里士多德（Aristotle）的"吕克昂"。柏拉图认为，灵魂中最高尚最可贵的部分就是理性，对理性的培养需要在大学阶段完成，且是大学教育的首要任务，大学教育的终极目标是培养智慧和理性并存的哲学家和思想家。亚里士多德认为，教育就是在培养人的理性的基础上，使人的精神和灵魂得到自由和全面的发展。18世纪以前，个人本位价值取向在高等教育领域具有至高无上的统治地位，认为大学教育的核心是发展人的理性，理性和理智是一种独一无二的才能，通过理性和理智这种才能，能够使知识发挥作用并产生效果，最终实现个性的形成和对个性的完善。

2. 社会本位价值取向

社会本位价值取向起源于社会对教育的需求，以满足社会需求为本位，以促进社会发展为目标。国际化翻译人才的培养，必须满足社会发展对翻译人才的需求，必须服务于国家建设，必须以实现战略目标为指向，实现个体社会化。社会本位价值取向起源于柏拉图。他认为，要利用政治统治下的教育来建立"理想国"，要通过具备理性的少数高级人才来治理国家。21世纪初，"威斯康星思想"的形成使社会本位价值观得以确立。"威斯康星思想"由查尔斯·理查德·范·海斯（Charles Richard Van Hise）提出，他在1904年的威斯康星大学校长就职演讲中提出："州需要大学来服务，大学对州负有特殊责任。"范·海斯强调，大学的社会服务功能是要把教学、科研与社会服务紧密结合起来。根据社会本位价值取向，国际化翻译人才培养的出发点和归宿是满足社会的不同需求，国际化翻译人才培养的各个环节和方面都要以社会为导向，并在此基础上制定国际化翻译人才的培养目标和培养方案，确定教学方式，选取合适教材，提高教师素养，评价教学环节。

3. 知识本位价值取向

知识本位价值取向起源于德国，由洪堡提出。他指出，"大学的真正成绩应该在于它使学生有可能，或者说它迫使学生至少在他一生中有一段时间完全献身于不掺任何目的的科学"。高校人才培养过程中的知识本位价值取向，顾名思义，就是重视传授各类知识，强调人才培养的首要任务是传授知识，不考虑学生其他方面的发展。知识本位价值取向认为，在选择知识的过程中要重视学科本身的结构和逻辑，这些带有科学逻辑的学科知识是人类智慧的结晶。国际化翻译人才的培养应该强调对学生进行翻译知识的全面灌输，这既可以促使学生掌握系统的翻译专业知识，又可以使学生获得智力提升和专业发展。

在我国翻译人才培养的价值取向上，知识本位倾向长期占据主导地位，成为我国翻译教育的"背景色调"。国际化翻译人才的培养本应是一个非常宽泛的概念，但是知识本位价值取向致使其变得狭隘，以知识为本，导致翻译教育过于注重局部利益而忽视了整体利益。

总结而言，"三元价值取向"是国际化翻译人才培养价值取向的科学理性选择。高等教育归根结底是育人实践，实现个人、社会或知识价值。知识价值是国际化翻译人才培养的物质基础和智力支撑，个人价值是国际化翻译人才培养赖以存在的精神力量，而社会价值是通过培养具备所需翻译能力和各类知识的国际化翻译人才来实现的，离开了个人价值和知识价值，社会价值就无法实现。每个人都处于各种复杂的社会关系之中，需要同社会进行交换互动，实现知识经验传递。离开了社会，个人价值和知识价值就是一纸空谈。国际化翻译人才培养涉及的翻译理论以及其他专业知识是隐形的社会价值，采用的教学目标、教学方式、教学方法是实现社会价值的保证。对于新时代国际化翻译人才培养来说，个人价值、知识价值与社会价值是统一的、有机联系的整体。个人价值和社会价值是知识价值的保障，知识价值是实现个人价值和社会价值的基础，社会价值是个人价值和知识价值的终极目标，个人价值与知识价值的实现是为了更好地实现社会价值。社会本位价值取向应致力于促进社会稳定与发展，并且不抹杀个体价值和知识价值的存在；知识本位价值取向应确保个人和社会发展的正确方向，确保个人发展和社会进步少走弯路；个人本位价值取向为社会发展进步提供持续动力，是实现知识价值和社会价值的驱动器。

（二）生态价值取向

关于教育的生态价值，学术界有两种观点。一种观点认为，教育的生态价值是指教育能够促使人们认识和了解自然，认识和了解人与自然之间紧紧相连、密不可分的关系，以及自然是人类生存与发展的母体、人类的发展离不开自然环境的优化，从而树立起环保意识，自觉保护和促进自然环境的发展。另一种观点认为，教育能够起到保护自然环境、促进自然环境发展的作用只是教育的生态价值的具体体现，它更丰富的内涵在于教育能够促进人自由、全面、健康、和谐的发展。该观点认为人本身就是一个完整的生态系统，人自身自由、全面、健康、和谐的发展具有重大的生态意义。这种观点侧重教育对于个人全面发展的意义。

国际化翻译人才培养的生态价值取向是指教育主体重视国际化翻译人才培养中的语言生态价值，并将其作为人才培养的必然价值选择的倾向。生态学由来已久，已经从单纯的生物研究转向各种人文社会学科。语言生态价值观是1971年美国语言学家艾纳·豪根（Einar Haugen）在其著作《语言生态学》中提出来的。豪根认为，与自然生态系统中各种生物之间相互依存的关系一样，语言和环境之间也存在相互作用的关系。在语言生态系统中，各种语言之间相互影响、相互制约、相互依存，各种语言基本上能够实现自我调节，并最大限度地保持自身稳定，实现语言的多样性，促使整个语言生态系统保持稳定状态。影响语言生态系统的因素很多，包括语言构成要素、政治和经济环境、自然和社会环境、文化和传统环境等，其中，文化环境对语言生态系统具有最大的影响力。世界上的文化是多元的，语言也是多元的，语言多样性是维持语言生态系统稳定的基石，也是世界进步、社会发展和文化传承的保障。因此，在国际化翻译人才的培养过程中，要秉持生态价值取向，平衡母语教育与外语教育的关系，注重非通用语种的学习，特别要重视濒危语种的保护与传承，同时提升学生对母语的认同，使其主动学习和传播母语，保护本国民族语言，并通过语言交流促进文化传承，增强自身民族自豪感、自信心和凝聚力。

经济全球化导致世界交流频繁，国际化翻译人才培养不可避免地会碰触敏感的文化问题。在国际化翻译人才的培养过程中，要注重保持本土文化和异域文化的生态和谐，注重对学生跨文化素养的培养，使我国的翻译人才在充分理解中华文化的基础上吸收、借鉴和融合外国文化；要避免以美英为代表的西方思想通过语言渗透，保持清醒的头脑，树立"和而不同"的文化心态，构建和谐的国际化翻译人才培养的生态价值观。翻译人才培养是语言生态系统的重要构成因素。英语作为信息交流沟通的世界语言，加速了许多弱势语言的消亡进程，造成语言生态危机。学校的翻译人才培养对此要予以重视。我国各类学校的翻译教育基本上采用模式化和标准化的工业化生产模式，以英语作为第一外语，讲授语言知识和西方观念，培养的翻译人才大多缺少个性。国际化教育往往变成了西方化教育，仅仅强化西方的文化、语言、价值观和方法论。因此，国际化翻译人才的培养必须注重语言生态平衡，促进语言生态健康发展，维护语言生态多样化。

（三）战略价值取向

"战略"（strategy）一词最早是有关军事的概念。战略是一种从全局考量谋求实现全局目标的规划，是体现智谋的纲领。翻译人才的培养不仅关乎国家利益的维护，还涉及民族文化的传递和发展，甚至影响国家安全。

我国的翻译教育，特别是国际化翻译人才的培养，要服从并服务于国家战略，从国家语言战略的角度来谋划。在建设中国特色社会主义的新时代，要加快语言战略规划研究，特别是外语战略研究，为我国实施"一带一路"倡议、"走出去"战略提供服务；要通过国际化翻译人才培养，不断打破走向世界进程中的外语屏障，为加强中国文化软实力建设提供外语支撑，同时为中国实现由"本土型国家"向"国际化国家"的转变提供外语动力。国际化翻译人才培养的战略规划要坚持以人为本的原则，维护国家语言权利，保证个人语言权利；要维护国家文化主权，维护国家安全；要统筹协调各语种的比例，平衡各类语种在国家外语体系中的地位和作用，构建和谐的翻译生态。战略价值取向的国际化翻译人才培养是符合当前我国国家战略的人才培养策略，契合提升中国文化软实力和向世界传递中国声音的国家战略目标。

国家外语能力是指"一个国家运用外语应对各种外语事件的能力"。国家外语能力是影响国家综合实力的重要因素，要从国家战略高度予以重视。国际化翻译人才的培养作为国家语言能力建设的重要载体，必须具有战略价值取向：①要坚持"走出去"战略，即在全面掌握语言知识和科学地吸收外国文化知识的基础上，更加注重传递中国声音，讲好中国故事，提升中国的国际话语权，建立畅通的对外话语体系；②要坚持"外向型"战略，即改变翻译学习以求职和考试为主要目的的"内需型"学习动机，增加因"外向型"需求（譬如自贸区建设、企业海外投资、文化海外传播、中国制造出口等）而主动学习外语的比例；③要坚持"多元化"战略，即改变英语"一家独大"的单一型语种结构失衡的状况，重视非通用语种的规划和人才培养，实现语言资源"百花齐放，百家争鸣"；④要坚持"专业性"战略，即改变以往的仅强调语言知识和技能的工具型价值取向，注重培养高层次的翻译专业人才，也就是国际化的翻译人才。

语言强则国家强，翻译兴则国家兴。国际化翻译人才培养是高等教育的重要组成部分，是社会需求的产物。国际化翻译人才培养的价值在于满足国家、社会和个体三个层次对翻译人才的需求。三元价值取向（个体、社会、知识）、生态价值取向、战略价值取向的统一是实现国际化翻译人才培养价值的保障。

第二节 翻译人才培养的本土化身份重构

一、本土化身份重构的必要性

由于历史、文化、政治、经济等多种原因，英语已经是国际通用语言。越来越多的人将非母语的英语作为自己进行文学创作的语言，以英语这同一种语言形式表达各自不同的民族个性，负载各自不同的本土文化。由此可见，英语并非和某一特定的文化，甚至某一特定区域的文化相对应。因此，在我们把英语作为国际语言进行教学的今天，将跨文化教学等同于英美文化的导入未免有失偏颇。同时，在翻译教学中忽视本土文化的导入必将导致我们培养出的翻译人才出现"本土文化失语症"，即翻译人才可以说一口流利的英语，但是对本民族的本土文化无法用英语表达出来。这种现象对于塑造新一代翻译人才的人生观、价值观，增强翻译人才的自我认同感，提高我国的国际地位都是不利的。因此，在跨文化翻译教学过程中进行本土化身份的重构是十分必要的。

（一）符合经济全球化的时代背景

在经济全球化背景下，经济与技术的发展、商品和资本的流动、信息的快速传播、人员的跨国流动、大众传播媒介和网络的普及，这一切使得各民族的文化突破特定的地域环境和社会语境，变成一种"流动的符号"，让不同形态、不同民族文化之间的并存、比较与相互渗透即时性、共场景地展现出来，也使各民族文化直接感受到"他者文化"的存在，进而产生对"他者"的认知。

未来的竞争是国民的竞争，是文化的竞争。一个在文化上自卑的、缺少民族文化认同感的民族，是不会在这场竞争中坚持下来的。因此，我们要充分认识到培养学生中国文化认同感的紧迫性和重要性，绝不能丢弃教育这块培养学生中国文化认同感的主阵地。

（二）有利于培养翻译人才的民族感情

中国文化教育是培养大学生民族感情的需要。我国的传统文化博大精深、历史悠久，几千年来，它维系着中华民族的精神追求和文化命脉，也是世界文化体系中重要的组成部分。中华民族的传统文化是中华民族长期发展的产物，它的形成和发展有历史的必然性和内在的规律性。在当今经济全球化发展的进程中，继承和弘扬本民族的优秀文化传统,是有效抵御外来文化侵袭的重要手段,在民族进步和历史发展的过程中起着多方面的重要作用。回顾中华民族的历史,我们能清楚地看到,中华民族的传统文化,特别是其中的优秀部分一直是我们的民族之魂,是维系中华民族生生不息的精神纽带,在中华民族的历史发展和社会进步中一直起着积极的促进作用。

然而由于种种原因,大学生中淡化民族文化的倾向依然存在,有的"非古讽今",有的主张全盘"西化"。学习英语的需要使大学生更有条件接触外来文化,如果不加思考地全部接受,或者不分场合盲目地模仿,或者"崇洋媚外",或者对自己民族的文化全部加以否定,那都不是教育的初衷。诚然,西方文化与东方文化之间并无绝对优劣之分,但是我们有自己的文化传统,有自己的文化精华,延续了五千年的中华文明是其他文明所无法替代的。因此,我们必须强调"文化自觉",增强民族意识,培育民族精神,对中国传统文化中的优秀部分应结合现实需要加以学习和吸收。民族精神是一个民族赖以生存和发展的精神支柱,一个民族如果没有振奋的精神和高尚的品格,就无法自立于世界民族之林。

所以,不管是学校教育还是社会教育,都要加强对大学生的中国传统文化教育和引导,让广大青年在继承优秀文化传统中去弘扬和培育民族精神。而外语教学中的中国文化认同教育不仅可以传授文化知识,而且能通过历史事实激发学生的民族自豪感,激发他们的爱国热情,培养他们的爱国主义精神,树立其民族自尊心和责任感。

(三)可提高翻译人才的人文素质和思想道德修养

教育部原副部长周远清认为,素质是人在先天生理的基础上受后天环境的影响,通过个体自身的认识、实践及训练形成的身心发展相对稳定的基本品质。中国政法大学石亚军教授认为,人文素质是人类种族和个体在发展进程中积淀的关于文、史、哲及真、善、美的基本常识、意识价值观和行为品格的总和。也有学者认为,人文素质是人通过学习所获得的文、史、哲、艺等方面的人文知识及因这些知识而展现出来的外在涵养。

中国文化教育是培养大学生人文素质和思想道德修养的需要。大学生在小学、中学阶段曾经接受过母语教育,得到过母语文化的熏陶。但是,他们的母语文化基础只是在无意识中建立的,是零碎的而非系统的。特别是在应试教育下的学生,他们中的部分人对《论语》《道德经》以及"四大名著"等古典著作从没阅读过或不甚了解。到了大学阶段,部分学生的主要精力投入专业之外的更多外语学习,接触的大多是外语材料,而浓浓的外语文化气氛亦使他们淡化了母语知识和文化。因此,他们中存在缺少中国文化基础、整体素质下降、人文精神缺乏和价值观混乱的现象。

思想素质是一个人素质高低的重要衡量标准。没有较高的思想素质,再有才华的人都是不全面的,甚至可能是危险的。现在的一些大学生由于对祖国传统文化了解太少和受到外来思想的影响,盲目地追求和崇拜西方文化,对祖国传统文化不屑一顾。可以想象,一个不爱祖国传统文化的人是不可能热爱祖国的,如果缺少了祖国传统文化的浸润,提高学生的思想素质就是一句空话。

因此,我们必须让学生借助中国文化课程学习中国文化知识,阅读相关的文化书籍,系统、全面地学习了解中华文化;让学生对祖国的传统文化有所了解,有意识地吸收传统文化精华,加深文化内涵,并培养学生对祖国灿烂文化的热爱之情,从而激发他们对人类社会发展的责任感和使命感。只有这样才能提高大学生整体人文素养和思想道德修养。

(四)可促进翻译人才理解和传播本土文化

一个民族的文化是其屹立于世界民族之林的独特品质。中国是有着五千年历史的文明古国,祖先给我们留下了博大精深、光辉灿烂的文化遗产。像中国古代哲学思想、人文著作、古代教育和科技成就,如汉代的辞赋、唐代的诗歌、宋元的词曲、明清的小说和戏剧,还有祖先们在医药、农业、天文、地理等方面的巨大成就,都闪烁着智慧的光芒。我们的文化遗产不仅在精神上哺育了一代代中华儿女,而且它的伟大作用也正在为世界上的其他文化所认同和接受。许多学者研究提出,中国文化是能够在21世纪发挥日益重要作用的文化。如英国著名学者汤因比在《展望21世纪》一书中说:"中国的传统文化,尤其是儒家和墨家的仁爱、兼爱思想学说是医治现代社会文明病的良药。"他指出,儒家的仁爱思想是"今天社会所必需"的。我国学者季羡林先生也提出"东学西渐"的理念来论述中国文化对当今世界的影响。在经济全球化深入发展之时,在国际交流频繁的今天,我们需要更多的能熟练掌握外语并能利用外语向世界弘扬中国文化的人才。发展和弘扬本民族文化已经成了我国文化发展的当务之急。然而,很多时候我们却发现,我们培养的大学生无法用外语表达平时自己熟悉的本国文化,或表达得不到位。要知道,在跨文化交际中,外语只是一种交流的工具,交际的实质是双方思想和文化的交流。若只是一味地吸收外来文化,而无法将本民族的优秀传统文化传播出去,这种交流本身就是不平等的,长此下去对国家和民族的发展不利。

要想让中华民族崛起于世界民族之林,我们就应该让世界了解和尊重中国的文化。

作为国家未来的青年大学生,既是西方国家"文化渗透"的对象,又是将来我国文化对外传播的承担者,理应在外语学习中加强母语文化的积淀,担负起传承中国文化、与世界人民共享人类宝贵精神财富的任务。尤其是英语专业的学生,在学好英语语言文化的同时,必须系统强化中国文化,达到能用英语娴熟而准确地表达中国文化的程度,以便将来向世界传播弘扬优秀的中国文化,这样有利于人类的良性发展与和谐世界的创造。

(五)促进中西文化共同发展的需要

人类发展历史表明,正是各种不同体系的文化构成了世界文化的宝库,正是人类不同文化表现出来的个性化特征构成了人类文化的灵魂,它们使得世界文化宝库多姿多彩。所以,在应对经济全球化挑战这个问题上,主张"全盘西化"或主张民族主义显然都是不可取的。文化本身并没有绝对优劣之分,每一种文化都适应着一定的社会历史条件,发挥着自己的作用。中西方文化根植于不同的民族土壤,都处于动态的进化过程中,既有优点,又有不完善之处。因而,中西文化在交流的过程中应该享有平等的地位和权利。基于此,现阶段的文化教育应兼顾目的语文化和本族语文化,要克服民族自卑心理和民族中心主义两种极端情绪。在外语教学中进行中国文化教育,实际上是为了用外语进行文化的双向交流。这也是社会赋予新时代大学生的神圣使命。我们在外语教育中开设西方文化课程的同时增设中国文化课,应是两手抓之举。相关专业应建立比较系统的目的语文化知识体系,使学生能深层次地了解目标语言民族思想的起源、风俗习惯、语言及其反映的思维方式和这种思维方式对语言应用的制约;并建立扎实的中国文化基础,使学生能从另一角度观察文化差异,扩大文化知识储备量,促进知识的平衡,完善知识结构。中国文化意识的培养贯穿于外语教育的全过程,在教学中不断渗透中国文化元素,可以培养学生强烈的民族自豪感和进行平等文化交流的态度,有利于学生今后进行健康有益的跨文化交流。同时,这可以引导学生意识到文化的世界性,学会生存、学习和合作,学会理解和关心他人。从某种意义上说,系统的中西文化知识可以使学生感悟中西文化的异同,使他们在学习和实践中,有意识地比较和区分,培养文化的敏感度和辨别能力,减少文化错误和文化冲突,顺利地完成双向文化交流。

(六)英语的国际化与本土化的需要

英语作为世界范围内的通用语言,新名词层出不穷,如世界英语(World

English / Global English)、国际英语（International English）、新英语（New English）等。美国语言学家卡奇鲁（Braj B. Kachru）所倡导的英语"多元标准"和英国语言学家伦道夫·夸克（Randolph Quirk）所主张的"一元标准"，尽管理论上不相上下，现实却是本土文化和外来文化的交流从来就没有停止过。现今，英语已失去了"标准英语"（King's English）的本真性，越来越多的英语国家主张独立于美国英语或英国英语，或将本国内容和文化置身于英语的形式中，出现了澳大利亚英语、新加坡英语、非洲英语等。在此过程中，中国英语也应运而生。尽管当前对中国英语的地位和其本质的界定颇有争议，但是能肯定的是，承载中国文化的中国英语已经客观存在。如学者所言，"英语一旦在某地区被采用，不论其目的是科学、技术、文化，还是人的名望、地位或现代化，它都会经历一个再生过程，部分是语言再生，部分是文化再生"，"中国英语代表中国社会文化习俗和传统价值观，对中国学生来说将会是更加真实的英语"。史密斯（L. Smith）在提出"国际语言"概念时就明确指出，"英语作为本土意义上的国际语言，植根于英语使用者的本民族文化"。因此，可以说，我国学生在本国学习英语就意味着学习中国英语。

（七）文化相互交往与多元化的需要

文化的平等性显示了各民族的文化都具有独特价值，无绝对优劣之分；文化的交往性即系统结构中存在一定的相互联系的文化，体现了各文化之间的相互影响；文化的差异性说明各文化都是各不相同、独一无二的；文化的内聚性是指由于各文化间存在共性，可以相互借鉴。多元文化的提出，其实质目的不是要突出某一种文化，而是提供了处理两种以上文化间相互关系的态度和方法。所以，重视本土文化教育是多元文化平等性原则的体现。外语教学不应该只给学生提供学习和了解目的语文化的机会，还应该起到对外传播本民族文化的作用，而且在多元文化接触和交往的过程中，学生才能更客观地认识与理解自身文化，辩证地对待自身文化，取长补短，进而提高自身的认知能力、判断反省能力、独立思考能力，以及在不同文化中的适应能力。

（八）可提高翻译人才的跨文化交际能力

所谓"跨文化交际"，是指在特定交际情境之中，具有不同文化背景的交际者用同一种语言（母语或目的语）进行的交际（主要指口语交际）。

以英语为例，高等学校英语专业英语教学大纲对学生的文化素养提出了明确、详细的要求："英语专业高年级学生要熟悉中国的文化传统，具有一定的艺术修养，熟悉英语国家的地理、历史、发展现状、文化传统、风俗习惯。"需要注意的是，用英语交流信息，不应片面地理解为用英语这门工具去学习、了解外国先进的科学文化知识，而应理解为双方信息的相互沟通，包括用英语进行母语文化的有效输出。提高外语专业学生文化素养主要靠外语教育中的文化教育来予以实现。大学外语教育应有助于学生开阔视野，扩大知识面，加深对世界的了解，借鉴和吸收外国文化精华，提高文化素养。与此同时，大学外语教育应有助于学生进一步了解本族语的文化精华，并掌握它们相应的外语表达。

充分掌握母语与母语文化是外语学习和外语交际能力的不可分割的重要组成部分。王佐良、许国璋、李赋宁、王宗炎、载馏龄等英语界泰斗都是在汉英两种语言、两种文化的陶冶下成长起来的。在他们的时代还没有"英语文化教学"这一概念，然而他们凭着深厚的母语功底、母语文化基础和自身的努力，了解了英美文化，获得了外语交际能力。许多著名的翻译家如钱锺书、巴金、鲁迅、瞿秋白、叶君健、杨宪益、萧乾等，他们本身就是中国文学作家。他们的一些译作至今仍是经典。为何？因为他们本身就是中国文化专家。为什么当代青年翻译学者多数达不到翻译界这些前辈们同龄的水平？因为他们的母语与母语文化根底不及前辈们深厚。

胡文伸、高一虹于1991年对全国26名"最佳外语学习者"进行调查后，得出的分析结果如下："调查对象在学习外语和外国文化的过程中逐渐培养了自己突出的扬弃能力。这种能力不仅有助于他们的语言和交际能力，而且对于整体人格的完善也有着积极的作用。对待母语、母语文化的态度与对待外语、外国文化的态度是互动的；对于母语、母语文化和对于外语、外国文化的掌握是相互促进、相得益彰的。"这些人的经历表明，他们的母语和外语、母语文化和外语文化在人格中被有机地整合在一起。他们厚实的母语根底，博大精深的母语文化知识，造就了他们超出常人的外语水平和外语交际能力。

由此可见，未来社会的外语人才，不仅要具有较高水平的外语知识、外语技能和外语交际能力，而且必须同时具有较高的个人素质，如高度的社会责任感与强烈的民族自尊心等，这应当是我们外语教学中不可分割的一部分。在此当中，外语教学中的中国文化教育将对此贡献出它应有的力量。

二、本土化身份重构的指导思想

中外文化交际能力应该贯穿于翻译教学的全过程，其间无论学生在教师的引导下用何种途径来学习文化，都必须有明确的指导思想，以避免盲目地学习，做到"器由简至繁而道贯穿始终"。

（一）文化意识的培养

培养翻译专业学生的中外文化交际能力，应该以加强文化意识为首要任务，而不是简单的文化知识的灌输；应以文化意识的培养为中心，帮助学生主动获取、深层次地处理文化知识，并在中外文化交际行为方面有更多的灵活性和创造性。学生只有具备深刻的文化意识，认识到语言和文化的不可分离性，才能跳出只注重语言形式学习的怪圈。文化意识是指一种对本族语和其他民族文化的理解，这种理解会影响到人们的思维和行为方式。从以上的定义不难看出，文化意识是建立在理解本族文化的基础上的，本族文化是外语学习的一个重要方面。目前，我国学者和翻译教师均已认识到了英美文化在英语教学中的重要性，但遗憾的是在本土文化意识方面，尚未形成广泛的共识。本土文化意识的培养应该贯穿于翻译教学的全过程，在翻译教学的各个阶段，由于学生已具备了基本的词汇和语法知识，培养本土文化的意识就显得尤为重要和迫切。

（二）文化态度的塑造

文化态度是中外文化交际的另一个重要概念，涉及翻译教学问题，包括对于目的语文化和本土文化两方面的态度。对于目的语文化，学习者应该持有开放、灵活和宽容的态度，力求避免任何形式的成见、偏见和教条的看法。这种态度已经为我国师生广泛接受，目前，对本土文化的态度是问题的症结所在。翻译文化教学应该致力于培养学生对本民族传统文化的自豪感，帮助他们树立正确的文化观，塑造合理的文化态度。

中国作为崛起中的大国，在经济全球化进程中发挥着愈来愈重要的作用。在不断加深的国际交往中，中国人应保持自身的文化身份，与其他民族平等对话。部分大学生将来会频繁地参与国际交往（有些大学生在学生时代就开始参与），向外国人介绍传播中国文化，让他们领略中华民族的璀璨文化。这是大学生未来肩负的使命。只有这样做到保有文化特色的交流，才能赢得其他民族的信任和尊重，才能真正地进行健康有益的中外文化交流。因此，文化教学应紧扣时代的脉搏，在教学中不断加强中国文化元素，促使大学生形成强烈的民族自豪感和文化交流的平等态度，从而培养出健康合格的中外文化交际人才。

（三）大纲制定

以往的文化教学一般局限于零散的文化介绍，学生多缺乏系统的训练。零星列举文化不同点会"挂一漏万"，而且不可能使学生做到真正的理解。因此，在开展系统的本土文化教学之前，必须首先考虑在纷繁复杂的本土文化现象中，将哪些文化因素纳入外语教学中，这必须依赖于文化大纲的制定。文化应被视作一个内在连贯的系统，内在各部分发挥各自不同的作用。制定文化大纲就是对大量文化现象进行有序的分类和排列，将文化和外语紧密地结合起来。文化大纲将在翻译文化教学中发挥积极的指导作用，制定文化大纲是一项极具建设性又富于挑战性的工作，是立足于文化教学的前提和立足点。

三、本土化身份重构的原则

在翻译教学中实施中国本土文化教育必须确立原则，这是为了有计划、有目的和有层次地将语言和非语言所承载的文化内容纳入翻译教学总的体系中去，使传授语言和介绍文化同时在一个层面上展开，从而帮助学生有效克服因文化差异而容易发生的跨文化交际障碍。

（一）文化创新原则

我们必须把在翻译教学中培养学生的文化认同感放到经济全球化的大背景中去。经济全球化要求我们要有理性的文化认同观。在经济全球化的推进过程中，世界各族文化日益从原本封闭隔离的状态走向了与其他文化的交汇交流，并在这一过程中不断获得文化新质。我们应该坚持在文化平等的基础上，兼取各文化之长，并加以融会贯通，创造出新的中国本土文化。创新意味着对中外文化进行综合分析，对优秀的予以继承，对糟粕予以批判。新文化是多种有价值的文化的新综合。只有这样，中国文化才能实现质的飞跃。

（二）对比性原则

文化教学中的对比原则就是将本土文化和目标文化进行对照、比较，在找出相同点的同时，更重要的是发现差异。翻译教学中的中国文化教育对比原则，就是让学生对中国本土文化和外语文化进行对比研究。对比研究一方面要消除民族文化中心主义，另一方面也不要崇洋媚外而丧失民族性格。对比处应在中西文化发生冲突或表现相同时。通过对比，学生既可以深刻体会到两种语言、两种文化的差异，又能够加深对中西文化的理解，这对于中国传统优秀文化的传承起着至关重要的作用。

（三）实用性原则

实用性原则就是要求导入的中国文化内容与大学生所学的教材内容密切相关，与学生的日常交际所涉及的主要方面密切联系。这些文化内容要对学生今后的工作、学习和生活具有一定的实用价值。这样学生不会认为所学知识过于抽象，从而产生学习语言和文化的兴趣。对于这样的知识，学生会记得牢固，也会乐于与他人分享。

（四）循序渐进的原则

文化教学不能独立于语言教学之外，讲授的重点、程度、方式、分量，要根据不同层次、不同课型的教学要求进行合理安排。从普及性的文化知识到专门性的文化知识，从本国的文化到外国的文化，都要实现循序渐进的教学。

（五）适度性原则

适度性原则是指在翻译教学中文化教学量和教学方法的适度。这里的重点是本国文化的输入量和外语文化的教学方法。

（六）自我原则

不同的环境造就不同的价值观和思维模式，也形成了不同的文化意义和文化特点。在跨文化交际中，我们既要了解对方，也要保持自我，体现自我的民族性。我们要最大限度地保留中国传统文化的特色和民族语言的风格，如在汉译英时，将"饺子"译成"jiaozi"、将"珠穆朗玛峰"译为"Mt. Qomolangma"，而不是"Goddess Peak"。我们应将中国文化推向世界，让世界了解中国。

（七）规范原则

翻译教学应注意规范性。比如，中国语境下的英语教学，应以国际上规范的英语文本为基础，以中国官方媒体英语为规范的变体。用规范的英语表达中国文化的内容，如 The Book of Odes/Songs（《诗经》）、The Lament（《离骚》）、Strange Tales of a Lonely Studio（《聊斋志异》）、The Dream of Red Mansions（《红楼梦》），这些都对传承并保持中国文化起着至关重要的作用。在进行跨文化交际时，我们应树立中国英语的规范意识，以避免和消除中国式英语带来的负面影响。

四、本土化身份重构的内容

中国文化中的翻译教学必然被本土化，外语的传播和使用也应该与本土文化相融相生，因此，翻译教学应增加独特而多样的本土文化内容。

（一）中国文化特色的译借词句

就英汉两种语言来说，我国本土文化内容在英语语音、词汇、句式及语篇各语言层面都有体现。大量具有本土文化特色的词汇用语进入英语词汇，即汉语借词。汉语借词主要通过音译和译借而形成音译词和译借词进入英语，同时，一些具有中国特色的英语句式也进入国际英语。汉语借词主要有以下几种形式。

1. 音译词

音译词是根据中国普通话发音直接转化生成的词汇。其中有关历史文化的词汇，如 xiucai（秀才）、yamen（衙门）和 feng-huang（凤凰）；有关文体娱乐的词汇，如 pipa（琵琶）、erhu（二胡）、taichi（太极）、qigong（气功）、yangko（秧歌）和 weiqi（围棋）；有关衣食住行的词汇，如 qipao（旗袍）、jiaozi（饺子）、ginseng（人参）、Maotai（茅台酒）、wonton（馄饨）和 litchi（lichee）（荔枝）；有关自然风土人情的词汇，如 feng-shui（风水）、kang（炕）、kowtow（叩头）和 hutong（胡同）；有关宗教文化的词汇，如 guanyin（观音）；等等。

2. 音译词语 + 英语词

例如，teahouse（茶馆）、the Silk Road（丝绸之路）、chinaware（瓷器）、Peking Opera（京剧）和 Shenzhou VI spacecraft（神舟六号飞船）等。

3. 直译借词（语、句）

直译借词（语、句）即将汉语词汇通过翻译逐词借用英语表述形式，如 Confucianism（儒家思想）、Eight-Legged Essay（八股文）、Chinese herbal medicine（中草药）、a land of fish and rice（鱼米之乡）、Four Books and Five Classics（四书五经）、Hope Project（希望工程）和 He who has not scaled the Great Wall is not a man（不到长城非好汉）等。

4. 意译借词（语、句）

例如，courtyard dwellings（四合院）、The Scholars（儒林外史）、Dragon Boat Festival（端午节）、chain debts（三角债）及 place equal emphasis on material and ethical progress（两个文明一起抓）等。

5. 语义再生

语义再生，即翻译形象化语言时表现我国民族文化特色的词汇。如 bird's nest（燕窝）、bear's paw（熊掌）和 people mountains and people seas（人山人海）等。

（二）以儒释道为代表的本土文化

儒家经典主要有儒学十三经。现在众所周知的则是"四书"（《大学》《中庸》《论语》《孟子》）和"五经"（《周易》《尚书》《诗经》《礼记》《春秋》）。

儒家经典不仅是思想统治工具，也是我国封建文化的主体，保存了丰富的民族文化遗产。儒家文化早已渗入我国哲学、历史、宗教、文学、艺术及社会习俗等各个领域。儒家学说在东南亚乃至世界都占有重要地位。韩国和日本的伦理和礼仪都受儒家仁、义、礼等的影响，至今不衰。儒家学说也推动了欧洲近代的启蒙运动，以伏尔泰（Voltaire）、狄德罗（Denis Diderot）、卢梭（Rousseau）、洛克（Locke）、休谟（Dadiv Hume）、魁奈（Quesnay）、霍尔巴赫（Holbach）和莱布尼茨（Leibniz）等为代表的西方近代启蒙先驱吸收孔孟学说，打破欧洲封建世袭和神学统治，催生并发展了自由观、平等观、民主观、人权观、博爱观、理性观和无神论观等现代观念，促进了人文、政治、经济、社会乃至科学等学说的发展。儒家文化彰显其人文精神，倡导自强不息的精神和世界大同的宽容精神，探索人与自然的和谐关系，关注人的仁爱价值和现实社会，重视人伦关系的协调，强调和而不同及以综合见长的思维方式等，不仅能促进中外文化交际，且有益于全球的发展。

道家文化重视人性的自由与解放，主张回归自然和"天人合一"的自然观和平等观，代表作有李聃的《老子》（又名《道德经》）和庄子的《庄子》。道家对本土文化的贡献与儒家同等重要。道家为我国哲学思想中其他传统提供了创造力的源泉。道家文化对我国艺术、绘画、文学和雕刻等都产生了巨大的影响。《老子》对社会、人生、宇宙等方面博大精深的见解，有助于人们从"微言"中发现"大义"。

佛家文化在中外文流中也发挥了重要作用，对我国的绘画、文学、音乐等领域产生了重要影响。

（三）以中国古典文学为代表的本土文化

中国古典文学有诗歌、散文、小说及词、赋、曲等多种形式，是中国文学史上光辉灿烂的经典作品，也是世界文学宝库中的瑰宝。几千年来，中国传统文化孕育了中国古典文学，中国古典文学又丰富了中国传统文化，使传统文化更具深刻的影响力，如楚辞汉赋、先秦散文（历史散文和诸子散文）、唐宋诗词、元杂剧与散曲、明清戏剧与小说等。

五、本土化身份重构的策略

（一）认识中国本土文化的精髓

中国的本土文化是指在中华民族聚集地这一特定区域中，由历史上形成的，流传至今的、源远流长的文化传统。本土文化首先限定于一个地域概念，既与一个地理位置相对应，有一定的区域特色。本土文化还与该特定区域中的政治变革、经济发展和人文传统等的发展密不可分，是一整套的、整体的、和谐统一的，无法在其他区域复制的文化传统。本土文化是特定区域中民族智慧的结晶，通常具有鲜明的民族特色，同时又蕴含着本土精神。我国地大物博，又几经历史变迁，在地理条件、经济形态等若干因素的影响下，我国的本土文化也在各个地区呈现出不同特点，但是中国本土文化还是有一定的共同特征。

1. 民族性

中华民族是一个拥有56个民族的大家庭，每个民族都有其独特的民族文化。因此，中国本土文化在各个民族聚集地呈现出不同的民族性。

2. 区域性

这是与中国的地理区域、历史发展密不可分的。由于各个地区地理条件不同，形成了中国不同的地域文化，比如齐鲁文化、关东文化和巴蜀文化等。

3. 功能性

城市本土文化往往被城市的经济功能、交通地位等因素打上烙印，并且由于城市功能不同而体现出不同的特质。

在翻译教学中，教师应有意识地进行文化比较，导入中国本土文化，让学生了解中国本土文化，以中国本土文化为自豪，并学会怎样用英语表达，为跨文化交流中传播中国文化打下坚实的文化和语言基础。

（二）重视本土文化的输入

要解决学生在跨文化交际中出现的"中国文化失语症"，教师首先要纠正自身对跨文化交际的理解，加强自身对本国文化的重视。只有教师自己先重视起来，才能很好地引导学生也重视中国文化的学习。加强对在翻译教学中进行中国本土文化教学的认识，是加强中国本土文化教学的原动力。在英语教学中加强中国本土文化的自我表述能力教学，大力宣扬中国本土文化精华与中国改革开放的新面貌，意义重大。培养学生的跨文化交际能力，包括理解目的语文化与本土文化的能力，包括察觉和处理两种文化差异的能力，而不是丢弃自己已有的社会文化身份。教师应当清楚地认识到，跨文化交际是保持本国文化身份的"双向的"交际，而非顺应本族语者的"单向的"交际。因此，我们在跨文化交际中要保持我们应有的民族自尊心和自豪感，谦虚而不谦卑，骄傲而不高傲。此外，外语学习者可以奉行文化的"拿来主义"精神，将外国语言和文化挪为己用，而非使我们自己顺应外国文化，同时，我们也要有意识地把我们的本国文化推向世界，变被动的、消极的交际为主动的、积极的交际。

世界各种文明并存与文化互动，标志着文化深度交流的到来。中国文化由本土性向国际性的转变是中国和平崛起的重要构成部分，中国昔日对世界文化的吸收能力为翻译教学带来了"文化逆差"现象，而随着翻译教学中的中国本土文化教学内容的增加，中国本土文化的"文化顺差"趋势必将形成，以中国本土文化的影响为中国"软实力"增强的标志。在翻译专业教学中进行中国本土文化教学要建立以中国的"儒家文化""和文化""饮食文化""中国功夫""中国医药"等为核心的中国特色的"中国模式"本土文化教学，把这些内容融入外语教学中，让学生体会丰富且深邃的本土文化内涵。中国文化不是孤悬于世界文化总体以外的封闭体系，扩大和加强与世界各国人民的文化交流，是翻译教学所要达到的真正意义上的无障碍跨文化交际。

要提高学生的"综合文化素养"，就要在课堂上有适当的文化输入。过去人们通常认为，中国文化是中国人理所应当知道的，因此翻译中的文化教学应该是外语文化的教学，学生只要掌握了外语文化，便具备了跨文化交流的基础。而且，为了避免外语学习中本土文化的负迁移，中国文化常被外语学习者有意地"规避"或"忘却"。其实，文化不是先天所有的，而是后天习得的。文化中的大部分是不自觉的。只有通过系统的学习，才能变"不自觉"为"自觉"。这样学习者才能意识到文化的差异，进行文化对比学习，揭示外语文化和中国文化的内在特征，增强外语学习者的文化敏感性，有意识地避免本土文化的负迁移。另外，跨文化交流是双向的。如果只知道外语文化，对本土文化不甚了解，或即使了解了也不知道怎样用外语表达，跨文化交流就无法进行。只有保持本国文化的身份，在跨文化交流中才会有真正内容，才能有思想的沟通。特别是在经济全球化的浪潮下，外语学习者更要有一种文化交流意识、民族文化保护和传播意识。同时，外语学习者也要增强对本土文化的自信心和认同感，利用外语向世界介绍和传播中华民族的优秀文化。

文化是语言滋生的土壤，语言在形成和发展的过程中，反映社会生活的各个侧面，并折射独特的文化现象。本土文化指的是本地区或本民族相对于其他地区或民族来说特有的文化，对于外来文化而言，本土文化是一种主位文化，它最大的特点是稳定性。本土文化是在长期的历史发展中逐步形成的，具有强大的惯性、普遍的穿透力和广泛的影响力，不可能在短期内发生很大的变化。我国民族地区的本土文化是长时期发展演变形成并体现生活在这些地区的民族的性格和精神的文化,是一种区域性文化,同时也是中华文化不可分割的重要组成部分。

外语教学的任务是培养能够在不同文化背景下进行跨文化交际的人才,其根本目的在于实现用外语进行跨文化交际。要使外语教学变得有效且符合实际,教学过程中就需注重培养和强化文化的平等交流意识,即开放合理的跨文化意识,避免外语教学成为外语文化统治的工具,或者染上民族优越感的特征。就翻译课程的设计而言,就是要体现文化的中立性、非超群优越感。以学生们生活中所熟悉、相关的本土或国外的背景知识为契机,使他们获得双重语言和跨文化交际能力,能尊重并理解学习新语言时形成的文化个体差异和多元文化现象,从而达到如下效果:当他们进行语言应用时,不受特定文化规约的限制,能创造性地处理交际双方之间的语言文化差异,从而避免由于忽视语言的文化内涵而导致社交语用失误。

大部分中国人在与外国人谈话时若出现不符合外语语言习惯而导致对方产生误解甚至不快时,会认为是中国人的责任,而实际上这肯定是由于双方都不了解对方的文化造成的。所以我们应该意识到在文化交流中,双方文化是平等的,不存在一方应该尊重另一方文化的问题,而应该互相尊重、互相理解。积极地适应目的语文化能够使交际双方更好地理解和沟通,而传播本土文化能使交际双方更容易得到相互的尊重。在学生学习外语语言知识的同时,教师还应培养起学生正确的语言文化价值意识,引导学生形成文化认同感,以及目的语和母语语言和文化平等的概念;让学生在跨文化交际中树立平等的交际意识,培养和加强学生的"中国文化输出"意识,保证文化传输的双向性。一方面,在教学过程中,教师要让学生认识到,学习外语的目的就是要与外国人成功地进行跨文化交际,理解并吸收其文化的内涵所在;另一方面,在进行目的语文化导入的同时,要努力丰富学生的跨文化心理,在深化中华文化的基础上进一步丰富学生的中国文化修养,以更好地实现文化的平等交流。教学过程是个双向的过程,既要求教师树立平等的文化态度,又要求学生培养起正确的文化意识。事实上,语言和文化的学习使学生掌握目的语的相关知识和内容,是学生不断地自我完善和发展的过程。学生只有树立起正确的文化价值观,拥有对自己国家文化的骄傲感和自豪感,才会更加深入地去探寻并了解中华文化的博大精深,才会真正地拥有对国家和民族的责任感,才能自觉而有效地用外语来表达中华文化。

文化交流和文化互动的要求是双向的,中国人要学习、适应外国文化,同样其他国家也应学习、适应中国文化,双方只有相互尊重对方的文化,本着相互平等的原则,在文化交流中理解、尊重和宽容不同的文化,绝对不能以一方的价值标准来要求对方,也不能以一方的语用规则来衡量和评判对方的语言运用,并最大限度地相互接近和理解,这样才能达到真正的文化交流。同时,要提升大学生对中国文化的认同感和自豪感。现在的社会是一个多元化的社会,各种文化共存。因此,大学生要学会全面地了解各种文化,宽容、灵活地对待各种文化的差异。费孝通先生曾经指出:"非西方世界在接受西方文化的同时,不应只是被动地应付,而应通过发扬自身的文化个性来对全球化潮流予以回应。"他提出不仅要有一种"文化自觉",对待多元文化的态度也应该是"各美其美、美人之美、美美与共、天下大同"。作为大学生,应该培养这种文化自觉性。首先,能正确看待中国文化的优势与弱势,既不自大,也不自卑,对中国文化的未来充满自信。其次,对他文化抱着平等与尊重的态度,互相学习,互相借鉴,共同发展。要使中国民族文化在世界多元化的格局中不"失语",就必须认同自己的中华文化身份,在象征着权力的交际话语较量中体现出话语主体的身份。因此,大学生必须重视中国文化的学习,加强中国文化外语尤其是英语表达能力的培养,以在跨文化交际中实现自己的文化主体身份,避免中国文化"失语"的尴尬情形。解决东西方文化交流与传播的不平等问题,确立平等交流意识,使跨文化交际实现真正意义上的交流与沟通,必须要在思想上树立语言平等观和文化平等观。学外语,是出于交流的需要,目的是能够与外国人成功地进行跨文化交流,了解、吸收他们文化的精华,为我所用。同时,学外语更要注重以我为主,要学会如何准确地用外语去介绍和传播我们灿烂的民族文化。放弃民族特点与文化身份去学习外语是不可取的。文化交流应本着彼此尊重的原则,在平等的基础上进行对话与交流,相互吸收、相互融合,在比较中鉴别,在互动中发展。

(三)以文化翻译观指导翻译教学

随着跨文化交际学的发展,翻译理论研究中出现了注重文化因素的取向,即文化翻译。这既是由翻译理论研究的开放性特点所决定的,更是翻译的本质使然。所谓文化翻译,指的是在文化研究的大语境下来考察翻译,探讨文化与翻译的内在联系和客观规律。文化翻译观就是从文化研究的角度研究翻译。文化翻译观的主要观点包括:翻译不仅是双语交际,它更是一种跨文化交流;翻译的目的是突破语言障碍,实现并促进文化交流;翻译的实质是跨文化信息传递,是译者用译语重现原作的文化活动;翻译的主旨是文化表达、文化交流,但文化交流是一个双向过程;语言不是翻译的操作形式,文化信息才是翻译操作的对象;等等。

从文化翻译观出发，翻译的主旨是文化交流，而不是文化同化。那种"无痕"的翻译从根本上说是一种文化同化的结果。"水中捞月"译为"fish in the air（空中钓鱼）"，还是"pluck the moon from the lake"，或"grasp the moon in the water"呢？到底哪种译法更好？前者是被转换成译语中为读者所熟知的表现形式和文化意象，提高了可读性和可接受度，但读者却领略不到异国情调带给人的新奇与美感。而后者起初会让人感到有点奇异，但是理解之后却带来一番新景象，在解读过程中获得一种先惊讶后愉悦的审美心理体验。有学者说："翻译是文化传播的一种工具，把文化语境纳入翻译研究要求翻译教学进行改革。翻译教学首先应该是一种文化交流活动，而其次才是语言交流活动，在翻译中应该以跨文化视角来实现翻译教学功能最大化。"

（四）课程设置中要包含本土文化

翻译作为一种外语教学模式对学生整体的外语水平具有重要的意义，翻译能力是学生外语综合水平的重要考核标准。进入21世纪，随着世界一体化进程的加快，越来越多的贸易走向世界，市场急需专业的外语翻译人才。合理的课程设置有助于翻译人才的培养。

对于翻译专业的学生来说，比较切实可行的方法是在增加中国文化课程的同时，可以在现有的课程内容中添加本土文化以及文化对比的内容。在原有课程中有意识地增加中国本土文化内容，这更容易操作。比如，就英语学习来说，在听力课程中，要求学生除了听VOA、BBC新闻之外还应该听中央9套英语节目、中国国际广播电台；在阅读课中适当引入中国本土文化的英语材料，包括中国人的英语文学作品、英语译本和英语本族语作家写的有关中国的作品，引导学生理解中国本土文化；在口译课中有意识地选择中国政治、民俗、价值观、文化等材料要求学生翻译。这种方法简单易行，在对学生传输中国文化的同时提高了他们英语的综合运用能力。

同时，要将中国本土文化概论之类的介绍中国本土文化的课程列为翻译专业必修课程。仍就英语来说，虽然《高等学校英语专业英语教学大纲》将《中国文化概论》列为英语专业的相关专业知识课程之一，以让学生"熟悉中国文化传统"，但因其性质为"选修"，故其效果很不理想。当前，英语专业学生在花费多年心血学习英语却收效甚微的同时，渐渐对中国优秀的传统和文化淡而远之，甚至一无所知，在英语课堂上提及某个中国文化现象时，"不知道"是最常见的答案之一。多年片面强调英语的学习已造成学生严重缺失中国本土文化常识，翻译专业学生"缺乏中国文化"的趋势日益凸显。鉴于此，各高校应审时度势，及时调整课程设置计划，在必修课中开设中国文化概论课程，以帮助学生熟悉本土文化，促进学生的全面发展。

（五）采用导入本土文化的教学模式

影响语言理解和语言使用的文化因素多半是隐含在语言的词汇系统、语法系统和语用系统中，所以首先导入的是有关词汇的文化因素。从某种意义上而言，词汇是一种文化符号。由于人类的文化传统、生活习惯、经历有其相似性，所以不同语言中部分词汇的文化内涵较为接近；另一方面由于受到宗教信仰、地域环境、风俗习惯、亲属关系等许多因素的影响和制约，不同语言的词汇文化内涵又往往存在着极大的差异。就英汉互译来说，《英汉互译实践与技巧》牵涉了英语中多个方面的文化信息，并在对应翻译中或采用直译法，或采用意译法，或采用加注法，都能进行不同而灵活的处理。然而，在翻译课堂上，教师不能只是一一罗列成对的英汉成语，或只是讲解英语成语所承载的英美文化背景，而应该同时与汉语成语相对比，以区分其异同，以便于学生更深刻地理解中西方文化的差异，有助于从事日后的日常交际及翻译工作。

（六）重视提高教师的本土文化知识

在经济全球化的语境下，语言不仅是一个交际工具的符号体系，更是一种文化，是思维和社会活动的产物。在21世纪，世界上多种文化并存的环境决定了跨文化交流的双向性，每一个民族都无不带着自己的文化与别的民族交往和交流，文化交流已成为当代世界的主要特征，不同文化在交流的过程中首先需要理解异域文化。这种理解不仅包括对人类文化共同领域的理解，而且包括对人类不同的文化进行理解。而语言是交流的主要工具，它应当承担起促进全面交流的使命，不能使交流天然地被局限于共同的领域。

教师应首先建立一个坚定的文化立场，实现中国文化的价值观，认识中国文化为人类的文化发展所做出的独特贡献，以及认识学习外国文化，加深对外国文化的了解，提高学生的识别能力和欣赏外国文化能力的意义。具备深厚的双语基础，正确认识双文化教学，有强烈的跨文化的意识，是提高教师综合素质的主要任务。双语基础的基本素质要求外语教师不仅要掌握准确而全面的知识，如汉语构词规则、语用能力、优美的诗歌，而且要遵循和更新当前的文化词汇，以及在教学实践中使用标准化的表达方式。作为直接接受者和外来文化的传播者，外语教师对外国文化的态度直接影响其教学效果，这是对教师双语文化素养的更高要求。

（七）增加教材中本土文化的比重

教材中的本土文化内容会影响翻译专业学生对本土文化的认知程度。我国的教育文化决定了教师和学生对教材的高度依赖。教材在教学中通常起着决定性作用。国内外许多专家，例如，拜拉姆（Byram）、布劳伊特（Browett）、哈托斯（Hatoss）和科勒（Kohler）等，对外语教材中的文化内容提出过不同的评价模式。拜拉姆模式包括5个问题，其中第1个问题为"教材中是否含有本国文化和他国文化知识"。哈托斯的评价模式由20个问题组成，其中问题18涉及本族文化在他国文化教学中的作用。布劳伊特和科勒等人把教材中是否列出文化异同作为评价的第一条标准。我国学者束定芳、庄智象和张红玲均对外语教材中本土文化内容的重要性进行论述。由此可见，本土文化是外语教材中不可缺少的部分，在翻译教材中增加中国本土文化内容是必要的。

（八）翻译教学考核中要包含本土文化

考核是教学的重要一环，相关高校应该加快考核评估与教学实践的一体化建设。合理的课堂考核机制对学生学习的自觉性与积极性能产生激励与促进作用。

教学评价考核，不仅可以客观及时地定量、定性测量教学成果，而且对课堂教学发挥着直接的导向作用，更为重要的是它还会影响学生自学能力的培养和学习习惯的养成，最终决定性地影响人才培养的类型。现行的外语教学评价体系仍然是结构主义语言学的产物，评价的内容往往只侧重目标语语言本身的知识与技能，很少涉及本土文化的外语表达，更没有涉及对学生的跨文化批判性、创造性思维能力的评价，所反映出的学生学业水平有较大的片面性和失真性。本土文化教学翻译就需要建立一个涉及本土文化外语表达的科学、实用、系统的学生学业成绩评价体系。在中国的语境下评价外语学习者的水平，如果缺少中国特色文化的模块就很难保证学习者在这方面投入精力和时间。评价模块多元化、评价形式多样化的本土评价体系能有效地引导学生注重自身的全面发展，达到素质教育的目的。

在当前应试教育中，考试仍在一定程度上决定着学生学习的方向和重点。考试成绩是衡量教与学有效性的一个重要的质量指标，它引导着教学的趋向，调节着教师的教学行为，能帮助学生全面了解自身的实际学习效果。为使用好考试这个指挥棒，实现以考促学，带动文化意识的培养，我们可以探索在翻译教学考试中融入本土文化的成分，引导师生关注和学习本土文化词汇的目的语表达。在跨文化翻译教学实践中，要建立完善一个涉及本土文化的科学、实用、系统的学生成绩评价体系，把本土文化列入学生形成性评估和终结性评估的一项重要内容。教学评估是翻译教学的一个重要环节，对学生的评估分为形成性评估和终结性评估。形成性评估是教学过程中进行的过程性和发展性评估，特别有利于对学生自主学习的过程进行有效监控；终结性评估是在一个教学阶段结束时进行的总结性评估，主要包括期末考试和水平考试。我们应打破过去单一的笔试考核方式，采取多元化的评估方式，增加日常考核的力度和比例，督促学生重视平常的课堂练习和活动，借以全面评估学生的综合能力。在教学评估考核中，要注意适度增设中国传统文化、婚俗饮食文化、经济社会制度等内容。毫无疑问，评估对于学生的学习内容有着非常重要的指导作用，所以应该把汉语文化列入评估的内容之中，只有这样才能在另一个方面督促学生掌握好本国文化。同时，鉴于当前翻译专业学生对本土文化知识学习的欠缺，相应的，在改革后的翻译课程考试中应加大中国文化知识考查的力度，使之与教材、教学改革形成一个完整而合理的链条，并最终有效地促进翻译教学与本土文化教育的完美融合，使我国的翻译专业学生既能吸收到他国的优秀文化，又能秉承我国的民族文化，并将之发扬光大，从而为中华民族的复兴奠定坚实的基础。

第六章 翻译人才的培养目标、模式与路径

在培养适应社会需求的合格的翻译人才方面,作为翻译人才培养基地的翻译教学面临着极大的挑战,肩负着历史赋予的使命。为了完成好这一历史使命,培养出更多的高素质的翻译人才,需要对翻译人才的培养目标、模式与路径有所了解。本章分为翻译人才的培养目标、翻译人才的培养模式、翻译人才的培养路径三节,主要内容包括人才培养模式概念界定、人才培养模式的创新、翻译人才培养模式的创新等。

第一节 翻译人才的培养目标

在阐述翻译人才培养目标之前,让我们先看一下有关课程教学目标的定义。《朗文语言教学与应用语言学辞典》将其分为两类:一类为总目标,为教学的基本原因或目标;另一类为具体目标,指一门课要达到的目的,详细描述学生在教学最后一阶段必须要做的事。

其实这也是教学目标在较宽泛与较窄两个层面的界定。较宽泛层面上指课程设计者预计学生能达到的一般性教学目标或目的;较窄层面上指学生通过课程学习在知识、能力等方面所能达到的具体专门目标(所掌握的知识领域,在听、说、读、写、译等方面能获得的具体技能等)。

有学者尝试借助这一定义的分类,提出翻译人才培养宏观的总目标(本科生、硕士、博士生学历学位教育目标)——阐明人才培养的基本原因或目的;并提出具体的阶段性培养目标(学年、学期及课程目标)——阐明学生通过阶段性学习所能达到的水平。其中,阶段性培养目标涉及的课程教学目标又可以分为总目标和具体目标两类。

在解析我国翻译专业建设现状时可以发现,翻译作为一门新兴学科,各院校相关人才培养目标不一致,有的强调复合型人才,有的强调翻译通才,有的强调

译员教育，不一而足。限于篇幅，笔者不再将各阶段、各课程目标逐一阐释，现仅在翻译人才分类的基础上，从宏观角度分析翻译专业本科和研究生教育中的人才培养总目标，并剖析两者之间的传承关系。

先讨论翻译人才的分类问题。戴炜栋等指出，高素质的外语人才可以粗略地分为学术研究型和应用职业型。这两种人才都具备专业及相邻专业知识，具有学习、实践、创新的能力以及高尚的人品、道德等，只不过在知识领域、能力侧重、创新研究能力强弱等方面存在一定差异。大多数学者认同这一观点，但认为翻译人才虽然可以分为学术研究型和应用职业型，但如果结合具体翻译教学实际，将之分为翻译通才和专门性人才，则更为妥帖和确切。这主要是由于该分类一方面体现了翻译的学科融合性（翻译为杂学，译者为杂家）；另一方面表现出翻译理论和实践的均衡发展。当然，通才与专门性人才和学术研究型与应用职业型人才之间有一定相关性。

具体来说，翻译通才充分体现出学习者学术研究能力和职业技能的平衡发展，该类人才既掌握一定的理论，又有较强的翻译实践能力；而如果学习者偏重于理论学术探索（如翻译理论家、翻译批评家），则更倾向于学术研究型人才；如果学习者侧重于翻译实际操练（如口译译员、科技文献译者、文学作品译者等），则更倾向于应用职业型人才。

无论是典型的学术研究型翻译人才还是典型的应用职业型翻译人才均属于专门性翻译人才。而且，无论是高层次翻译通才还是专门性人才，都具有扎实的语言基础（双语能力过硬）、翻译知识、语言运用技能和翻译技能以及相关学术道德、职业道德等，当然，知识的广博程度、能力的大小、技能的娴熟程度等方面存在一定差异。

以上对翻译人才进行了分类。那么，翻译人才的分类与翻译本科、研究生教育之间呈现什么关系呢？有学者认为，本科教育的目标在于培养一般性翻译通才，使他们具备较宽泛的翻译知识和较强的口笔译能力，能胜任相应跨文化语言文字交流工作；而一般性翻译通才通过研究生教育成为高层次翻译通才、学术研究型人才和应用职业型人才。其中高层次翻译通才较之一般性翻译通才，在理论层次和实践技能等方面都更有所长。

具体说来，研究生阶段一方面开拓学生的视野、强调翻译理论、翻译研究方法的掌握以及翻译科研能力的培养；另一方面加强实务训练，进一步培养翻译技能和翻译能力。当然，博与专、术与学之间的侧重因人而异。如果学生毕业后直接参加工作，那么在工作过程中也可以通过自身的行动研究（翻译实践研究，翻译理论研究）成长为学术研究型人才，或者通过职业教育和培训（口译、笔译实务训练等）、工作实践成为应用职业型人才。

当然，我们要认识到翻译人才之间的个体差异，也就是说，培养人才并非如流水线上批量生产产品，在知识、能力、品德等方面完全一致。要知道，人才是既有共性又有个性的个体。同时，各人才类型之间没有固定的、不可打破的界限。也就是说，一般性翻译通才可以根据个人的特长、兴趣等，通过自身努力成为某种类型的应用型翻译人才；一位翻译实践经验丰富的译员可以结合自身经验，进行相关理论探索，在学术研究方面取得一定成就。

有学者提出，翻译专业主要培养一般性翻译通才（通用翻译人才），这也符合大多数人的看法。在"2006暑期全国英汉口笔译翻译教学与实践高级研讨班"上，多数与会者认为，翻译专业还是以培养一般性复合型通用翻译人才为主，或者说以此为基础目标，专门方向的译员培养可以留到研究生阶段进行。那么，究竟一般性翻译通才是如何界定的呢？复旦大学英汉双语翻译专业的培养目标中谈到，学生应具有较强的英汉双语技能，扎实的政治、经济、文化、科技、金融基础知识，能胜任外交、外贸、独资合资企业、中国驻外机构、新闻媒体等部门口笔译工作。有学者认为，这一培养目标涉及知识面、双语技能、职业技能等方面，可以比较生动地体现通才教育的目的。将这一目标与翻译专业资格（水平）考试的等级划分相对比，可以发现，该目标超出了翻译专业资格（水平）考试中的初级（三级）要求，与中级（二级）要求相近。在翻译专业资格（水平）考试中，二级口笔译翻译应具有一定的科学文化知识和良好的双语互译能力，能胜任一定范围、一定难度的翻译工作；三级口笔译翻译应具有基本的科学文化知识和一般的双语互译能力，能完成一般的翻译工作。三级口笔译水平相当于对外语专业优秀毕业生或外语专业翻译方向的学生的要求。

从《翻译专业职务试行条例》中可以看到，通过三级口笔译考试者可以应聘助理翻译（能完成一般性口译或笔译工作。从事口译者应基本表达双方原意，语音、语调基本正确；从事笔译者应表达一般难度的原文内容，语法基本正确、文字比较通顺），而通过二级口笔译考试者可以应聘翻译（能独立承担本专业的口译或笔译工作，语言流畅、译文准确）。也就是说，翻译专业的培养目标在于能够获得翻译专业中级资格证书，独立承担口笔译工作的高层次人才。

结合相关论述，为适应培养高素质复合型创新翻译人才的需求，可以从知识、能力、品德、职业技能等方面来阐述翻译专业的培养目标，以培养一般性应用复合型的翻译通才为宗旨。翻译通才具备比较扎实的语言、文化、政治、经济、金融、外贸、科技、艺术等基础知识，较强的外汉转换能力和语言学习应用能力，良好的思想道德素质、心理素质、适应能力、合作精神，且能够胜任外交外贸、涉外企业、文化艺术、科技翻译、新闻出版、教学研究等语言文字交流工作。

之所以强调应用复合型，主要是因为翻译专业着重对应用能力的培养，且涉及的知识面比较广博、技能具有复合性；之所以强调通才，主要是因为翻译专业学生应该能够胜任一般性的语言文字翻译工作。

一般说来，翻译专业所培养人才能够通过国家人事部翻译专业中级资格（水平）考试。鉴于翻译为新兴专业，具体教学尚处于摸索阶段，不可能要求所有毕业生都通过中级（二级）口笔译考试，但至少通过初级（三级）口笔译考试，能胜任一般性口笔译任务；而优秀毕业生在实践训练的基础上，能通过中级（二级）口笔译考试，获得翻译专业中级资格证书，独立承担口笔译工作。

当然，各学校、各地区存在一定差异，因此翻译专业培养目标不可能完全一致，可以结合实际情况，突出地方、学校优势或特色。

第二节 翻译人才的培养模式

一、人才培养模式概念界定

目前，对于各个专业的人才培养模式尚未有明确清晰的定论，但关于人才培养模式本身，有其广义的界定。人才培养模式是指培养主体依据既定培养目标，在一定的教育理论指导和教学制度保障下，开展人才教育、人才培养的活动，具备系统性、针对性和实践性等特征的理论模型和操作样式。人才培养模式可以总结为以下四个方面。

1. 培养目标与规格

学校的培养目标要符合专业的设定和市场的需求。学校要从自身的办学特色及地区市场发展需求出发，秉持彰显特点、各自卓越的原则建构院校的外语学科培养方案。

2. 教学内容与课程

教学内容体系从以下方面进行架构，分别是基础课程、专业课程（核心和方向）、实践教育和毕业论文，并且要符合自身专业特色。同时，课程内容体系要紧扣培养目标来架构。

3. 教学质量保障体系

教学质量保障体系是指对教学进行质量监督和保障，包括对教学过程监督、毕业生反馈和教学改进等机制。

4. 教学方法和手段

教师需要具备相应专业知识及能力，具备多面型教师基本素质，了解本学科的前沿理论动态、本行业发展现状及趋势，了解教育的特点，熟悉所教课程的知识、技能和方法，能够独立进行课程理论教学，能够在实践指导时与其他教师相互学习、合作教学，能够在教学过程中做到寓教于乐，在掌握学生基础情况下开展分级教学，并注重不同基础水平学生的理论学习与能力培养。

二、人才培养模式的创新

根据教育部相关教学大纲，我国在新时期所需要的外语专业人才"应具有扎实的基本功、宽广的知识面、一定的相关专业知识、较强的能力和较高的素质"。

围绕这一目标，为了适应社会主义市场经济和知识经济发展需求，培养能应对 21 世纪经济全球化、知识信息化激烈挑战的国际通用型人才，相关部门近年制定出"厚基础、宽口径、多方向、强能力、高素质"的培养目标，实施了"外语＋专业方向"的人才培养模式：本科一、二年级强化外语语言基础的训练和外语文化知识的学习，三、四年级按专业方向实行分流。具体内容如图 6-1 所示。

一二年级阶段		三四年级阶段	
外语语言基本技能训练，着重培养学生的外语交际能力	外语专业知识	相关专业知识，着重培养学生运用外语获取相关专业方向的知识	外语语言综合技能训练，着重培养学生的外语综合运用能力

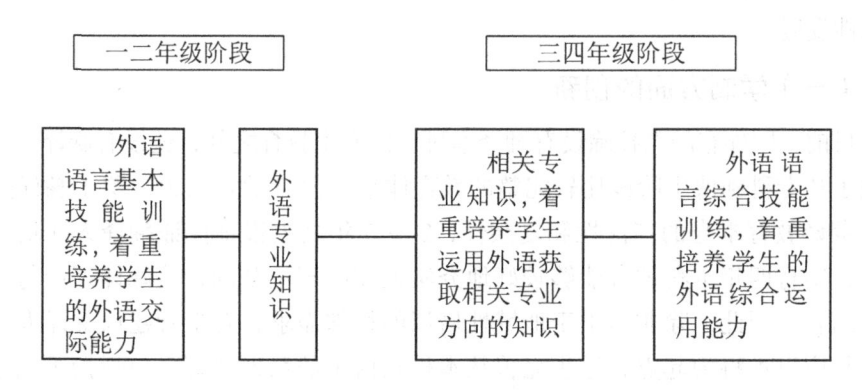

图 6-1 人才培养模式

这一培养模式的最大特点是"厚基础"和"多方向"。为了让学生打好坚实的外语语言基础，一二年级阶段的学生不分专业方向，进行外语听、说、读、写等基本技能的强化训练，着重培养学生的外语交际能力，同时开设外语专业知识课，拓宽学生的文化知识面。

二年级期末让学生根据自己的兴趣和能力进行专业分流，按"高级翻译、文化与传播、英美文学、信息管理、国际会展与旅游、语言学"六个专业方向分流，培养独具特色的高级外语人才。如"高级翻译"方向培养能胜任各种场合的会谈翻译及国际会议同声传译人才、能进行各种文体翻译的笔译人才；"信息管理"方向则培养具有扎实的外语语言基础和较强的语言交际能力，掌握计算机、数学、信息管理等方面的基础知识和基本技能，能胜任国际文化和科技交流的管理及计算机软件开发和应用的工作。"语言学"方向则是依托全国人文社科基地"外国语言学与应用语言学研究中心"及全国重点学科"语言学与应用语言学"而设立的新专业方向，旨在探索一条重点专业的本硕连读的新型人才培养模式。

各个专业方向在三四年级阶段，开设高级外语、写作、口笔译等核心课程，继续对学生进行外语语言综合技能训练，同时用外语学习所选专业方向的基础课程，了解所选专业的最新发展动向，培养出能以外语作为工作语言的、具有一定专业知识的、适应国际就业市场需要的外向型复合人才。

三、翻译人才培养模式的创新

通过借鉴相关翻译专业建设经验，结合翻译人才培养目标，笔者尝试从学制、培养机构、培养模式（方式）等宏观方面阐述翻译人才培养模式的问题，并进行创新性发展。

（一）学制方面的创新

目前，国外有的高校除设有翻译本科、研究生教育之外，还设有翻译专科，构成了从专科到博士阶段比较完整的教育体系。但有学者认为，鉴于翻译过程以及翻译教育本身的广泛性和复杂性，2～3年之内很难保证翻译人才培养的质量，实行四年本科教育能够较好地夯实人才的理论基础，使翻译理论与实践密切结合。因此，除非是出于地域性培训的特殊需求，有学者建议翻译人才培养还是应以本科为起点，逐步完善从本科到博士的系列教育，包括授予翻译专业硕士学位，开办同等学力翻译硕士班、翻译硕士研修班、翻译博士研修班等。当然，在翻译人才培养过程中，高校可以根据市场需求，适当改变招生方向和增减招生人数。

(二)培养机构的创新

一般而言,翻译人才培养任务多由各高等院校高级翻译学院或翻译系承担,为学院式人才培养。这主要是出于高校具有丰富的办学经验、高素质的师资和良好的办学环境。但鉴于翻译自身实践应用性较强,与市场结合比较密切,因此有学者认为,高校可以借鉴理工科的办学经验,加强高校与翻译公司、出版业、外企外贸、外事、旅游等单位的合作,一方面吸纳一些资深译员、翻译家、翻译评论家等兼职担当翻译教师,充实师资队伍,另一方面可以为学生提供实践场地,培养学生翻译实践能力和知识应用能力,为其专业发展打下更加宽厚的基础。同时,这充分考虑了学生今后的就业、职业生涯取向,能够为他们提供更多的职业选择。

(三)培养方式的创新

目前,虽然由教育部审批、通过高考招生的翻译专业只在不同类型、不同地区的三所高等院校(复旦大学、广东外语外贸大学、河北师范大学)中试点,但有的高校(如南京师范大学等)已尝试从在校大学生中选拔优秀学生进入翻译系,进行应用复合型人才培养。他们从大学二年级或三年级的学生里选拔双语(母语和外语)基础俱佳的学生,进行翻译教学和培训,使他们通过理论学习和翻译实践逐步成为合格的译员。有的高校(如西北师范大学)尝试实验翻译方向本硕连读的人才培养模式,大一学业结束后从全校选拔学生,大二加强母语和外语两种语言文化的学习,大三以后进行翻译专业课程学习。无论采用哪一种方式,其效果都需要社会与市场的验证。

杨自俭指出,翻译人才培养模式一定要开放型的,具体应关注以下方面。①特别重要的是要突出基础宽厚与知识面广(包括基础理论),因为翻译是杂家。②要突出的是语言实践能力,在听、说、读、写都训练好的基础上,要突出训练说与写,特别是写的能力是口笔译都极其需要的,当然包括中外两种语文写作的训练。这方面过去我们存在轻视母语写作的问题,现在应正视这个问题。③要突出的就是翻译基本功的训练。这方面有三个问题应引起大家关注:一是要以"文贵得体"为训练翻译能力的指导思想与追求目标;二是要严格按不同文体的要求进行不同的训练;三是口笔译都要进行全译、摘译、编译等各种变体形态的翻译训练。

有学者认为,一方面要强调在高校学习阶段进行复合型翻译通才教育,借助通识教育、专才教育等人才培养理念,培养"完整人",即学有专长、术有专攻,在知识(语言、翻译等知识)、能力(翻译能力、创新能力、适应能力)、品格、素质（伦理道德价值观、职业道德、学术品德）等各方面协调全面发展的人才。这里的"通"，有融会贯通之意，也就是说，所培养的人才能够将不同学科的知识相互融合，在交流合作中进行跨文化沟通。另一方面，应该注意人才培养的阶段性。在本科四年中，一二年级为基础阶段，三四年级为高级阶段（提高和分流阶段）。可以在基础阶段通过开设相关课程，夯实学生的语言（双语）、文化（母语文化与目的语文化）、翻译基本功，培养其基本的双语翻译能力；在高年级阶段根据其学习旨趣，在自愿报名和选拔的基础上适当进行方向性分流（外贸、经济、政治、语言、文学、教育、新闻、科技等），可通过增设选修课、增加实习锻炼机会等激发学生的兴趣，增强他们所学知识的实用性，提高其反思能力。当然，各课程的设置比例、理论学习与实践的匹配、语言能力与翻译能力培养的侧重都会因院校、专业特色、个体差异等有所不同。

也有学者认为，随着翻译专业建设的发展，可以适当借鉴目前复合型人才的培养经验，考虑翻译与其他专业的复合，譬如采用"翻译+文学""翻译+经贸""翻译+企管""翻译+语言""翻译+法律"等模式培养翻译人才。具体说来，可以在基础阶段（一二年级）就让学生根据自身学习兴趣跨系选修某专业的主干课程，夯实具体专业及语言基础，然后在高级阶段适当增加职业培训课的比重，供学生选修，以适应社会需求。当然，高校教育毕竟不是职业培训，翻译专业所培养的也不仅是译员，他们当中有一部分人还将成为从事翻译理论、翻译教学或其他涉外研究的后备军，所以突出通识教育，将人文社会科学、自然科学技术等融会贯通，培养学生的学习能力、合作能力、探究精神、创新精神等是至关重要的。毕竟他们将根据发展和需要，随时准备担负未来翻译研究、翻译教学、翻译专业建设的主要工作，推进我国翻译事业的发展。

（四）培养举措的创新

查有梁曾经提出，知识与能力之间的转化机制是"教学做合一"，即手脑并用、个性发展、知行统一；知识与人格之间的转化机制是"真善美统一"，即观点正确、方法科学、情操高尚能力与人格之间的转化机制是"德才识统一"，即接触社会、研究问题、探索创新。

在翻译人才培养中切实贯彻这些原则，有助于翻译通才（兼备语言翻译知识、语言翻译能力、高尚品德的人才）的培养。总的来说，培养形式可实行以下几个结合：①国内外结合，四年本科最好有半年或一年到所学语言国家学习专业；②课内外、校内外结合，应该坚持课堂授课与课外实践相结合，四年内应有适当时间的笔译和口译的实习；③导师负责与小组合作相结合；④专题讲座与任务探究相结合；⑤口试笔试与论文撰写、平时作业相结合，使学生确实做到对所学内容的深度掌握，既增长知识，又提升能力。当然，这就涉及具体的课程安排、教育理念、教学管理、学业评估等问题，需要援引相关理论为依据，并在具体教育教学实践中得以检验。

第三节　翻译人才的培养路径

一、注重翻译人才笔译能力的培养

（一）加强双语理解与表达能力

理解和表达是翻译过程中的两个重要步骤，从某种程度上来说，翻译考查的正是译者对两种语言的掌控能力与驾驭能力。因此，译者必须具备扎实的双语语言基础。

1. 理解能力

由于外汉语言之间具有明显的差异，所以有很多因素会干扰译者的理解能力，如词汇量、语法结构以及利用语境确定语义等。

2. 表达能力

翻译并不是要求译者用自己的思想和话语对原文进行再创造，而是要用原作者的思维将其观点移入译入语中。因此，翻译对译者的表达能力提出了很大的挑战。它要求译者能够熟知源语与译入语之间在语音、词汇、句法、修辞和使用习惯上的差异，力求使译文的表达通顺流畅。

（二）储备各种专业知识

翻译涉及多个专业和领域，如商务领域、旅游领域、新闻领域、法律领域、文学领域等。每个领域都有其特有的专业知识或规则，如果译者对这些专业知识知之甚少或一无所知，就难以准确进行翻译。因此，译者必须有意识地扩展自己的专业知识，提升专业水平。

（三）熟练运用翻译技巧

要想做好翻译工作，熟练运用各种翻译技巧和策略是非常必要的。要熟练运用翻译技巧，译者需要做如下两个方面的努力。

1. 系统地学习翻译理论知识

掌握系统的理论知识是进行翻译的前提和基础。因此，译者要注重对翻译理论知识的学习，在学习中系统分析和总结相关的翻译技巧与策略。例如，各种文本的翻译策略和技巧；具有不同风格和功能的文本的翻译技巧；语言层面的翻译技巧；词语、句子、篇章的翻译技巧；文化层面的处理方法；归化、异化的应用。

2. 加强理论联系实际能力

翻译是对译者理论联系实际能力的考验，这就需要译者用正确的理论指导翻译实践，多学习一些翻译名家的范文，经常进行实践，坚持在翻译实践中学习翻译理论，不断总结经验，在翻译实践中不断完善和发展翻译理论。

（四）灵活运用各种工具书

翻译涉及的知识门类非常广泛，对译者的综合能力要求很高，但一个人的知识储备与记忆能力毕竟是有限的，不可能掌握翻译工作要求的所有方面的知识，这时工具书的查阅就显得尤其重要。翻译常用的工具书一般包括词典、翻译类词典、文学词典、专业术语词典、百科全书等，译者应当根据翻译情况灵活加以运用。

此外，随着科技进步与网络、通信的发展，许多字典与书籍上没有收录的新名词不断涌现，在这种情况下，译者必须及时更新自己的知识储备，掌握通过先进科技设备（如电子词典、网络等）寻找答案的方法。

二、注重翻译人才口译能力的培养

译员在口译过程中要格外注意以下素质的培养。

（一）培养较强的理解和推理能力

口译人员往往在事先毫无准备或准备有限的情况下，即刻投入双语转码的临场操作。尽管译者会在提供口译服务之前做好一定准备，但实际的谈话内容往往会临时发生一些变化。这就要求译者必须具备较强的理解与推理能力，以便随机应变。良好的理解能力还要求译员具备很强的语言适应能力，即能听懂带有口音的或令人费解的讲话。这就要求译员必须有扎实的语言功底和丰富的实践经验，并在工作中不断培养自身的逻辑思维能力。

有时，讲话人的表达能力很差，语无伦次，错误百出，毫无语言逻辑性。当译员碰到这种情况时，可以通过自己的理解，对发言进行概括、整理之后再译，使得译文畅通自如，以便于听众理解，这也是口译人员理解能力强的表现。

（二）培养快速的反应能力

口译不像笔译任务那样会给译者一定周期的准备，而是需要译者临场发挥，这就要求译员必须具备快速的反应能力。以会议口译为例，国际会议规定，即席口译每小时要达到 5000 字左右，同声传译每小时要达到 9000 字左右，这样的速度分别是笔译的 17 倍和 30 倍。可见，译员在口译过程中头脑必须始终保持异常的冷静，反应要十分快速、敏捷，否则难以胜任。

不同的译员即使水平相当，但由于口译人员的反应能力不同，在谈判口译过程中的处理技巧各异，其效果也会截然不同。具有快速反应能力的译员即使遇上很艰苦的谈判，也能通过自己的努力协助主谈双方在轻松和谐的气氛中达成一致意见；而有的反应能力较差的译员则由于不善处理语言以外的技巧问题，双方怎么讲就怎么译，这往往会使谈判双方越谈越僵。当然，这首先是讲话人的责任，但译员若能发挥"过滤"和"堵漏"的作用，从中稍做调和，缓和气氛，也有助于谈判的顺利进行。

（三）培养出众的记忆能力

口译的即时性特征决定了译员必须具有出众的记忆力。具体来说，主要体现在以下两个方面。

①译员要把讲话人所讲的内容忠实、详尽地用一种语言表达出来，需要有相当好的记忆力。口译中虽然可以做些笔录，但因时间有限，译员所记录的内容只能是重点内容，因此口译笔记只能起到辅助作用，要把整段话连贯地表达出来，主要还是依靠记忆力。另外，由于人的瞬间记忆毕竟是有限的，而需要译员口译的信息量十分大，因此译员还要学会尽快忘记已译过的内容，以便记忆新的东西。

②在口译过程中，译员不可能去查阅字典或任何资料，完全凭大脑的记忆去应付临场翻译的需要，因此译员必须记住大量的词汇、缩略词、成语甚至典故等知识。

三、注重翻译人才文化素质与能力的培养

（一）培养翻译人才的文化语言能力

文化语言能力是翻译能力的根基，无论是传统翻译教学还是创新后的翻译教学，对于人才文化语言能力的培养都十分必要。具体来说，教师可以通过以下途径培养翻译人才的文化语言能力。

1. 扩大学生的知识面

扩大学生的知识面是我国翻译人才培养的重要方面。由于缺乏必要的外语学习环境，加之我国学生受传统教学影响颇深，因此学生学习的主动性和拓展性较低。很多学生认为翻译学习就是对课本文化知识的学习，很少关注文化知识与具体的翻译策略。而翻译是一门综合性知识学科，涉及很多领域的活动。如果译者不具备一定的语言基础知识就难以理解文本，如果译者的知识层面较窄就难以应对复杂的翻译环境和翻译文本。

鉴于此，翻译人才的培养过程中可以考虑多开设一些文化类的选修课，如外国文学选修、文化选修，从而可以让学生了解不同的文化形式，提升学生的文化差异意识，增强对文本中文化现象与知识的认识范围，并逐步提升学生翻译中对文化问题的处理能力。除此之外，教师还可以多举办一些课外文化学习活动，扩大学生的文化知识层面。

2. 培养学生的语用能力

语用能力的提升对于学生更加准确地理解文本文化知识大有裨益。

在教学过程中，教师可以结合外国文化和具体的翻译教学内容，为学生讲解不同的文化现象与文化差异，从而使学生感受不同文化，并提升翻译学习的兴趣。

除此之外，翻译教材的选择对于学生语用能力的提升也有着重要的影响，教师应该选择那些包含文化知识、涉及文化差异的翻译教材，让学生多接触语言的不同使用方式。教师还可以在课内外为学生创设真实的跨文化语用场景，从而让学生了解外语语言表达与语用含义。

（二）培养翻译人才的文化策略能力

翻译人才的培养还需要培养学生的文化策略能力。科学的翻译策略是提升译文质量的有效手段。具体来说，教师可以从以下两个角度入手。

1. 重视归化与异化翻译教学

由于语言之间差异性的存在，在具体的翻译教学过程中，教师可以通过归化和异化进行灵活处理。

在翻译过程中，归化和异化是两种非常重要的技巧，不仅能够传递语言符号所表达的含义，更能够传递文化信息。

施莱尔马赫（Schleiermacher）在《论翻译的方法》中曾指出："译者可以'不打扰原作者而将读者移近作者'，又或者'尽量不打扰读者而将作者移近读者'。"

所谓"不打扰原作者而将读者移近作者"是指翻译要以原作者为中心；而"不打扰读者而将作者移近读者"是指译文要以读者为中心。这与韦努蒂后来提出的"异化翻译"和"归化翻译"在本质上是一致的。

异化翻译和归化翻译的区别主要表现在以下几个方面。

①异化策略强调原文与译文的差异性，要求译文要忠实于原文，从而在译文中体现原文的异域情调。

②归化策略要求要消除读者对异域文化的陌生性，主张利用本族语文化中的形象对源语文化形象进行替换，从而让读者更好地理解原文内涵。

归化与异化相互联系，同时也存在着一定的矛盾，需要译者根据具体的翻译实际进行灵活选择。

2. 积极开展第二课堂教学及网络教学

现如今，我国翻译教学仍多采用传统的外语教学方式，不能满足社会对文化类翻译人才的需求。因此，教师需要变革传统的教学方法，积极开展第二课堂教学与网络教学。

由于外语课堂教学时间有限，留给翻译教学的时间不充足，而翻译能力的提升需要长时间的训练作为保证，这种教学现状显然与人才培养需求背道而驰。第二课堂教学指的是利用课下时间开展有益于学生翻译能力提升的教学活动，从而让学生在积极、放松的环境中进行翻译学习。

网络在现代生活中有着广泛的应用，已经成了提升外语教学效果的重要手段。教师可以以网络教学为课堂教学的补充和延伸，这既可以实现由教师现场指导的实时同步学习，又可以实现在教学计划指导下的非实时自学，还可以实现通过使用电子邮件、网上讨论区、网络通话等手段的小组合作型学习。

现今，更多的学者与教师重新审视不同文化在翻译中的作用。要知道，翻译人才的培养是时代发展的必然要求，同时是外语翻译人才培养的重要途径，需要师生共同配合。而在时代发展的影响下，文化因素必然越来越多地出现在日常交际与翻译实践中。因此，教师需要适应自己教学角色的转变，利用多媒体、网络等多种方式展开翻译教学，同时充分利用课堂教学和第二课堂，让学生能够接触更多的文化知识与翻译知识。除此之外，教师还可以组织多种翻译活动，提升学生的翻译学习兴趣。

作为翻译学习的主体，学生应该认识翻译的实践作用，摆正翻译学习心态，多加练习，用开放的眼光对待双语文化，从而提高自身的文化素养与翻译技能，更好地为日后的翻译实践打下基础。

四、完善翻译人才培养机制

（一）准确定位教育理念

在翻译人才的培养过程中，高校及教师及时更新教育理念是非常重要的。教育理念一旦形成，多很难改变，而它决定着对待问题的感知能力和分析能力，影响着翻译人才的培养质量。我们可从以下几个方面定位教育理念。

1. 能力为主，重在实践

翻译人才的培养在于培养学生的思想道德素质、实践应变能力、思维创新能力。这些能力的培养决定着外语专业学生走向工作岗位的适应度。高校及教师能够很好地培养翻译人才的能力，就能帮助学生更好地适应社会，一方面弥补翻译人才的缺口，另一方面能够减少外语专业的失业率。学生外语翻译的实践应用应该结合不同地方的社会、经济和教育的需求，以学生以后的发展方向为导向，转变人才培养理念，推动翻译人才培养由注重知识学习转向实践应用。

2. 以学生为本，因材施教

翻译教学应将传统的以教师为中心，转变为以学生为主，更加注重发挥学生的能动性，突出教师的引导性。无论是以学生为本，还是因材施教，都是为了充分利用学生的个体特点，注重学生的主动性，以学生的实际学习状况为主，科学帮助学生提升水平。将教育理念转变为以学生为本，因材施教，一方面在教学与学习的冲突中，通过发挥学生个体学习特点，调动学生学习外语翻译的主动性和积极性，促使学生成为符合社会需求的综合型翻译人才；另一方面在实际的教学工作中，以学生为本，教师仅仅起引导作用，从学生的学习实际情况出发，充分尊重学生的个体发展，发挥其学习主动性，培养其创新能力。

（二）完善课堂教学结构

1. 人才培养阶段化

地方院校在培养外语翻译人才的时候，一般是分两个阶段：第一个阶段，大一、大二更加注重外语基础知识的培养和教授；第二个阶段，大三、大四更加注重外国文学等高级知识的传授。

在第一个阶段，首先要明确教学任务：①普及学生的外语基础理论知识、法律意识、计算机基础操作等；②培养学生的听、说、读、写、译五个方面的能力，通过简单的实践活动，深化学生对于基础知识的掌握。其次，要根据具体的教学任务制定教学计划，以培养学生正确的学习方法和实际应用外语的能力为目标。

在第二个阶段，要注重学生外语专业知识和创新能力的培养，使学生的语言功底得到进一步的夯实，掌握广泛的知识，能够熟练应用外语从事各项具体的工作。这两个阶段人才的培养各有侧重，缺一不可，只有充分发挥两个阶段的不同培养目标，才能培养出适合社会需求的复合型翻译人才。

2. 课程结构体系化

学科并不是孤立存在的。在教授学生学习外语时，脱离知识间的关联，仅仅就外语开展学习，课程结构过于松散和单一，无法培养出优秀的应用型翻译人才。

目前来看，高校外语专业开设的课程过于狭窄，忽视了外语作为一门语言是文史哲和数理化的结合，造成学生的知识面狭窄，发展受到制约。

要实现培养综合型应用翻译人才，高校在对课程设置时应打破现有的学科限制，充分发挥外语课程综合性的优势。一方面课程体系整体优化，从人才培养的地位、作用入手，优化课程结构；另一方面建立综合性的知识平台，打破不同学科的限制，通过学科间交叉融合，形成一个外语应用翻译人才培养课程的体系化。

（三）建设人才质量保障体系

1. 提高教师综合素质

培养应用型翻译人才对院校教师的综合素质提出了要求。相关科目的教师应该具备以下素质。

①整合学科知识，综合运用技能的能力。教师具有过硬的应用语言的能力，是培养应用型翻译人才的基础。

②具有创新精神，对研究有浓厚的兴趣。教师将教书育人作为第一要务。充分发挥创新精神，积极改进教育方法，结合学生实际开展教学工作，是教师必备的素质。

教师只有充分发挥上述两种能力，才能更好地培养出符合社会需求的应用型翻译人才。

2. 建立教学质量监控体系

教学质量监控体系的建立，是实现学生实践和创新能力培养的重要保障。质量监控体系一方面对教师的教学过程进行监督；另一方面则是对学生的学习情况进行关注。在建设教学质量监督体系时，对于课堂教学的监督环节非常重要，把握不好就会对教师进行了错误评价，很容易打击教师的自尊心和积极性。教学质量监控体系建设应该注意以下方面。

①教学质量监控应该涉及教学过程的方方面面，包括课堂教学、实践培养、课程设计等。

②教学质量监控要充分发挥学生的评价作用。学生是教学工作中的主体，提高学生的学习能力、知识的掌握程度是培养翻译人才的目标。学生对于自身这些能力的掌握情况最为了解，教师开展的教学情况，学生最有发言权。

综上，高校应以教学质量监控体系为后盾，提高学生综合性的翻译能力，促进学生全面发展。

五、充分发挥社会实践的作用

实践是培养人才的有效途径，也是检验人才和教育成果的唯一标准。国外名校为其学生提供良好的实习机会和锻炼平台，多输往联合国办事处、欧盟委员会、世贸组织等重要国际组织及各国外交部门。相比之下，国内培养单位的实习基地建设不够完善，尤其是地处经济欠发达地区的普通高校。大型翻译公司和外文出版社多集中在北上广等经济文化大城市，地方院校建立实践基地的资源较少，口译实践机会尤甚。校企之间如何各取所长，最大限度地推动学生真正进入翻译行业，这是一个值得思考的问题。

校企合作缘何难以发展？合作牵涉各方责任与义务，但国家适用法律法规缺失、支持经费投入不足、校企间联系不够密切等大环境因素客观存在。当然，学校安排的教育实习经常是没有酬劳的义务劳动，这也导致部分学生不愿意到学校安排的基地实习。

加大产学研合作力度，可通过扩大合作范围、获得相应的政策支持等途径。例如，对企业加大税收优惠政策，设立人才发展投资奖金。对地方特色支柱产业来说，其在走向国际化的道路上更需涉外翻译人才的加入。

另外，有条件的高校可设立海外实习基地，接轨国际，如与欧盟口译司、AIIC（国际会议口译员协会）、世界500强企业等建立实习机制，为毕业生走向国际化提供更为高端的平台。翻译公司、出版社、外事部门、留学机构乃至各个领域的外企等涉及外事翻译的机构和企业均可纳入培养单位合作之列，这样能够为学生提供更多样化的实习选择和就业方向。

高校实习基地建设应遵循多样化与循序渐进化发展原则，积极引导企业参与翻译人才培养全过程。从学生参观企业、与正式员工的交流学习、就业信息的披露、校内外双导师制建设、学生进入企业兼职或实习乃至就业，高校均需在其中扮演好桥梁的角色。

完善实习管理体系是校企互惠互利、合作共赢的制度保障。高校应对学生开展有针对性的培训，使其快速适应实习岗位，并严格遵守实习规范。校企间应建立沟通机制，共同为人才的培养制定管理培训计划，并协商好相应的岗位分配、待遇和生活便利等具体问题，确保学生实习岗位与专业教学相关。实践结果评估呈现的是学生的综合素质，尤其应聚焦学生翻译能力的表现，此外也包括沟通能力、组织协作能力、应急处理与决策等职业素养因素，力求通过实习帮助学生定位符合自身的就业方向。

除了正规实习，高校也应积极为学生争取短期翻译实践机会。高校可与省外办、展会主办方、承办方、会展公司等建立长期合作关系，使学生参与到展会的前期宣传、招商准备，中期展出口译乃至后续的跟进工作中，这对校企双方都是双赢的合作。

创新校企合作机制，多元化共建模式，全面实施实习管理与质量测评，落实双导师制度等可提升高校学生实习质量，拓宽毕业生就业途径。同时，高校可根据实习状况反馈调整和改进人才培养方案。

六、建立以市场为导向的培养模式

翻译一直被认为是一种非常个人化的行为。在传统翻译模式和框架下，高校对翻译人才的培养也是以培养文学翻译人才为主，多以社科文学名著片段作为翻译实践及讲解所用素材，课堂上也常是教师先布置一篇翻译练习，学生独立完成后，教师评讲的传统模式。

然而，随着我国经济和社会的发展，以及整个世界的时代变迁，国际间的交流日益频繁，当今翻译市场已发生了很大变迁，翻译市场也形成了自己的发展新趋势：①翻译内容的变化，当前翻译发展已从传统的文学翻译和政府事务性翻译进入了以实用素材为主的翻译服务，例如，政府、企业的外宣材料翻译、文艺产业中的电影电视字幕翻译、科技文献翻译、国外名校公开课、产品说明翻译及大型国际活动材料翻译等。②利用不断涌现出新的科技翻译软件及工具进行团队合作的翻译模式逐步兴起。该模式结合了翻译软件及工具的优势，做到了高效地把技术和翻译融合，同时此新兴翻译模式有传统翻译模式不可比拟的便捷、高效性以及低成本。

上述因素产生的根源在于，传统的翻译教学模式早已与市场的需求脱节，或已经滞后于市场的发展，不能培养出适应市场的翻译人才，因此适应市场变化培养翻译人才势在必行。如果我们不考虑市场需求的特点，学生不了解其他行业知识，对其他领域的翻译特点不懂，缺乏足够的职业训练，那么在应对市场变迁带来的机遇时，我们的学生将很难适应，也难以满足市场需求。

七、完善翻译资质认证体系

同翻译产业的迅速发展并存的是，我国翻译市场仍缺乏行之有效的统一监管。其中，翻译人才参差不齐、准入门槛低、翻译标准不一、质量得不到保障等问题尤其突出。很多客户、翻译公司、译者都深受其害。鉴于此，规范翻译资格考试和资质认证体系迫在眉睫。作为翻译后备军，高校学生参与资格考试对其个人能力与就业竞争力的提升都至关重要。

①澳大利亚国家翻译资格认可局（NAATI）是成立较早的翻译资格认证机构，设立有资格评估和咨询委员会、专家委员会，"旨在为不同程度的翻译人员设立职业标准，创立全国性的注册和颁发上岗资格证系统"。澳大利亚的这一翻译资格认证体系为国家提供了质量优良、数量充足的翻译人才，得到国际社会的广泛认可。

②"职业道德准则"是NATTI考试中的重要组成，比重达10%，且单独计分，总分过线而该项分数不合格的无法通过考试。作为主观题，考试方经常设置一些"道德窘境"测试考生，这体现了澳大利亚考试制度中对综合素质，尤其是译员职业道德伦理的重视，其中包括信息保密、工作忠诚、责任感、团队精神、终身学习态度等。

③NATTI考试难度分级更多，但内容涉及范围更广，注重基本功，要求考生与时俱进，关注世界最新科技、财政、社会、文化艺术等领域的前沿报道和热点新闻，真正体现了行业对译者终身学习、适应市场的要求。其考试关注考生的基本传译能力和快速学习的能力，即成为译者的潜力。

就具体考试内容而言，笔译题目中，包括了评注部分，对原文进行翻译并添加评注，运用相关的翻译理论和技巧解释译文。这反映了翻译人才的培养目标，也鼓励学生发挥其创造性与创新性，更能反映学生的综合素质。

④NATTI官网开设了网络课程以便应考者学习进修。

⑤NATTI认证体系灵活多样，译员获得职业资格证书的方式包括：通过考试；提供相关资质证书、从业证明；完成NATTI认可或指定的相关机构及大学课程等。灵动的认证方式为翻译人才就业提供了诸多便利和保障，也吸引了更多考生。

⑥NATTI在澳大利亚国内得到广泛认可。相应的，译员的工作得到一系列

完整的社会体系的支持和认可。NATTI资格证书是获得正规翻译职位的必备条件，政府聘用的翻译人才也必须持有该证书。

⑦"政府也建立了社会语言服务政策，在做预算、人力资源和客户服务管理时充分考虑到口译或多种语言信息的需要。同时，定期检查政策的执行情况，从而保证译员工作符合要求。"这表明，澳大利亚的认证体系从考试本身到政策支持、后期检查督促为保障译员素质和翻译质量提供了一条龙服务。考试和网络课程为翻译学习提供了方向，准入机制保障了译员的就业机会，而后期检查和资质再认证则保证了译员的水准。

2007年，我国翻译专业资格证书考试（CATTI）正式开考，翻译能力测评开始纳入国家职业资格证书体系，为翻译能力评估与市场人才准入提供了一个相对公开、公正的机制。但对比澳大利亚，我国的翻译资格认证体系仍然存在不足之处。

相比之下，我国翻译资格认证除了认证体系本身的不完善之外，国家给予的政策支持与其发展速度也存在一定偏差。CATTI影响力虽逐年上升，但还未成为从事职业翻译的前提条件，准入门槛混乱。而翻译协会制定的行业规范和翻译标准不具备法律强制性，很多地方翻译协会资金不足，不乏有名无实的空壳子协会，对于推动翻译人才培养或翻译市场规范化力不从心。为此，我国应进一步推动翻译资格认证的系统发展。

第七章 翻译教师的核心素养与能力建设

技术与教学相互融合的理念催生了教育教学模式的变革，而教师作为教育改革、教学实践、学科教研的关键因素，翻译教师的核心素养与能力建设是翻译人才培养中重要的内容。本章分为翻译教学师资的要求、翻译教师的核心素养、翻译教师的能力建设三节，主要内容包括翻译教师专业能力的要求、翻译教师师资队伍的要求、翻译教师的核心素养、翻译教师教学能力建设、翻译教师翻译能力建设、翻译教师师资团队建设、翻译教师批判性思维建设等。

第一节 翻译教学师资的要求

一、翻译教师专业能力的要求

"百年大计，教育为本"，教育要发展，教师是关键。翻译人才的培养质量在很大程度上取决于翻译教师的质量，如同外语教学质量与外语师资队伍密切相关一样。我国外语师资的培养目标是培养具有高度社会责任感、高尚的人格修养、完整的专业知识结构和知识运用能力，以及丰富的教育心理学知识和教学法知识的外语教师。戴炜栋等则将外语教师教育目标定位在"教学＋科研型"外语教师，具体来说，即培养爱岗敬业（有责任心和爱心）、专业知识渊博（包括外语语言本体、教育教学理论等）、综合能力强（包括语言技能、教学与研究能力等）的专业教师。从以上这两种目标定位我们可以看出，对外语教师的要求主要涉及品德、知识、技能等方面，这也适用于对翻译教师的要求。下面结合翻译专业的特点对教师要求进行具体阐释。

作为一名高校教师，需要了解一定的教育学、心理学、现代教育技术等方面的知识（尤其是适应大学生特点的教育教学知识），掌握一定的教学艺术，具备课堂管理、课外辅导等能力。而作为高校外语教师，除以上知识和能力外，还需具有扎实的母语和目的语语言、文学、文化等知识，一定的现代语言理论、外语习得理论和外语教育教学知识，以及熟练的听、说、读、写、译等语言应用能力。诚如理查兹(Richards)所言，教师所涉及的角色包括学生学习的监督者、学生行为的组织者和控制者、正确的语言模式的提供者和咨询者、需求分析者、教材编写者、评估者等。而对高校翻译专业教师，相应要求须进一步细化。考虑到翻译涉及不同文化的各个层面，具有学科融合性和实践性强的特点，一名合格的翻译专业教师不仅要具备上文所提到的知识和能力，还要夯实翻译基本理论，具备扎实的翻译基本功、较强的翻译实践能力、一定的翻译实践经验和独立的翻译研究能力。换言之，翻译教师不仅要长于运用学科知识（如语言学、文学、哲学、美学、历史、计算机、数理统计学、外贸、金融、法律等）结合翻译实践进行教学，还要具备以实践（包括翻译教学实践）为基础进行研究（翻译本体或翻译教学研究），并将研究结果（理论或实践模式）应用于教学的能力。这就是一种将理论与实践有机结合的教师，也是一种理想的翻译教师。余光中说："翻译专业教师要兼有'眼高'和'手高'。'眼高'包括有学问、有见解、有理论，正是学者之长；'手高'则指自己真能出手翻译，甚至拿得出译绩，此为作家之功。"余光中尤为强调翻译实践的重要性，认为眼高未必保证手高，手高则往往说明眼高。也就是说，任何译作都在一定程度上体现了翻译理论，一名长于翻译实践的教师即使并不发表论作，也应该有一定见解。此论点有其合理之处，但是，如果一位翻译专业教师既能用理论指导实践，又能在实践中升华理论则更为理想，从而在翻译教学研究中能更好地发挥示范引领作用。这一点吴启金也有所论述。他认为，从事翻译教学的人一方面要做好教学工作；另一方面要做些研究工作，要注重用新思维、新方法、新观点潜移默化地熏陶学生，使他们既打好基础，又拓宽思路，增进理解，今后走上工作岗位时具有创新能力和独到见解。刘和平则从不成功的翻译专业教师角度论证了这一点，认为如果翻译专业教师既没有翻译实践经验，又不懂教学法，则翻译教学目标的实现便成为空中楼阁。

"态度决定一切"，一个合格的翻译首先应具备对待翻译工作的严肃认真的态度和神圣的使命感。在这样的前提下，他才能竭尽全力提高自己的语言能力，不断改进自己的翻译方法，提高自己的翻译水平。其次，一个合格的翻译教师还应同时具备以下四个条件。

（一）外文水平高

只有外文水平高的人才可能正确理解某一种外文所表达的内容，并把它用自己的母语准确地重述出来。否则，在翻译的第一个步骤，即阅读理解原文时，译者就可能把原作的信息理解错误，或遗漏部分信息。这样，即便译者的母语水平很高，也不可能创作出优秀的译文来。

例如，英文水平不高的人可能把"A scientist is a good observer, accurate, patient and objective"这样一句英文误译为"科学家是准确、耐心、客观的良好观察家"。而正确的译文应当是："科学家善于观察，准确、耐心、客观。"显然，误译的人不懂得，原句中的前置定语 good 用来表示 observer 的总的特性，三个后置定语则进一步说明 observer 的具体优点；他也不知道从动词（如上句的 observe）派生出来的名词译成汉语时往往仍可译为动词，因而无法译出"善于观察"。

又如，不熟悉英语成语的译者可能把"I wish I were in John's shoes. He just won a free trip to Europe"这两句话误译为"但愿我能穿一穿约翰的鞋。他刚刚赢得了一次免费到欧洲旅行的机会"。因为 be in someone's shoes 是一个英语成语，意思是"处于某人的地位（或境遇）"，所以，这句话的正确译文是："我要是约翰就好了。他刚刚赢得了一次免费到欧洲旅行的机会。"

（二）母语水平高

如果一个译者的母语功底不够深厚，也不可能顺利地完成翻译工作。因为即使他能准确理解原作的意思，也不一定能用母语准确地再现原作所要表达的信息。

翻译并非只靠一本或几本字典就能做好。常常有人说"这段英文的每一个单词我都懂，但就是无法理解整句话的意思"。还有人说"这句中文的大概意思我懂，但就是不知道它对应于英文的什么单词"。我们认为，前一种人的问题在于英文水平不够高，而后一种人则是因为对中文的深层意义不够理解，才导致面对一段英文或中文时感到很茫然。

（三）知识面广

我国知名语言学家吕叔湘先生早在 20 世纪 50 年代初发表的《翻译工作和杂学》一文中就指出，译家应是"杂家"。事实证明，不少翻译界的老前辈如鲁迅、林语堂、傅雷、钱锺书、杨宪益等，都是谙熟中西文化，集翻译家、文学家、教育家于一身的典范。

此外，如果从事科技文章的翻译，还必须熟悉基本的专业知识，否则面对满是机械、医学、法律、通信、生物学、农业科学、化学或经济学术语的文章，就无从下手了。

（四）熟悉基本的翻译技巧

如果一个译者已经具备了上述几项基本素质，他就可以学习基本的翻译技巧，准备从事翻译工作了。学习基本的翻译技巧，也就是学习、比较两种语言的表达方式各有什么特点，研究如何针对这些特点准确地完成两种语言的转换，从而成为一名合格的译者。

基本的翻译技巧都是前辈们在丰富的实践经验中总结出来的，年轻的译者如果在学习了这些技巧以后再认认真真地开始翻译工作，可以少走弯路、少犯错误，迅速成长起来，成为优秀的翻译人才。

二、翻译教师师资队伍的要求

为了整个翻译学科的发展，应该在提高翻译专业教师素质的基础上，建立一支学历、职称、专业特长结构合理、教研方向明晰、教研能力强的学术梯队，尤其重要的是要有几位学科带头人，有一定数量的学术骨干和大量的青年后备力量。这样才能够充分发挥学术带头人的引导作用、学术骨干的表率作用以及青年后备力量的参与作用。譬如，英国最大的翻译研究与教学基地——沃里克大学就以知名的翻译文化论理论家巴斯奈特为学术带头人，主编了《翻译研究》等著名系列丛书；而复旦大学翻译系也拥有一支高水平的翻译师资队伍，在文学翻译方面有所成就，譬如 2003 年诺贝尔文学奖获奖作品《耻》、2004 年诺贝尔文学奖获奖作品《死亡与少女》的中译本均出自该系教师笔下。

山下（Underhill）从教学角度将教师分为讲师（只熟悉学科专业知识，不了解教学方法和技巧）、教师（既懂学科专业知识又熟悉教学方法和技巧，但不懂学生的学习心理）和导师（熟悉专业知识、教学方法以及学生的学习心理）三类，指出导师有助于提升教学学习效果。这一分类虽然对教学有所启示，但没有考虑教师的科研能力层面。笔者结合翻译教学研究的实际情况，认为翻译教师可以粗略地分为以下三类。

①精通翻译本体理论但不太了解翻译教学、外语教学、教育学理论的教师，他们著作颇丰却不善于操控课堂。

②口笔译实践经验较丰富，但整日忙于兼职兼课，不善于、不注重，几乎不从事任何科研工作的教师。

③能较好地把握科研与教学、理论与实践之间的平衡的教师。他们一方面熟悉翻译理论和相关教育教学理论，另一方面翻译能力和教学能力强，并且有相当的译作出版或发表，深受学生欢迎。

理想的翻译教师不但善于阐释翻译思想和知识，传授翻译经验和策略，而且善于运用网络等现代教育技术，勤于翻译实践，为学生做出表率。此外，他们还了解翻译研究动态，将自己的研究成果与国内外同行分享。当然，教师之间存在个体差异，不可能要求每位翻译专业教师科研和教学能力都兼备，但就师资队伍的整体建设而言，应该呈正态分布。也就是说，理想的翻译专业教师所占比率应最高，而另外两类应该占比较少，这样才有助于翻译专业学科发展。

第二节 翻译教师的核心素养

素养，就是由教育训练和实践所获得的内在的、持续的、稳定的品质结构。《汉书·李寻传》有云："马不伏枥，不可以趋道；士不素养，不可以重国。"作为培养国际化翻译人才的主导力量——国际化翻译教师，其本身具备的核心素养的高低将对国际化翻译人才培养的质量产生决定性的影响。为实现国际化翻译人才培养的目标，国际化翻译教师应具备如下核心素养：国际化素养、理论素养、语言素养、专业素养、翻译技术素养、辨别素养。

一、国际化素养

国际化素养研究起源于西方。美国早在1979年外语和国际研究委员会的报告中提到，联邦政府应率先开始提升国际能力，其具体进程应由大学负责，内容包括外语教育。

国际化素养，即跨文化能力，是指国际化翻译教师应该具备的国际化知识、国际化态度和国际化技能。在国际化知识方面，要求国际化翻译教师应该熟悉国际规则、本土文化和异域文化的异同、历史和地理知识、国际交往活动的基本礼仪和基本原则等。在国际化态度方面，要求国际化翻译教师坚持从国际化的角度来思考问题，坚持平等原则，理解、尊重和包容不同的文化，不批评诋毁异域文化与本国文化的不同之处，在异域环境中能主动遵守当地文化习俗，关注和理解国际上不同地区的热点问题。在国际化技能方面，要求国际化翻译教师具有良好的跨文化沟通能力、跨文化合作能力和批判性思维能力。

二、理论素养

理论素养是指国际化翻译教师应掌握的微观、中观和宏观的翻译理论知识，了解不同层面的翻译理论研究，主要包括语言学翻译理论、翻译教学理论、双语或多语对比理论、课程设计理论四个方面。

语言学翻译理论，按照研究对象的不同，可以分为本体翻译理论与泛翻译理论。本体翻译理论包括语言和文本功能理论、语境理论、衔接理论、意义理论等。泛翻译理论包括翻译与文化的关系、翻译与其他学科的互动原理等。翻译教学理论包括研究翻译定义、翻译方法、翻译性质等方面的理论。双语或多语对比理论，包括在翻译教学中涉及的双语或多语在句子结构、语序、话语组织规则、语法、语言心理差异等方面的理论知识。课程设计理论，包括国际化翻译教师关于教学大纲的设计和补充、教学内容选取、教材选择、教学过程设计、教学方法采用、教学评估手段等方面的理论知识。

三、语言素养

语言是人类最重要的交际工具，是人们进行沟通的主要表达方式。人们借助语言保存和传递人类文明的成果，对世界政治、经济、社会、科技乃至文化本身产生至关重要的影响。

语言素养包括国际化翻译教师习得外国语言的能力、运用外国语言的能力和运用外国语言知识的策略能力。习得外国语言的能力也就是国际化翻译教师具备自主学习外国语言的能力，可以在已掌握的外语知识的基础上，进一步更新和深入学习已掌握的外语知识，包括结构知识（语法、语篇方面的知识）和语用知识（按照交际意图的差别来灵活运用外国语言知识）。运用外国语言的能力要求国际化翻译教师具备扎实的外语听、说、读、写、译的能力，同时掌握包括拼读、识读、造句、谋篇等组织外国语言的能力。运用外国语言知识的策略能力，包括外语运用的目标确认能力、评估能力和实施能力。外语运用的目标确认能力是指翻译者能够确定完成目标语言任务的能力；评估能力是指根据目标语言任务来估量翻译者自身是否能完成预定任务目标的能力；实施能力是指在翻译者现有知识背景下开展任务实施方案的能力。

四、技术素养

技术是关于某一领域有效的科学（理论和研究方法）的全部，以及在该领域为实现公共或个体目标而解决设计问题的规则的全部。翻译教师的翻译技术能力，指其具备使用翻译工具和翻译技术的能力。翻译技术素养的高低直接影响翻译行为的效率和效果。

国际化翻译教师应该熟练掌握现有翻译工具的使用方法，包括文字处理软件、扫描仪、在线词典、文本格式转换器、在线检索数据库等工具，特别是专门的计算机辅助（CAT）工具，包括国外流行的 CAT 软件，如 SDL Trados、Wordfast、STAR Transit、WordFisher、MemoQ 等，以及国内常用的 CAT 软件，如传神 TCAT、雅信 CAT、朗瑞 CAT、华建机器翻译软件系列、雪人 CAT 等。同时，国际化翻译教师要熟悉机器翻译技术、计算机辅助翻译技术，能够掌握一般工具的使用方法，合理利用网上资源。机器翻译技术包括在线机器翻译系统、口语机器翻译系统、企业用机器翻译系统、网页机器翻译系统、家用机器翻译系统。计算机辅助翻译技术包括翻译工作站、字幕辅助翻译工具、网页本地化辅助工具、软件本地化辅助工具、对齐工具、术语管理系统、翻译记忆系统。一般工具包括文字处理软件、CAJ 阅读器、PDF 阅读器、字数统计软件等。网上资源包括万维网语料库、翻译语料库、类比语料库、平行语料库、单语语料库、电子百科全书等。

五、辨别素养

辨别是指对不同的事物在认识上加以区别的能力。辨别素养是指国际化翻译教师应该具备辩证的思维，能够辨别主观意识和客观存在的差别，能够辨别和理解各文化之间的异同，能够辨别教学对象的差异，能够辨别教学目标是否科学，能够根据教学实际辨别合适的教学内容和教学方法，能够辨别教学管理是否合理等。国际化翻译教师应该具有文化自觉，深入了解本土文化和异域文化，能在翻译教学中灵活生动地引入双语文化，甚至多语文化。辨别素养要求国际化翻译教师能够辨别文化差异，具有跨文化认同思维和文化交流态度。国际化翻译教师应该具有知觉力，了解每个学生的个性、兴趣、优势、劣势、家庭情况、自然情况等，辨别学生特性，从而采取针对性的教学，做到事半功倍。国际化翻译教师应该具有理解力，明确教育目标和课程目标的内在联系，辨别学科培养目标是否科学，是否符合国家、社会和学生个人需要。国际化翻译教师应该具有分析力，辨别教学理论、教学内容和教学方法是否符合教学情境，教学资源是否实用等。国际化翻译教师应该具有反思力，能够辨别教学对象的心理活动模式是否正确、教学决策是否科学、教学问题解决是否有效等。

第三节　翻译教师的能力建设

一、翻译教师教学能力建设

（一）翻译教师教学能力建设研究

1. 翻译教师教学能力理论研究

翻译教学能力是翻译教师能力的一部分，目前还没有独立系统的研究，相关论述散落在少量的翻译教师能力研究文献中。探讨翻译教师能力构成的文献主要包括国外的科莉娜（Colina）、凯利（Kelly）等人的文献，以及国内的陶友兰、何刚强、鲍川运等人的文献。其中欧洲翻译硕士（European Master's in Translation，简称 EMT）的翻译教师能力参照框架，提出了目前最为详细和完备的翻译教师能力描述。它和 EMT 职业译者能力参照框架同为欧洲近 300 个翻译硕士专业建设和评估的指导性文件。

EMT 翻译教师能力参照框架主要从凯利的翻译教师能力构成发展而来。凯利的翻译教师能力构成分为 3 个层级：翻译实践能力、翻译学知识、教学技能。其中"教学技能"进一步分为 5 个子能力：组织教学能力、实施教学能力、人际关系能力、语境或者职业能力、工具能力。

在上述能力构成基础上发展而来的 EMT 翻译教师能力框架包括 5 个子能力：职场（翻译）能力、人际关系能力、组织教学能力、实施教学能力、评估教学能力。该框架特别强调教师应该具备"职场（翻译）能力"，即 EMT 职业译者能力框架所要求的所有子能力。

对比这两个翻译教师能力框架，我们发现，EMT 对凯利的教师能力构成做了以下 3 个改变：①将"教学技能"维度下的 3 项子能力上调为翻译教师能力的直接构成，即"组织教学能力""实施教学能力""人际关系能力"；②将"教学技能"维度下的"语境或者职业能力"和"工具能力"并入"职场（翻译）能力"；③增加了"评估教学能力"。

从构成比重来看，EMT 比凯利更加强调教师的教学能力。"教学技能"仅是凯利翻译教师能力构成的 3 个成分之一，而 EMT 教师能力模型共有 5 个子能力，其中 3 个（组织教学能力、实施教学能力、评估教学能力）是教师教学能力，而且"人际关系能力"的部分内容也属于教学能力。

以上两个翻译教师能力构成框架对评估教师素质具有一定的指导意义，但是它们远远不能构成对翻译教师能力的全面认识，因为存在以下 7 个缺陷：①仅提出规约性的能力标准，忽视了教师实际具有的教学能力；②仅关注教师教学能力发展的终点，忽视了起点和过程；③对能力的描述止于静态和平面，忽视了能力的动态性质和多维度性质；④子能力之间相互隔离，忽视了子能力之间的关联；⑤描述的是理想的教师能力，体现的是教师的共性，忽视了个体教师的特点；⑥忽视了教学环境因素；⑦忽视了课程的翻译方向以及教师母语背景的不同。

已有的翻译教师教学能力研究仍然以客观主义的知识观为基础，认为教师有一个存在于客观世界中的、不受主观想法影响的知识体，如此平面、静态的研究结果并不能帮助我们捕捉教师独特的能力。为了更好地理解翻译教师的教学能力，需要研究者走进翻译教师的教学生活，体会教师教学活动的真实过程，从中理解"教师可以作为教学知识的最丰富和最有用的来源"。

2. 翻译教师教学能力实证研究

目前关于翻译教师教学能力的实证研究极少，散落在极为有限的教师能力实证研究之中。其内容是静态描述翻译教师的状况，其方法主要为问卷调查。从研究目的出发，这些问卷调查研究分为两种，旨在了解翻译教学现状的研究与旨在发展翻译教师能力的研究。

第一种研究没有明确的发展教师能力的目的，如胡家荣、廖柏森采用问卷调查的方式调查了 42 位台湾的口译教师，并对其中 6 位进行了半结构性访谈。调查维度包括教师的背景、课程规划、教学目标、教授的口译技巧、教学方法、教学困难和教学需求，提供了丰富的有关教学状况的数据。但是因为此研究没有观察教师的自然课堂教学，所以未能深入了解教师的教学能力。

第二种研究是为教师的教育和发展提供理据。例如，凯利认为，翻译教师培训课程应该基于对教师需求的实证研究，因此于 2007 年领导 AVANTI 研究小组对西班牙翻译教师进行了调查。调查对象为西班牙 23 所大学本科翻译专业的在职教师，研究工具为网上问卷。调查分为 5 个维度：大学教育背景、笔译和口译的职场经验、教学经历、教师培训经历、自我需求分析。西班牙约有 600 位本科翻译教师，其中约 27% 回答了这一问卷。该调查发现，在接受问卷调查的教师中的 70% 具有翻译专业本科或者硕士学位；80% 的教师具有至少一年的职场实践经验；60% 的教师教龄超过 9 年；38% 的教师翻译教龄超过 9 年；教师的自我评价不高,在 6 级量表中处于 3 级和 4 级之间。数据显示,教师的需求表现在以下方面:希望得到科研方法、项目管理、翻译测试方面的指导,希望了解市场变化和毕业生的工作前景,以及希望有机会接受教学培训。这一研究不仅提出了基于实证研究的翻译教师培训理念,其调查维度和发现也为在职翻译教师研究提供了一定的基础。但是该研究使用的问卷调查研究方法决定了它无法揭示教师教学能力的个人性、情境性和实践性。

国内与凯利相似的研究调查有穆雷在 1999 年实施的 130 人的问卷调查。该研究有以下比较重要的发现:①中青年教师偏少,"后继乏人";②硕士、博士比例没有过半;③不少教师感到翻译教学比较吃力,有些力不从心,有强烈的进修需求;④由于备课、讲课、批改练习等工作量大,教师普遍感觉负担沉重。根据这些发现,穆雷认为"翻译师资培养是个迫在眉睫的问题,它关系到翻译教学的发展,也影响到整个翻译事业的发展",并提出建议:"翻译师资培养需要加强职前的硕士、博士教育和在职的教师培训。"该研究促进了翻译教学领域对师资培养的关注,为中国早期的翻译教师教育和培训提供了重要的理据,标志着中国翻译教师能力实证研究的起步。但是该研究也因仅采用调查问卷的研究方法而未能考察翻译教师的教学能力。

2020 年,燕山大学初胜华等人进行了基于非正式网络学习共同体的 MIT 教师翻译教学能力发展实证研究。该研究针对 MTI 教师翻译教学能力不足的现状,在认知技能习得理论和 EMT 翻译教师能力框架的指导下,构建了非正式 MTI 翻译教师网络学习共同体,将外语教师和译员教师同时纳入共同体活动中,通过线上线下学习共建共享实践知识,促进其翻译教学能力的发展。

3. 翻译教师教学能力培养研究

进入 21 世纪,翻译教师教学能力的职前和在职培养引起学界的关注,并出现了少量的研究成果。早在 2005 年,诺德就提出了"谁来教翻译"的问题。

但是到 2015 年为止,国际上仍然没有专门的翻译教师学位教育,翻译学博士因此被公认为职前翻译教师培养的主要形式。李和张(Li & Zhang)为了考察翻译学博士生教学知识的发展状况,采用调查问卷和访谈相结合的方式,调查了香港的 9 位在读博士生和 2 位新毕业的博士。他们的调查包括 4 个主要的调查维度,即学科知识、教学知识、学科教学知识和支撑性知识。研究发现:①博士生和培养博士生的机构均不重视教学技能;②由于招生和毕业均不强调翻译,博士生的翻译水平有限;③没有针对博士生开设相关翻译学课程,博士生对翻译学的了解并不系统。该研究认为，翻译博士培养内容与翻译博士生大多以任教为就业目标的现状严重脱钩。针对这一问题，该研究提出：应该将发展教学能力纳入翻译学博士生的培养计划。尽管该项研究未能探讨如何发展职前教师的教学能力，但是它提出并论证翻译教师职前培养存在严重问题本身具有很重要的意义，为翻译教师研究提出一个新的研究方向。

目前，较为正式的翻译教师学位教育（职前教育）有日内瓦大学1996年设立的口译教师研究生课程。该课程主要是依靠网络的远程教育。莫泽（Moser）、默瑟（Mercer）、克拉斯（Class）和泽贝尔（Seeber）曾经通过五级量表问卷考察了21个学员对该课程的满意度。该研究经过描述性统计、因子分析、相关分析，得出两个结论：①学员对该课程所体现的社会建构主义维度很满意；②所学课程与教学职业具有相关性。尽管该研究仅采用了问卷方法，样本也不够大，但是作为评估翻译教师教育课程的较早文献，为未来的相关研究奠定了一定的基础。

从20世纪80年代开始，国际上逐渐出现针对在职翻译教师的短期培训。关注在职翻译教师短期培训的学者主要有加伯尔（Gabr）、皮姆（Pym）和英格伦·迪米特洛娃（Englund Dimitrova）。

加伯尔对培训项目提出了批评，诸如，缺乏对培训对象的筛选机制、培训目标不明确、培训内容和学员的需求脱钩、培训时间过短而培训内容过多、缺乏对培训的评估机制。但是该学者并未探讨究竟什么是有效的翻译教师培训课程。皮姆则提出评价教师培训项目必须考虑具体环境因素，同时建议为大学标准和课程设计提供实证研究基础。英格伦·迪米特洛娃发现，斯德哥尔摩大学的教师培训的优点在于密切结合教学实践并激发教师思考。该研究认为，教师能够实施有效教学的关键是掌握教学方法和有关翻译能力的知识。

中国的翻译教师培训在近几年得到了快速的发展。这些培训针对口笔译教学的区别，对学员分组授课，所选择的培训活动也逐渐走向多元化，包括翻译学知识讲座、参观示范教学单位、邀请企业介绍市场对人才的要求等。但是，目前有关翻译师资的文章还停留在培训应该包括什么内容、受训教师的感言和培训机构的纪实报道上，尚未开始真正意义上的学术研究。

从总体上讲，现有的翻译教师教育研究尚未关注教师自身的知识结构、经历以及教学环境对教学实践的重要性，还未能真正考察一线教师在自然课堂中的教学行为及其背后的认知。目前国内外的翻译教师培训停留在教学方法的传授上，而这种以知识讲授为特征的教学技能培养模式因与一线教师的工作环境脱离，缺少教师内心体验的融入，已经被教师研究证明并不理想。翻译教师教育研究的当务之急应该以教学实践研究为基础，全面深入探索教师的教学能力与教学实践、教师自我、学生、环境的关系，为构建基于教师研究的翻译教师培训提供理据。

（二）翻译教师教学能力建设目标

翻译教师教学能力存在差别。翻译教师教学能力建设的目标就是要促进翻译教师自身教学能力由较低等级向更高等级提升，以便为实施高效的翻译教学活动、应对翻译教学的创新要求提供能力保障。在翻译教师教学能力建设过程中，一方面要关注教学能力的总量积累，另一方面也要关注教学能力的结构平衡。

唯有此两方面都成为发展的目标，才可能促进翻译教师教学能力的全面协调发展，达到较高程度的教学能力水平。否则，作为一个有机整体，教学能力发展的结构性失衡会造成个别教学能力要素的相对滞后，进而影响翻译教师教学能力其他要素的有效发挥，造成其教学能力整体水平偏低的情况。

（三）翻译教师教学能力建设原则

1. 自主性原则

从词源学来看，"自主的"（autonomous）一词源于希腊语"auto"（自己）和"nom"（法规，准则）的组合，其基本内涵为自己规定，不受他人约束之意。《现代汉语词典》也把"自主"解释为"自己做主"。可见，自古至今，自主旨在强调自身的主导性，凸显不受约束、自觉自愿自我决定等含义。

自主性原则指翻译教师教学能力发展主要应由自己来主导，把自己看作自身教学能力发展的主人，为自己的教学能力发展主动规划和负责，通过不断学习、实践、反思、探索，使自己的教学能力不断提高。自主性原则是为防止翻译教师教学能力发展意识缺乏、消极被动而提出的，具体表现为翻译教师自己主导和主动发展两个方面。

自己主导指翻译教师在诸如发展什么、如何发展、何时发展等教学能力发展的各个关键问题上主要由自己做主。翻译教师教学能力发展的目的是促进教学能力由较低等级向更高等级的提升，为实施高效的翻译教学活动、应对翻译教学的创新要求提供能力保障。翻译教师教学能力具有明显的差异性特征，他们目前教学能力状况如何，在各项教学知识和技能方面具备哪些优势与不足，自己从事翻译教学活动是否得心应手，能否及时满足不断变化发展的教学新要求，这些事关翻译教学质量与效果的关键问题在不同翻译教师身上有不同表现，也只有翻译教师自己最清楚这些问题的具体答案,明白自己教学能力方面急需提高的迫切任务。在此情形下,唯有翻译教师自己主导自身教学能力发展,才可能针对自身存在的具体不足,找到最佳发展策略与方式,保证自身教学能力发展的最佳效果。

  提倡翻译教师自己主导自身教学能力发展并不是对外部环境的排斥。自主并不意味着不需要任何外部条件,不借助任何外部力量。一方面,国家的教育方针政策、社会对未来翻译人才的要求、翻译行业的动态与发展等外部因素影响着翻译教学的诸多方面,也不断对翻译教师教学能力发展提出新的要求,忽视这些要求便意味着停止发展或盲目发展,对翻译教学的意义不大;另一方面,外部环境中有着丰富的发展资源,在线课程、国内外相关培训、翻译教学研讨会等发展平台为翻译教师提供了诸多便利,不同翻译教师均能通过模仿、借鉴、学习等方式从这些平台中获取有利于自身教学能力发展的相关资源。总之,封闭自守只会导致落后,这一早为系统论等相关理论所论证的基本理念在任何发展领域都是通用的。

  主动发展指翻译教师教学能力发展是主动的、积极的过程。翻译教师教学能力由双语语言能力、翻译能力、课堂设计与实施能力、反思能力组成,这些能力均可进一步细化为不同知识和技能,而无论知识还是技能的发展,其有效性均离不开发展者自身的主动性。在翻译教师教学能力结构框架中,各种知识本质上总体属于陈述性知识,按照奥苏贝尔(Ausubel)意义学习理论,这类陈述性知识的获得主要应采用有意义的接受学习方式。而意义学习发生的条件之一便是学习者具有意义学习的心向,能积极主动地把符号所代表的新知识与自己认知结构中原有的适当知识加以联系,使新旧知识通过同化机制发生相互作用。换言之,积极主动性是意义学习能否发生的关键因素之一,也是翻译教师教学知识能否有效发展的决定因素之一。除知识因素外,翻译教师教学能力所要求的各种技能发展也离不开教师自身的积极主动性。

  根据安德森(Anderson)认知技能习得理论,任何认知技能的习得,都要经历陈述性阶段、知识编译阶段、程序性阶段三个过程,在此三个阶段的递次发展过程中,无论是算法改进机制(合成、宽化、窄化)还是强化机制的作用原理,均离不开学习者自身的积极主动参与;特别是这些机制所要求的变式练习,如果没有学习者的主动思考与参与,只会变成一种机械式的简单重复,既无法促成合成、宽化、窄化所要求的具体效果,也不能保证强化机制优胜劣汰功能的有效发挥。不仅如此,这种简单机械式的重复经过强化机制还可能造成教学技能的僵化、死板，难以在翻译教学实践中进一步推广和灵活运用。可见，从理论视角分析，主张教师积极主动的自主性原则无疑对翻译教师教学能力发展具有重大影响和重要指导价值。

从发展主体来看，教学能力发展的主体——翻译教师，是有独立的自我概念、有一定的生活阅历和经验、深知自己的需要和特点、能针对翻译教学情境主动进行自主式和自我反思式学习的成年人。与未成年的学生相比，翻译教师的这些成人特点更有利于自主原则在其教学能力发展中的有效贯彻。

现有翻译教师教学能力发展的实践途径表明，自主性是大多数翻译教师过去和今后教学能力发展的主要特点之一，因而自主性原则也为实践证明是符合翻译教师教学能力发展的基本原则。

2. 全面性原则

全面性是指翻译教师的教学能力在各层次和所包含的知识、技巧等维度上均应得到发展。翻译教师的教学能力是一个多层次、多因素纵横交错的多维结构，它具有丰富的内涵，包含许多不同的子能力，而每一个子能力都包含着许多不同的教学知识和技能。因此，我们不主张在翻译教师的教学能力中各方面都要齐头并进而实现"整齐划一"。

从各子能力来看，双语语言能力和翻译能力是翻译教师教学能力的基础，课堂设计与实施能力是翻译教师教学能力的核心，反思能力是翻译教师进一步改进教学、提升教学能力的保障，缺少任一子能力，本科翻译教学活动都无法顺利、有效进行。从各子能力所含教学知识和技能的关系而言，只注重发展教学知识，翻译教师会永远停步于陈述性知识阶段，无法通过知识编译进而生成程序性知识，教学技能就无从谈起；只发展教学技能，没有教学知识的进一步指导，教学技能的灵活运用和有效施展便大受限制。无论哪种情况，均不能引发教学技能的有效发挥，因而也无法形成高水平的教学能力。另外，忽视个别知识或技能的发展会造成翻译教师教学能力结构中的"短板"。依据木桶原理，这些"短板"会影响到翻译教师教学能力整体水平的高低。相反，当翻译教师教学能力结构中各种子能力及其所含各项知识和技能在一定程度上均能协调发展时，由于"格式塔"效应的缘故，其教学能力总能量也大于各项教学知识和技能的总和，意味着该教师教学能力发展更快、水平更高，这无疑和翻译教师教学能力发展目的是一致的。教学本身是一项极为复杂的活动，翻译教学研究的薄弱现状对翻译教师提出更高、更全面的能力要求，在当今的翻译教学中，仅凭"一技之长"的教师是难以立足课堂的，只有当翻译教学所需的各种知识和技能全面发展，并有效整合在一起时，才能生成翻译教师强大的教学能力，为翻译教学的顺利、有效开展提供保障。

全面性原则虽然主张翻译教师各项教学子能力及其所含各种教学知识和技能的全面发展，但并不意味着发展手段的一致性。教学知识和教学技能分属陈述性知识和程序性知识的范畴，根据认知科学相关理论，不同知识类型的获取方式不尽相同，因而，翻译教师教学知识和教学技能的发展手段也不应求同。认知灵活性理论指出，传统教学的弊端之一在于将初级阶段结构良好领域知识的学习策略盲目地推及至高级阶段结构不良领域的学习中，使得学习活动过于简单化，学生不能将所学知识灵活应用在具体情形中以解决实际问题。此观点同样适用于翻译教师的教学能力发展，如果不能有效区分教学知识与教学技能并采取相应的学习或习得策略，翻译教师的教学能力发展也会过于简单化。

全面性原则一方面要求翻译教师对教学能力内涵有清晰的认识，另一方面要求翻译教师重视教学能力内涵中各个方面的协调发展。从不同发展方式在翻译教师教学能力发展中的作用程度调查结果来看，在位列前四的四种发展方式中（职后自身教学经验与反思、职后阅读专业期刊和书籍、职后与同事的交流与合作、职后攻读学位与学历）既有更有利于各类教学知识的发展方式，又有更有利于各类教学技能的发展方式，从而验证了全面性原则在翻译教师教学能力发展中的必要性和可行性。

3. 阶段性原则

阶段性原则指翻译教师教学能力发展要循序渐进，呈现一定的阶段性特征。无论是从教学能力整体还是其内部构成来看，翻译教师教学能力发展均应按阶段有次序、有步骤地进行。

从整体来看，翻译教师教学能力是有等级区分的，其发展是由低等级向高等级不断进步的过程，其间要经历获取不具备的教学知识或技能、强化已具备教学知识或技能、重构已具备教学知识或技能等不同阶段，最终达到能灵活、创造性地应用各种教学知识和技能，高标准完成翻译教学任务的程度。这一过程表明了翻译教师教学能力发展不是一蹴而就的，而是循序渐进、分阶段实现的，不同阶段有不同的发展重点，也要求有不同的发展方式与之相适应。

从内部构成来看，翻译教师教学能力是由不同子能力及其所含教学知识和技能相互作用而成的一种智慧型实践能力，其中大部分教学知识本质上是一种陈述性知识，教学技能主要是一种认知技能，因此，翻译教师教学能力发展必然要满足陈述性知识和认知技能发展的内在规律。那么，陈述性知识和认知技能发展有怎样的内在规律呢？由意义学习理论可知，陈述性知识的学习贵在新旧知识之间的实质性和非人为性的联系，要保证这种联系的效果，知识学习在内容上就得遵循一定先后顺序，按阶段、有步骤地进行。为此，奥苏贝尔提出了逐渐分化、序列组织、巩固等教学原则，这些原则的提出很大程度上也是知识掌握阶段性特点的合理要求。所以，阶段性学习是意义学习发生的有效途径。同时，根据认知技能习得理论，任何认知技能的习得都要经过陈述性阶段、知识编译阶段、程序性阶段三个不同发展阶段，其间经历不同作用机制，从陈述性知识最终发展为认知技能并将其熟练化。因此，阶段性发展是陈述性知识和认知技能发展的共有特征。基于上述考虑，翻译教师教学能力发展的阶段性原则，符合教学能力发展的内在规律，可为翻译教师教学能力发展途径提供指导。

阶段性原则同样也得到了实践的检验。目前已有大量有关教师专业发展阶段的研究成果，这些成果大多来自个案研究或问卷调查，他们对教师专业发展阶段的认识虽不尽一致，但均表明教师专业发展要依次经历多个阶段。翻译教师教学能力发展属于教师专业发展的特定方面，当然也符合教师专业发展的基本规律，由此判断，教师专业发展的阶段性也在实践中证实了翻译教师教学能力发展的阶段性原则。

4. 持续性原则

教师学习是教师职业化发展对教师提出的必然要求。随着教师职业化的深入，教师作为学习的职业这一观点逐渐形成。因为，教师持续学习不仅保障了专业知识的更新与供给，而且是履行教育使命和实现个人生命价值的重要条件。

持续性原则指翻译教师教学能力发展要长期坚持、持续不断。国外已有研究发现，"通过开展短期教师专业学习和发展活动来提高学生的学习成就水平的努力，往往难以持久。为了有效达到这一目的，就需要把短期计划扩展成更为长远的目标"。持续性原则正是这一研究成果在翻译教师教学能力发展方面的具体运用。

自20世纪60年代起，终身教育作为一个重要的教育概念在全世界范围内广泛传播。终身教育把教育看作个人一生中所受到的各种培养的总和，是个人一生中连续不断的学习过程。翻译教师教学能力发展虽然未必要达到终身发展的程度，但终身教育理念的提出无疑使翻译教师教学能力发展的持续性原则有了更加可靠的存在基础。在教师专业化发展的历史背景下，终身学习已经成为伴随教师一生的生存方式之一，身为翻译教师自然也要融入教师专业发展这一大潮中。就教师教学能力而言，最起码要在教师在职任教的时间段内不断学习、持续发展。

翻译教师教学能力的内涵具有时代性和地域性特征。随着翻译学科、翻译职业市场以及教育教学理论与技术的发展，翻译教师教学能力中各项子能力的具体内涵也在不断发展变化中，翻译教师必须不断丰富、更新和完善自身的教学知识和技能，才能满足不断发展的翻译教学新要求。另外，不同学校的培养方案和课程设置也要求翻译教师不断更新自身教学能力，以适应本校的翻译教学要求。如何有效开展有别于传统翻译教学的本科翻译专业教学，需要广大翻译教师在教学实践的同时不断思考，这一现实问题也对翻译教师教学能力发展的持续性提出客观要求。

从翻译教师各项教学子能力所含知识和技能的发展规律来看，根据意义学习理论和认知技能习得理论，知识的学习需要在同化机制的作用下不断地分化、整合与协调，才能既使学习者已有知识更加丰富和系统，又为新知识的学习提供更加稳固的同化点；认知技能的习得更需要长期不断的练习，才能加速陈述性知识向程序性知识的转化，并促进已有认知技能的进一步熟练。所以，持续不断的学习和练习是翻译教师教学能力发展的有效保障。

此外，虽然现有翻译教师已具备一定程度的教学能力，有些甚至已达到教学能力的最高标准，但仍有进一步发展教学能力的空间。持续性原则在现实中也已得到了翻译教师的普遍认可，理应成为翻译教师教学能力进一步发展的指导原则之一。

（四）翻译教师教学能力建设路径

我国高等教育进入普及化和高质量发展新阶段，对高校人才培养和师资队伍提出更高要求。教师承担着为党育人、为国育才的重要职责，其育人理念和教学专业能力直接影响着学生的成长和发展。

叶澜等认为，教师专业发展的路径主要有三条：自发的教师专业发展路径、外控的教师专业发展路径和内控的教师专业发展路径。这三条路径各自的特征很明显：自发路径没有调控机制，教师专业发展走向何处不明确，处于自发状态，外控的教师专业发展路径虽对教师专业发展的方向加以控制，但完全根据教师教育者的设想对教师发展路径给予限制，不顾及每一位教师的特点和实际需要；内控的教师专业发展路径即自我专业发展意识调控下的发展路径，既将调控置于教师专业发展阶段理论之下，又较充分地考虑教师自身的需要，是较为理想的一种教师专业发展路径。与职后自身教学经验与反思、职后阅读专业期刊和书籍、职后攻读学位与学历、职后与同事的交流与合作等内控式发展途径相比,职后国内外进修与培训的外控式发展途径在翻译教师教学能力发展中的作用较小。

当然,这并不意味着国内外的进修与培训不能成为翻译教师教学能力发展的有效措施,而是表明,在目前形势下,许多参与国内外进修与培训的翻译教师尚不能接触到真正的本科翻译教学培训。特别是对国外进修与培训的翻译教师而言,在急于出国的功利主义思想影响下,他们更愿意抓住出国深造的机会,而不会太在意这种机会对自己本科翻译教学能力的提升作用能有多大。在国内,本科翻译教学的若干理论与实践问题尚未彻底澄清,因此针对本科翻译教师教学能力的培训机会也不多。因此,从理论和现实两方面考虑,翻译教师有效发展其教学能力要走内控式发展路径,在自我发展理性意识的支配下,根据自身需要主动采取相应发展方式。

内控式发展路径是翻译教师教学能力发展自主性、全面性、阶段性、持续性原则的核心体现。外控式发展路径中,发展什么、如何发展、何时发展、发展多久等关键问题均是由外部组织或机构事先规划好的,明显和翻译教师教学能力发展的自主性原则相违背。另外,翻译教师各自的教学能力现状各异,面临的教学任务也不尽相同,因而他们各自的教学能力发展需求是不一样的。外控式发展路径下统一的学习内容对有些翻译教师而言是已习得内容的简单重复,并不是他们当前最需要改进之处,因而不利于翻译教师教学能力的全面发展。另外,由外部组织或机构安排的培训或学习受制于时间、空间、人力资源等因素的限制,多数是短期集训式的,也不符合翻译教师教学能力发展的持续性原则。

相反,内控式发展路径要求翻译教师由传统的"要我学"式转向新的"我要学"式发展理念,是一种自己主导、主动的发展模式。在内控式发展路径下,翻译教师可以根据教学的实际需求和自我剖析的结果,发现自身教学能力的各种不足与缺陷,逐步完善和提高。而且,自己主导的发展模式不需要专门的外部力量来组织,更有利于翻译教师长期坚持。可见,和外控式发展路径相比,内控式发展路径更加符合教师教学能力发展的自主性、全面性、阶段性和持续性原则。

此外,内控式发展路径更贴近翻译教学实际,更易于激活翻译教师教学能力发展的内在动力,唤醒其教学能力发展的强烈意愿。翻译教师教学能力发展的内在动力来自两方面:①翻译教师教学能力水平和教学活动对其教学能力要求之间的矛盾;②翻译教师自我超越的心理需求。前者是翻译教师体现其师道尊严的职业需要,后者是翻译教师实现其超越本性的价值追求。即便是教学经验丰富的教师，其教学活动也会遇到挑战，因此发展本应成为翻译教师安身立命的"硬道理"。但现实中，有些翻译教师教学能力发展的主动性和发展意愿十分强烈，也有一些翻译教师的教学能力发展则较为消极和缓慢，甚至停滞不前，这说明理论上的发展动力并不一定能直接引发翻译教师的发展行为。发展的内在动力只有在"激活"状态下才能转化为翻译教师的发展意愿，进而引发积极的、努力的发展行为。内控式发展路径在激活翻译教师教学能力发展动力、唤醒其教学能力发展意愿方面优势明显。

首先，只有翻译教师自己最清楚自身教学能力水平和教学活动要求之间的矛盾体现在哪些方面以及矛盾有多尖锐，因而只有翻译教师自己做主的内控式发展路径才更能激发解决矛盾的强烈需求，也更了解该从哪些方面去解决矛盾。

其次，不断自我超越、追求人生更大存在价值的主观需要作为翻译教师教学能力发展的又一动力，其激活的关键在于教师的自觉自愿以及对"高峰体验"的不懈追求。内控式发展路径受自我发展意识调控，对教师的自主自觉自愿的意识要求较高，因而更有利于翻译教师教学能力发展之自我超越动力的激活。而且，翻译教师教学能力发展是一个过程，这个过程不会一蹴而就，也不会一帆风顺，其中有欣喜，也有沮丧，有成就感，也有倦怠感。特别是面对各种不良情感体验时，强烈发展意愿往往能转化为翻译教师的坚强意志，保证其在逆境中克服困难、坚持发展，最终迎来各项教学能力的全面升华。

不仅如此，强烈的发展意愿还能让翻译教师具有更加"立体的"教学能力发展意识，不仅对未来的发展进行规划，还能促使其反思过去的发展路径与当前的发展状态，进而把三者结合起来，使得"已有的发展水平影响今后的发展方向和程度"，"未来发展目标支配今日的行为"。所以，一旦翻译教师在内控式发展道路上正式前行，其内心深处的发展本性将得到彻底的释放，由此迸发出的发展能量将比其他发展路径更加猛烈和持久。

当然，内控式发展路径也需要外部条件的支持。虽然单纯的外控式发展路径如集中培训、远程培训等因无法顾及教师的个体需求而存在自身的缺陷，但在激活翻译教师内在发展动机、唤醒翻译教师发展意识的前提下，有关部门创造充足的外部条件、提供多种形式的培训和提升机会，能在最大限度上满足教师自身发展的需要。认为内控式发展路径就不需要外部条件支持的观点是一种误区，我们必须抛弃这种非此即彼的二元论思维方式。从系统论观点来看，内控式发展路径本身是一个既相对封闭又相对开放的系统。根据马克思主义辩证法，内因是事物发展的根本，外因是事物发展的条件。在翻译教师激活内在发展动机、产生强烈发展意愿，并采取相应行动全面提升自己教学能力水平的同时，国家教育管理部门和学校也应履行相应的职责，为翻译教师教学能力发展提供必要的外部平台和机会。已有研究表明，"关键事件"是能够导致个体观念冲突，引发个体对自身言行的反思并做出相应调整的事件，对翻译教师而言，"关键事件"不仅能引发其主动的分析、判断和反思，改变其教学意识、观念和课堂行为，而且能促进其教学能力的发展。国家教育管理部门和学校提供的发展平台和机会往往能引发教师的反思与行为改变，因而更易成为翻译教师教学能力发展中的"关键事件"。

二、翻译教师翻译能力建设

（一）翻译能力的定义

对于翻译能力，西方在 2000 年以前对其名称还没有一个统一的认识。不同的学者用的名称也不太一样，比如 transfer competence、translational competence、translator competence、translation perlormance、translation ability 等。不过大部分学者对于翻译能力中的"能力"都倾向于使用 competence 一词，如奥罗斯科（Orozco-Jutoran）和阿尔维尔（Albir）认为，competence 一词已在应用语言学等其他学科中长期存在，没有必要再造出一个新词，而且把 translation 与 competence 结合，能够很好地传达特定领域的专门知识这一概念。牛津在线词典将 competence 定义为成功、有效地做某事的能力（the ability to do something scessfully or efficiently）。在语言学里面，competence 指的是说话者对于语言规则的潜意识和直觉的知识，通常和 performance 对应。所以，在英文中，competence 可以很好地表达翻译能力这一概念。

翻译能力名称的不统一反映了西方学者对于翻译能力内涵的理解没有达成一致的意见，在这里有必要对翻译能力的定义做一个梳理，有助于我们更加清楚地认识这一概念。

对于翻译能力，有许多西方学者在其研究中提到这一名称，但并未对其定义。比如：诺德、里德曼（Riedemann）、洛舍尔（Lorscher）、图里（Toury）、柯林斯（Krings）、弗雷泽（Fraser）、汉森（Hansen）以及基拉伊（Kiraly）。这些学者对翻译能力的定义有着自己的认识，但没有清楚地定义出来。

从 20 世纪 70 年代起，学者们便开始关注翻译能力。哈里斯（Harris）和舍伍德（Sherwood）认为，翻译能力是双语者一种与生俱来的语言能力，是一种"内在的语言技能"，随着语言能力的发展而提高。与这种认为翻译能力即双语能力不同，图里认为，翻译能力是"一种语言（诸如文体，文学等）资源，译者可以利用这种资源为翻译中遇到的文体寻求解决方案",也就是说,其不仅仅是双语能力的表现,更是一种专家行为,是译者自身具有的一种潜在资源或者潜能。施里夫(Shreve)也认为,翻译能力不能等同于双语能力,它是一种特殊形式的交际能力,是关于懂得什么是翻译以及如何翻译的能力。但他认为,翻译能力和交际能力有所不同,每个人都会有交际能力,但并不是每个人都具有翻译能力,翻译能力是随着经验的积累发展而来的。

对翻译能力的定义最多而又最有信服力的要数多元成分能力模式的学者。贝尔(Bell)较早地提出了翻译能力的定义,他把翻译能力定义为"译者从事翻译工作必备的知识和技能"。他提出了一个由翻译过程中所需要的各种知识和程序组成的译者专门体系和由语法、社会语言学、话语与策略4个分项能力组成的翻译交际能力模式。

阿尔维尔认为,翻译能力就是"知道怎么翻译的能力"。普雷萨斯(Presas)则将翻译能力定义为"翻译所需的陈述性或者操作性的潜在的知识体系",他进一步阐明了翻译过程中所需的知识,即源语与目标语的知识,真实世界的知识,能够使用字典、术语库等工具的能力,创新能力与解决问题的能力等。

西班牙巴塞罗那自治大学翻译能力习得过程和评估小组(Process of Acquisition of Translation Competence and Evaluation,PACTE)将翻译能力定义为译者"进行翻译所必需的潜在的知识和技能体系"。PACTE研究小组认为,一般来说,翻译能力是一个专家知识建构,是可以被定义的,包括陈述性知识和程序性知识。要点在于:①专家知识,而不是所有双语者都具备的;②以程序性为主,而非陈述性知识;③包括不同的而又相互联系的子能力;④包括一项特别重要的策略能力。

凯利从翻译教学的角度把翻译能力定义为实现翻译所需要的由知识、技能、态度和天赋等组成的建构。皮姆从翻译行为的角度定义翻译能力,提出了一个翻译能力的最简方案,认为翻译能力包括生成译文的能力和选择译文的能力:①依据特定的源语文本生成一系列可能的译语文本的能力;②能够迅速、肯定地从这一系列译语文本中选择一种可行译文的能力。罗腾在文章中考察了图里的观点,即"在发展译者能力的过程中,译者根据社会规范学习翻译是非常重要的",随后,他又介绍了豪斯在翻译中引入交际能力的观点,即"翻译在发展学生交际能力中发挥的真正有用的作用",最后,罗腾认为"好的译者的品质通常都是由译者能力的概念所表示的",他对能力的定义与PACTE对于翻译能力的定义基本一致,即"能力代表拥有技能、知识或者资格"。

国内学者也对翻译能力做出了定义，如文军认为翻译能力是一个译者"能够胜任翻译工作"的主观条件；苗菊认为翻译能力是一种专门的交际能力，包括对翻译技艺、翻译技巧或技能以及对翻译程序或过程的透彻理解，以及知道做什么或如何做等知识。杨晓荣指出，一个人的翻译能力强主要包括：①能灵活运用各种翻译技巧解决翻译过程中遇到的各种问题；②策略得当，分寸准确，对翻译标准的把握恰当；③译文的文体适宜，表达丰富，语言质量高，语言表达力强。马会娟在PACTE提出的翻译能力定义的基础上，结合《现代汉语词典》对"能力"的定义，把翻译能力定义为"译者能够胜任翻译任务所必需的潜在的知识和技能体系"。

（二）翻译能力的构成

1. 国外观点

20世纪，研究者多采用成分分析法阐释翻译能力的构成。威尔斯（Wilss）认为，翻译能力由译者的接受能力、生产能力和超能力构成。在所有的能力中，他尤其强调语言能力。在他看来，译者在广义的意义上需要在语言之间具备一种超能力。这种超能力要求译者综合全面地了解源语和目的语，还要求译者在语篇层次上具有对源语和目的语进行整合的能力。德利尔（Delisle）认为，翻译能力包括译者的语言、百科、理解和重新表达等方面的能力。在马丁·休逊（Martin Hewson）看来，翻译能力包括译者的跨语言能力、转换能力和异化能力。努德认为，翻译能力包括译者的接受与分析文本的能力、转换能力、研究能力、生产文本的能力、评价翻译质量的能力以及双语语言能力。皮姆认为，翻译能力包括译者针对同一原文能够产出多种译文的能力，以及针对特定的翻译目的和读者需求，在多种译文中选择合适译文的能力。切斯特曼（Chesterman）提出的翻译能力与皮姆的很相似，他认为翻译能力包括译者对一系列可能译文的生成能力和选择最佳译文的能力。哈特姆·梅森（Hatim Mason）从语篇的交际性特征出发，将翻译能力分解为处理原文的能力、转换能力和译文处理能力。坎贝尔（Campbell）认为，翻译能力由译者的目标语语篇能力、译者的气质和译者的监控能力组成。曹（Cao）提出的交际翻译能力包括翻译语言能力、翻译知识结构和翻译策略能力。

实事求是地说，在20世纪的相关研究结论中，翻译能力的构成因素还是非常单一的，研究者大多集中于语言/语篇能力，强调转换能力。在当前看来，翻译能力的构成自然不会如此简单。但应该说，这种研究结果是受学科发展进程、翻译活动涉及的领域和范围、人们对翻译本质和翻译能力的认识水平，以及时代的发展程度等因素的制约导致的。在这里非常值得一提的是坎贝尔的研究，他将译者气质和译者的监控能力纳入翻译能力的范畴，重视翻译能力中的一些非智力因素和译者的内部因素，这是非常难能可贵的。

进入21世纪以来，西方对翻译能力构成的研究增多，研究数量和研究成果都远远超越了20世纪。奥罗斯科（Orozco）认为，翻译能力由六种能力构成，包括转换能力、双语交际能力、语言外能力、职业—工具能力、心理—生理能力、策略能力，此构成模式非常具有层次性和系统性。毕比（Beeby）提出的翻译能力在命名上非常与众不同，叫作反翻译能力，由译者的转换能力、对比语言能力、对比语篇能力和语言外能力构成。纽伯特（Neubert）与沙夫纳（Schaffner）的翻译能力构成因素非常相似，他们都将译者的语言、语篇、语域、文化和转换等能力作为翻译能力的构成因素，而且两人都认为转换能力统辖其他能力。所不同的是，沙夫纳的翻译能力构成因素中比纽伯特多了一项查询信息和研究信息的能力。

PACTE在2000年提出的翻译能力假设模式包括语言、转换（核心能力）、交际、语言外、心理—生理、职业—工具和策略（协调其他所有能力）等诸方面的能力，这与奥罗斯科的能力构成模式非常相似。在2002年的修正模式中，翻译能力包括策略（核心能力）、转换、双语、翻译知识、心理—生理机制等诸方面的能力。在2003年的修正模式中，翻译能力的构成又演变为双语、非语言、翻译专业知识、专业操作、策略和心理—生理因素等一系列能力。

弗雷泽较为关注自由职业译者的翻译能力，他认为，自由职业译者应该具备三方面的能力，即获取和履行翻译述要的能力、获取翻译资源的能力和获取信息反馈的能力。维恩从翻译情境出发来审视翻译能力，认为译者应该具有分析翻译情境的能力和查询、获取、评价符合翻译情境资源的能力。贝尔认为，双语能力、专家技能系统和交际能力构成了翻译能力。与20世纪曹的研究相似的是，科莉娜也从交际的视角考察翻译能力的构成。她认为，交际翻译能力包括译者与相关因素进行互动的能力、生产译文的能力、利用母语进行交际的能力、语言交际能力和跨语言/文化交际能力等。

2. 国内观点

杨晓荣认为，构成汉译英能力的要素有翻译技巧、对翻译标准和原则的把握、语言运用能力、知识量和综合能力。

姜秋霞、权晓辉认为，翻译能力由语言能力、文化能力、审美能力和转换能力构成。

刘宓庆将翻译能力概括为语言分析和运用能力、文化辨析和表现能力、审判断和表现能力、双向转换和表达能力、逻辑分析和校正能力。

文军构建的翻译能力模式包括语言与文本能力、策略能力和自我评价能力，后来修订的翻译能力模式包括语言/文本能力、IT运用能力策略/技巧能力、自我评价能力和理论研究能力。

戴忠信和刘军认为，个体的翻译能力主要由翻译才能、翻译语能、翻译熟能和翻译智能四个方面的能力构成。

苗菊的翻译能力模式包括三个部分，分别是认知能力、语言能力和交际能力。

吴波认为，翻译能力包括译者所具备的知识和文化能力、译者进行创造和交际的能力，以及自我约束力。这些能力的基础是译者的经验和认知活动，其核心是分析原文和重建原文功能的能力。

王湘玲和毕慧敏从宏观和微观角度对职业翻译能力进行了审视，她们认为：职业翻译能力在宏观上主要包括各种人际交往和社会互动关系等在翻译过程中涉及的因素；在微观层面，则涉及诸如价格、译文功能、目标读者的文化水平等翻译市场因素，译者的道德等职业行为因素，以及译者使用翻译工具的能力因素。

王树槐和王若维构建了翻译能力的综合模式，包括语言—语篇—语用能力、文化能力、策略能力、工具能力、思维能力和人格统协能力。

张瑞娥等则从翻译主体、翻译本体和翻译客体的角度考察了翻译能力的构成。

（三）翻译的基础知识与技巧

本部分以英汉翻译为例来进行阐述。

1. 词汇翻译

（1）词汇理解

初学者在英译汉时经常遇到的一个困难，便是对多义词的理解问题。要知道，英语中的绝大部分词汇都"身兼数职"，但在特定的上下文中，一个单词的意义却又往往是唯一的，它是由该单词在句中的语法功能、相关的专业知识和文化背景知识确定的。在翻译多义词时，译者应仔细推敲，根据自己日常阅读时积累的知识，借助词典和其他相关的工具书或专业书，准确无误地理解和翻译出该词在特定语境中的唯一含义。如果望词生义，或者把词典中的含义直接粘贴到译文中，往往就会错译，甚至闹笑话。

（2）词语分隔

初学翻译的人在理解原文时，还会遇到另一个较大的障碍——词语的分隔。英语中语法关系密切的两个词语，如动词和它的宾语或短语、名词和修饰它的定语等，一般情况下是紧挨在一起的，它们之间的关系一目了然。但是，有时候由于某种原因，可以根据英语行文习惯把两个相关成分隔开。这种语言现象被称为词语的分隔。初学翻译的人往往找不出被分隔词语之间的语法联系，遇到这种句子就会一筹莫展。常见的词语分隔现象有下列三种。

①修辞性分隔。修辞性分隔主要是为了保持全句的平衡，避免头重脚轻，将本应紧挨在一起的两个有关成分隔开，包括主语和定语的分隔、主语和同位语的分隔等情况。这类分隔现象一般都是因为定语或同位语较长，如果紧挨在主语后面会显得头重脚轻，所以被移至谓语动词后面。

②修饰性分隔。语法关系密切的两个词语有时被一个起修饰作用的词语或从句分隔，这种语言现象被称为修饰性分隔。常见的修饰性分隔有主语或宾语同谓语动词的分隔、宾语同状语或补语的分隔、定语同定语的分隔等。

③插入性分隔。在语法关系密切的两个词语之间，可以加入一个插入语，这种语言现象被称为插入性分隔。在书面语中，插入语的前后通常都用逗号或破折号分隔开来。一般来说，这种分隔现象修饰关系清楚，比较容易理解。

（3）词汇比较

英汉两种语言渊源不同，又是在不同的历史和社会条件下发展起来的，所以两者之间存在着很大的差异，体现在词汇及其意义方面的差异也是非常明显的。如在词汇的构成及其形态变化、词汇的功能、词汇顺序、词义、词义的对应性等方面都存在着差异，研究这些差异对两种语言的转换具有非常重要的意义。

（4）词义选择

在翻译过程中，首先碰到的问题是词义。英语中一词多义，汉语中一字多义，这是常见的语言现象。英国伦敦语言学派创始人弗恩（Vern）指出，"Each word when used in a new context is a new word"。这充分体现了英语词汇的灵活性。因此，正确选择词义是翻译过程中极其重要的一步。

（5）词义引申

所谓词义的引申，指的是在一个词所具有的基本词义的基础上进一步加以引申，选择比较恰当的汉语词来表达，使原文的思想表现得更加准确，译文更加流畅。词义引申主要使用词义转译、词义抽象化、词义具体化等方法实现。

词义转译是指有些词照搬词典翻译，会使译文晦涩、含混，甚至造成误解，这时就应根据句、文逻辑关系引申转译。词义抽象化是指英语中常常用一个表示具体形象的词来表示一种属性、一个事物或一种概念。翻译这类词时，一般可将其词义做抽象化的引申，译文才能流畅、自然。词义具体化是指英语中许多词的

第七章 翻译教师的核心素养与能力建设

意义较笼统、抽象，根据汉语表达习惯引申为意义较明确、具体的词。这样一来，译文表达清晰、流畅，更加形象生动。

（6）词义褒贬

为了忠实于原文，译者仅查看词典是不够的，还必须正确理解原文背景，了解其思想内容乃至政治观点等，然后选用适当的语言手段来加以表达。原文中有些词本身就含有褒义或贬义，译者在翻译时要相应地将其表达出来。但有些词单独来看是中性的，而放在上下文中揣摩则可增添其褒贬色彩，译者在翻译时也应恰如其分地将其表达出来。

（7）词类转换

在翻译实践中，要做到既忠实于原文又符合译文的语言规范，就不能机械地按原文词类"对号入座"、逐字硬译，而需要适当改变一些词类，即把原文中属于某种词类的词在译文中转译成另一种词类，这就是现在要讨论的词类的转换。词类转换在英译汉和汉译英中都是非常重要的手段之一，运用得当可使译文通顺流畅，符合目的语语言习惯。

（8）词汇翻译技巧

词汇翻译需要译者运用恰当的方式把原文所要表达的信息准确地用译入语表达出来。这就需要译者熟悉基本的翻译技巧，包括词汇层面和句子层面的翻译技巧。词汇是构成语言的基本单位，正所谓"无砖不成房，无词不成章"，因此，词汇层面的翻译是翻译活动中最基本的部分。以下是翻译过程中人们经常运用的7种词汇翻译技巧：增词法、重复法、省略法、词类转换法、正反转换法、熟语翻译、词语搭配等。

①增词法。由于英汉两种语言在语法、词义、修辞、逻辑和文化等方面总是存在着某些差异，它们之间几乎没有完全对等的东西，翻译学上称之为"非对等性"。因而在翻译时无法将原文中的每一个词转换成译入语中的另一个词，有时候只能按语义或句法上的需要增加一些词才能使译文更加通顺流畅，符合译入语的行文习惯。这种常见的翻译技巧叫增词法。需要说明的是，增词法增加的是原文中虽无其词却有其意的一些词。

②重复法。重复法实际上也是一种增词法，只不过增加的是上文刚刚出现过的词。在用英语或汉语写作时，本应力求简练，尽量省略一些可有可无的词，但有时为了强调或使文章生动，往往需要对一些关键词加以重复，以便给读者留下深刻的印象。在翻译实践中，有时原文为省略、替代或其他目的而进行简略表达，在译文中却要按照译入语的表达习惯重复关键词。这就是翻译技巧中的重复法，

主要用于英译汉当中。

③省略法。省略法是与增词法相对应的翻译方法。在英译汉时用了增词法的译文，回译成英语时自然得用到省略法。需要注意的是，省略是指在表达形式上不译原文中的某些词汇，在内容上并没有删去原文相应部分的信息，因为译文中虽无其词而有其意，或者其意在译文中是不言而喻的。另外，在英译汉时，许多在原文中必不可少的词语要是字对字地译成汉语，就会成为不必要的冗词，译文也会因而显得十分累赘。因此，省略法在英译汉中使用得非常广泛，其主要目的是删去一些可有可无、不符合译文习惯表达法的词语，如实词中的代词、动词的省略，虚词中的冠词、介词和连词的省略，等等。

④词类转换法。英汉两种语言的语法规范和用词规律有许多明显的差异。汉语是没有形态变化的语言，而英语是有形态变化的，一个汉语单词可以有好几个不同词性或形态的英语单词与之对应。另外，英汉两种语言的句型和用词规律也各不相同。英语的一个句子里只能有一个谓语动词，或者两个或两个以上的并列谓语动词，而汉语则允许连动。汉语中动词的使用相当频繁，而英语中介词的使用极其灵活。因此，为了使译文符合译入语的语法规范和用词规律，在翻译过程中，经常要用到词类转换法。

⑤正反转换法。由于英汉两种语言在思维方式、句型结构和表达习惯等方面的诸多差异，常常会出现英语和汉语肯定和否定的表达正好相反的情况。有时英语从正面进行表达，汉语则习惯于从反面进行表达；有时英语是从反面表达的，而汉语要从正面表达才符合表达习惯。在翻译实践中，原文中正说的句子在翻译时可能必须处理成反说，也可能正说、反说均可以，但是处理成反说的效果会更好一些。因此，译者必须在准确理解原文的基础上，根据译入语的行文习惯和修辞效果，灵活运用正说与反说，即正反转换法。

⑥熟语翻译。熟语是经过长期的历史演变和社会发展，逐渐沉淀下来的短小精悍、朗朗上口、形象生动，具有民族和地方特色的固定表达。就其广义而言，英语熟语包括俗语（colloquialisms）、谚语（proverbs）、俚语（slang expressions）等，汉语熟语包括成语、谚语、歇后语等。由于熟语是语言中的重要修辞手段，因此熟语翻译的好坏会直接影响到整个译文的质量。一般来讲，翻译时除了忠实地表达原文的意义外，还应尽可能保持原文熟语的形象比喻、丰富联想、修辞效果以及其民族、地方特色等风格或含义。熟语的翻译有四种主要方法：直译法；直译解释法；等值熟语的借用法；意译法。

此外，在汉语中，人们习惯使用由四个字构成的成语，也喜欢使用成语之外的四字结构，这充分体现了汉语讲求平衡的特征。

⑦词语的搭配。英语和汉语是两种不同的语言，两种语言在语法、语义、修辞等方面存在着某些差异，它们各自有一套独特的语言表达系统。在英语中，词的粘合力和搭配能力也较强，一个动词往往可以同多个名词搭配。与此相反，汉语词的搭配比较固定，不如英语灵活。

在英汉互译时，需要注意英汉两种语言在词汇搭配方面的差异。有时候，汉语的某些动词可以和不同的宾语搭配，但在英语中却要用不同的动词来表达。例如，汉语的动词"打"字，可以搭配各种名词，而相应的英文必须要使用不同的动词，如打电话（make a phone call）、打仗（fight a battle）、打电子游戏（play a video game）等。

2. 句子翻译

英语文体各异，句型复杂，长句的出现频率高、逻辑性强，给译者增添了许多困难。然而，英语语言具有"形合"的特点，即无论多长、多么复杂的结构，都是由一些基本的成分组成的。译者首先要找出句子的主干结构，弄清楚句子的主语、谓语和宾语；然后再分析从句和短句的功能，分析句子中是否有固定搭配、插入语等其他成分；最后，再按照汉语的特点和表达方式组织译文，这样就能保证对句子的正确理解。

（1）英汉句子比较

英汉两种语言分属两个不同的语系，前者属于印欧语系，后者属于汉藏语系，因此，两者在句子结构上存在着很大的差异。对比两者的异同，找出其中的差异及转换的规律是一项大有可为的研究。

英语句子是由词按语法规律构成的语言单位，用以表达一个完整的、独立的意思。句子是构成篇章的基本单位。句子的种类一般是按使用目的划分的，主要有陈述句、疑问句、祈使句和感叹句。句子的类型是按结构划分的，可大体分为简单句、并列句和复合句三种。

汉语的句子有单、复句之分。单句可以从不同的角度来分类。从句子所表达的内容和句子的语气来看，单句可以分为陈述句、疑问句、祈使句和感叹句四类。从句子的语法结构来看，单句又可分为完全句、省略句、无主句和独语句四类。复句是由两个或两个以上在意义上有某种联系的单句合起来构成的比较复杂的句子。构成复句的单句叫分句，这些分句必须有一定的联系，这种联系可以用语序或关联词语来表示。

英语和汉语都是世界上非常丰富和发达的语言。他们不仅分属不同的语系，而且，使用英语、汉语的民族，在历史背景、经济生活、地理环境等各方面都有所不同。因此，这两种语言在语法结构方面自然具有各自不同的特征。体现在句子层面上，英语和汉语的句子结构最大的区别在于汉语重意合、英语重形合。汉语句子结构的组织原则主要是遵循思维的逻辑联系，这就形成了汉语句子简练明快，积字成句、积句成章的特点。汉语古诗词中就存在大量的具有这一典型特点的诗句，如"无边落木萧萧下，不尽长江滚滚来"，"枯藤老树昏鸦，小桥流水人家"，等等。而英语句子是以动词为核心而构成的，其主干结构突出，名词尤其是抽象名词用得多，介词也用得多。英语在表达复杂思想时，往往开门见山，然后借助英语特别的词汇——关系代词进行空间搭架，通过并列（coordination）、主从（subordination）、嵌入（embedding）等形式，把各个子句有机地结合起来。所以，有学者认为，英语的句子结构具有"树形"的特征。

（2）以句子为单位的英汉互译

无论是英语还是汉语，口语里的句子总是比较简短的。但写文章，尤其是写一些科技论文或政论性的文章时，为了论理准确，往往就不得不加入一些限制性或修饰性的词语，或者不得不将一些简单句组织成比较长的复杂句子。这种长句读起来费劲，看起来也不那么一目了然，要完全、准确地理解这些长句，就必须养成分析的习惯，培养分析的能力。

要学会正确分析和理解英汉两种语言中的长句，首先就要了解这些长句的一般组成规律和构成情况。汉语中将有两层关系的句子，也就是说，一个正句带有两个或以上的偏句，或两个及以上的并列句有一个共同的偏句，或各自带着偏句的长句，称为"二重复句"；将有三层关系的句子即正句或偏句本身是复合句，但又带有一个或几个偏句的长句，称为"三重复句"；将有三个以上层次的称为"多重复句"。英语则是一种兼备综合型与分析型的语言，虽然语法变化的总趋势是不断抛弃综合型语言成分向分析型语言发展，句子结构趋于简短，但比起只是分析型语言的汉语来说，复杂的长句还是比较多的。

此外，汉语句子结构重意合，词与词主要靠意义连贯和逻辑来组成句子，从而表达一个相对完整的意思；而英语句子却是重形合，强调主谓一致，通过时态、语态和语气等手段来表达一个相对完整的意思，其众多句式结构都是在基本句型的基础上扩展开来的。

在汉英互译时，我们应该特别注意译文的句子结构。英汉两种语言的差异决定了翻译方法和技巧的多种多样，而这些方法会在人们的翻译实践中不断得以丰富和发展。

（四）翻译能力的培养

1. 提升外语语言能力

我国高校外语专业教师多是对口专业毕业，受过系统的外语教育。但在进入高校执教之前，一些教师的最基本外语知识可能有所淡忘，比如，字母的标准发音、最基础的语法、句法知识等。外语教学的初期，尤其是语音教学阶段，学生的习得过程以模仿为主，教师基础知识的扎实程度决定了其授课的信度和吸引力。在接下来的教学过程中，教师本身的外语听、说、读、写、译能力也直接影响到学生的知识习得效果。因此，教师需要根据课程要求，不断加强自己的语言基本功以及综合知识。

2. 提升母语水平

20世纪五六十年代，语言迁移理论、语言对比分析理论等主张研究母语与目标语关系的教学理论开始在我国风行。于是，纯外语教学备受推崇。课堂上为学生营造出比较真实的外语语言环境，可以较快地提高学生的外语水平，虽然对这一点绝无任何异议。但是受上述理论影响，一切外语教师将母语单纯视为学习外语的干扰，在教课过程中对母语一味地排斥，这种做法是值得商榷的。外语学习在母语和目标语之间不是单向的，而是要为两种文化的双向交流做出贡献。但很多教师在入职前的求学过程中，因为专业课程设置等原因，没有经过比较连贯、系统的母语语法、词汇、句法的学习和训练，这也加深了教师对母语的忽视。而在实际的社会实践中，如果一个外语工作者不重视母语及母语文化，首先会影响到他的外汉翻译语言质量，更深层面上可能会造成该人在外国文化面前的媚外心态和文化自卑心理。要避免这样的情况，翻译教师首先应具备较高的母语功底，并要不断学习，加强自身的母语文化知识储备。

3. 学习跨学科知识

翻译教师首先应该努力成为自己专业领域的专家，要将学过的知识不断巩固，并且不断在专业领域加深研究。但同时，翻译教师的知识储备还必须广博，其非专业知识也能够影响教学效果。此处的非专业知识指的是通识性知识，教师必须不断要求自己吸收新知识、掌握新技术、紧跟新的社会发展趋势，甚至要跟得上学生的兴趣发展。只有这样，教师在课堂传授知识时更容易做到既精专又广博，旁征博引又恰到好处，并且能够增进学生对教师的亲近感。

4. 更新理念终身学习

教师要及时更新教育理念，提升自身的国际化视野，学习国内外先进教育制度和模式，不断完善教学内容，改革教学模式，积极应用网络开展信息化教学。此外，教师还要树立终身学习的理念。在信息化时代，教师的知识结构和能力要适应时代发展的变化，及时更新完善。教师应不断学习语言与文化知识，增强自身的翻译综合能力。

三、翻译教师批判性思维能力建设

批判性思维运动兴起于 20 世纪 70 年代，并很快获得美国、英国、澳大利亚等国家学者的认可，从而提出批判性思维是人类开发创造力的重要思维模式。相应的，批判性思维能力也是教师应具备的技能之一。翻译教师在掌握并运用国际先进教学理念、教学方式的过程中，更应具有批判性思维，提升自身在教学活动中的主动性。

（一）批判性思维的含义

"Critical Thinking"在国内多被译为批判性思维，也有一些学者将其译为批判思维、批判性思考等。

"批判性思维"这一概念最初源于哲学领域。一般认为，批判性思维最早可追溯至古希腊哲学家苏格拉底的"探究性质疑"（probing questioning），即教师不直接告诉学生答案，而是通过师生问答的方式，逐步引导学生思考，最终得出正确结论的方式。作为一种重要的教学方法，问答法因能够使学生独立思考，锻炼学生的思维而备受欢迎。现代批判性思维的代表人物是杜威（Dewey）。杜威在《我们如何思维》（*How Do We Think*）一书中提出"反思性思维"这一概念。杜威认为："反思性思维是根据支持的基础和进一步的结论，积极、持久且仔细地思考一个信念或假定的知识形式。"在这里，杜威使用积极和仔细来描述反思性思维，对应的相反概念是消极、草率的思想。可以看出，杜威眼中的反思性思维具有积极意义。同时，他也强调思维中信念的基础和结果的重要性。在他看来，教育要训练学生的思维，教会学生学会反思。

20 世纪中后期以来，随着批判性思维对创新型人才培养的重要性日益受到重视，学者对批判性思维内涵的研究也日益增多。美国批判性思维运动权威、伊利诺伊大学教育哲学名誉教授罗伯特·恩尼斯（Robert Ennis）认为，批判性思维是"一种合理的反思性思维，这种思维关注于决定相信什么或者怎么做"。在他看来，具有批判性思维的人思想开放，富有学识，并且积极渴望学习；能够很好地辨识原因、假设和结论，能够做出正确的判断。恩尼斯认为，批判性思维有重要作用：对个人而言，批判性思维会影响一个人的个人决定、职业选择；对社会而言，民众具有批判性思维，那么自由和民主才能够长久得到维持。因此，国家和社会应重视批判性思维培养。

学者布莱克（Black）认为，批判性思维等同于理性，是普遍存在的。他提出，批判性思维的一个主要特征就是分析性，批判性思考依赖于分析能力，即仔细分析论据和提取信息的能力。川彼得·法乔恩（Peter Facione）认为，批判性思维不是一味地攻击别人的观点，也不是固执地捍卫自己不确定的观点，而是有目的的反思性判断。他认为，具有批判性思维的人深思熟虑，能够合理而公正地思考证据、概念、方法或者情境，从而得出观点、指导行动。学者拜尔（Beyer）认为，批判性思维意味着做出清晰且理性的判断。在批判性思维过程中，理念应该是理性的，深思熟虑且被判断正确的。此外，美国卓越批判性思维全国委员会（The National Council for Excellence in Critical Thinking）将批判性思维定义为"一种能够指导信念和行动的智力活动过程，这个过程能够积极且熟练地构思、应用、分析、综合和评价，那些通过观察、经历、反思、推理或者交流等方式所搜集或者产生的信息"。

美国批判性思维权威理查德·保罗（Richard Paul）认为，批判性思维是"一种自我指导的思维，包括批判性思维气质与技能"。批判性思维气质是批判性思维者所具有的一种批判性心理倾向或情感意向，即批判性精神或态度。理想的批判性思维者应该同时具备批判性思维气质和技能，两者缺一不可。

我国传统文化中也蕴含着批判性思维精神。《中庸》提出"博学之，审问之，慎思之，明辨之，笃行之"。它强调要广泛学习，吸收知识，但是对于知识不能一味地吸收，对知识和信息要学会提问、质疑，这样才能理解和消化知识，才能真正地运用知识。在具有一定的知识基础之后学会慎重思考，同时能够对事物和信息进行辨别、分析。实践是检验真理的唯一标准，因此，最后还要付诸实践，从而检验质疑、分析的结果，建立思维自信。我们从中可以看出，"博学、审问、慎思、明辨、笃行"很好地体现了我国古人的批判性思维精神。

进入21世纪后，我国学者对批判性思维的研究逐渐增多，主要集中在教育学、哲学和心理学等领域。2007年版《简明心理学辞典》指出，批判性思维"是个体正确地评价已有的事实，并在此基础上合理地提出假设和验证假设的思维过程，其特点是：实事求是、严密以及自我反省"。延安大学政法学院教授武宏志对批判性思维有许多研究，他在《论批判性思维》一文中提出"批判性思维是对所提供的解决问题的方法进行检测，以保证其效力的思维方式"。

(二)翻译教师培养批判性思维能力的意义

批判性思维能力的培养对国际化翻译教师的发展具有以下三个方面的意义。

1. 批判性思维有利于增强国际化翻译教师的信息素养

"信息素养"一词是1974年美国信息产业协会主席保罗·泽考斯基（Paul Zurkowski）提出的。他认为，信息素养是"利用大量的信息及主要信息源使问题得到解答的技术和技能"。也有学者认为，信息素养是指"在各种信息交叉渗透、技术高度发展的社会中，人们所应具备的信息处理所需的实际技能，包括对信息进行筛选、鉴别和使用的能力。信息素养的主要内涵可以归纳为信息意识、信息能力和信息道德三方面的素养"。处于经济全球化浪潮中的翻译教育，各种新的教学理念、方法、方式蜂拥而至，其中难免泥沙俱下。批判性思维能力的形成有利于增强国际化翻译教师的信息素养，提高其对纷繁信息的选择、区分、辨别、解读、消化和评价能力。

2. 批判性思维有利于培养国际化翻译教师的创新能力

没有批判就没有创新，批判的最终目的就是为了创新。创新是主体对客体实施的积极改造，是促进人类社会进步的过程。创新思维是通过对事物本质和规律的认识和运用，对事物之间的联系进行思考，从而创造出新成果的认知活动。批判的主要任务是从普遍认同的定论中找出不合理因素，创新的目的则在于提出有价值的观点，即发现事物的新特点和新本质。李冰教授指出："创新思维有别于简单口号化的标新立异，更不能是脱离实际的主观臆想，而是必须强调依据科学思维的规律，特别是重视客观变化反映在主观上的辩证思维，并充分重视客观事物和主观思维的融合，厚积薄发，结合具体问题而创造出的不断适应新情况的思维形态。"国际化翻译教师需要批判性思维来创新具有中国特色的翻译教学理论体系，尤其要创新翻译教育的语言能力和语用能力，这对培养国际化翻译人才具有决定性的作用。

3. 批判性思维有利于国际化翻译教师的全面发展

批判性思维者的素质是保障批判性思维质量的重要因素。对于国际化翻译教师而言，专业素质是决定其职业生涯的关键因素。国际化翻译教师的专业素质主要包括翻译能力、相关文化知识、教学能力、教研能力、组织能力、管理能力、沟通能力等。教学理论学习与研究是国际化翻译教师专业素质提高的内在动力。国际化翻译教师如果具备必要的批判性思维能力，将会促使其从教育理论发展的大背景来考虑具体问题，拓宽其研究视野。因此，为了提升自身的批判性思维底气,国际化翻译教师要重视对翻译教学理论的学习与研究,同时还要重视对教学实践的体验和知识技能的积累。批判性思维将推动国际化翻译教师勇于革新,发挥其在翻译教育中的主体性作用,不断提升自身素质,最终实现自身的全面发展。

(三)翻译教师批判性思维能力的培养策略

国际化翻译教师为了不断提高自身的教学能力和学术能力,必须时刻注意培养自身的批判性思维能力。批判性思维能力的培养可以从以下几个方面入手:批判性精神、批判性思维技能、批判性思维模式。

1. 培养批判性精神

批判性精神是指有意识地进行批判的心理状态、意愿和倾向,强调独立自主、勤于思考、尊重他人、开放进取、勇于探索、不迷信权威等思想精神特质。

批判性思维发展提高的首要条件就是需要具备"质疑精神"。只有敢于质疑的人才能有更多思考。教师应将"思"这一重要环节加入翻译教学的过程中,借鉴相关问题探析并提出关键内容的关键部分,促使翻译教学进一步发展、逐步完善。

培养国际化翻译教师的批判性精神,有助于他们坚持正义和真理;有助于他们时刻保持积极向上,主动学习专业知识和教学理论,提升教学实践能力,不断提高自己的教学能力和理论水平;有助于在学生中建立教师威信,构建和谐稳定的教学环境。

培养国际化翻译教师的批判性精神,首先,要培养教师的怀疑精神。教师要敢于怀疑,敢于发现问题,敢于坚信真理。从哲学上来看,怀疑是人们认识事物的一种特殊方式。怀疑是在人们的实践活动中产生的。由于存在普遍适用性和时间适用性的问题,人们会对理论以及由理论指导的实践产生怀疑,发现理论的不合理性和缺陷,提出有创新性的观点和看法,因此,怀疑精神是培养批判性精神的前提和条件。其次,要培养教师的理性思维能力。即要求教师要勤于思考和分析,善于发现现象掩盖下的本质,思维具有逻辑性,提出的解决问题的方案具有可行性、计划性和先进性。再次,要培养教师的接受能力。即要求教师具有海纳百川的胸怀,摒弃自我中心主义,积极与人沟通,努力吸收各个方面的信息,特别是积极接受新事物,善于从新事物中发现新契机和新方向。从次,要培养教师的公正品质。即要求教师无论面临何种压力,都要尊重他人,换位思考,要从各个角度权衡自己的理念和信念。确保决策公正、价值公正和行动公正。最后,要培养教师的自信心,即要求教师要有自信,勇于承担责任,相信自己的选择能力、判断能力、决策能力和执行能力。

2. 培养批判性思维技能

批判性思维技能是指进行有效的批判思维活动所应具有的技能和策略，包括掌握中心观点，判断论据是否准确可靠，辨别推理是否科学，能否发现合理性或不合理性，等等。对于国际化翻译教师来讲，批判性思维是一种重要的提升专业知识、拓展实践知识、提高教学能力和科研能力的重要手段，可以有效克服教师的自我中心主义。

为了培养教师的批判性思维技能，首先，要培养教师的分析能力和综合能力。即要求教师能从各个角度和层面分解复杂事、物、知识、信息，从而使其更加具体可识别，更容易理解可实践，也要求教师能够从个别、具体、特殊的信息和知识中得出整体、本质，进行一般的抽象和概括，得出综合性的结论和成果。其次，要培养教师的评价能力。即要求教师能够评价信息、知识理论、实践等的科学性和价值，能够在论证过程中评价论据前提的准确性、论证过程的合理性、论证结果的可靠性和可推广性。再次，要培养教师的假设能力。即要求教师能够依据现有资料，通过归纳和演绎提出科学的假设，并能根据假设推测出可能的结论，同时还能够依据科学方法论证新假设，确保新假设的科学性和正确性。最后，要培养教师的自我控制和调节能力。即要求教师要对自己的论点或行为进行思考、调节和纠正。

3. 培养批判性思维模式

批判性思维是学习知识、筛选信息、分析思想、论证观点、提出问题和解决问题的一种思维模式，也是个人公正、平等认识自己和他人之间关系的一种思维模式。批判性思维模式将促使国际化翻译教师紧跟国际学术前沿，努力学习先进的专业知识和科学的教学方法，同时还能促进国际化翻译教师不断提升自身分析问题、解决问题的能力，提升自身的实践经验和实践能力。批判性思维模式对构建教师与领导、教师与教师、教师与学生之间的和谐关系，打造和谐教学环境具有重要的作用。因此，要培养教师的批判性思维模式，首先要促使教师理解掌握批判性思维理论。即要求教师通过理论自如地运用批判性思维工具，指导批判性思维模式。其次，要培养教师的探究能力。即要求教师要时刻具有探究真理的精神和勇气，从而解决教学中存在的诸多问题，提升自身的思想境界。最后，要培养教师开放性的工作方法。即要求教师要摆正工作态度，优化工作方法，虚心听取领导、同行、学生的反馈信息，避免因方法失当造成教学失败。

第八章 翻译教学的未来发展与策略

翻译教学是外语教学中必不可少的组成部分,然而目前翻译教学的现状不容乐观。生态翻译观不仅为翻译研究开辟了新视角,而且对翻译教学有深远的启示。为了进一步提高翻译教学质量,可以将生态翻译学作为指导思想,对翻译教学进行系统研究。本章分为生态哲学视角下的翻译教学展望、高校翻译教学的发展策略两节,主要内容包括生态哲学概述、生态视角下翻译教学的理论基础——生态翻译学、高校翻译教学的主要发展策略等。

第一节 生态哲学视角下的翻译教学展望

一、生态哲学概述

(一)生态哲学的缘起

1. 生态运动的兴起与发展

20世纪中叶,"八大公害事件"表明,环境污染严重损害公众的健康。它引发人们对环境问题的关注,并爆发了一场新的社会运动——生态运动。

生态运动从"地球日"运动开启。1969年4月22日,美国民主党参议员盖洛德·尼尔森(Gaylord Nelson)提议,在全国各校园内举办有关环境问题的讲习会。当时哈佛大学法学院学生丹尼森·海斯(Denison Hayes)提出了把这一提议变成在全美各地开展大规模社区性活动的构想,得到广大青年学生的热烈支持。丹尼森提议,以次年4月22日为"地球日",在全美开展环境保护活动。

1970年,首次"地球日"活动,美国各地2000万人参加。美国国会当天被迫休会,纽约市最繁华的曼哈顿第五大道不得行驶任何车辆,数十万群众集会、游行,呼吁创造一个清洁、简单、和平的生活环境。这是美国第二次世界大战以来规模最大的社会运动。它标志着美国环境保护运动的崛起。

从此,西方发达国家环境保护运动迅速发展。它与反对核试验和核战争的和平运动、生态女性主义运动等社会运动,相互配合、相互支持,成为轰轰烈烈的新兴社会运动。大多数生态运动采取的都是游行、静坐、示威等非暴力的形式。

"地球至上"生态抵制运动,是生态运动的另一种形式。它所主张的非暴力,是指对人和生命的非暴力。它提出"为保护生态而破坏",以及"以破坏阻挠破坏""破坏那些用于破坏自然界的机器和财产"。这被称为"激进环境运动",如破坏大型机械,以阻止在荒野地区筑路和砍伐森林,阻止建筑水坝、采油和开采矿藏;凿沉捕鲸船;等等。它的领导者说:"以破坏阻挠破坏是对破坏自然和荒野多样性的非暴力抵制行动。它不伤害人和其他生命,它的目标是那些无生命的财产和工具。它总是考虑把对人的威胁降到最低限度。"

生态运动极大地冲击了西方社会,具体表现如下。

①这是一场政治运动,它推动了社会关系的调整和变化。环境问题重新被提到政治高度,它进入国家和世界的政治结构,促进绿色政治和绿党崛起,特别是国家参与环境管理,设置环境保护的国家机构,行使管理环境的国家职能,这是有重大意义的。以往政府是在不考虑环境的情况下制定和实施决策的,大多数环境问题,来源于政府决策特别是经济政策的失误。政府的参与,有助于把环境保护纳入国家发展战略,制定有利于环境保护的决策和政策。

②它促使环境科学的产生以及科学发展生态化,推动了社会物质生产方式和生活方式的变革。

③它带动后现代文化的发展,如现代人类中心主义、生物中心主义、生态中心主义、生态女性主义等的发展。

美国"过程研究中心"主任科布(John B. Cobb)说:"生态运动是一种正在形成的后现代世界观的主要载体。"

总的来讲,生态问题和生态运动催生了生态哲学。在生态运动中,人们从哲学的角度进行反思:人类实践取得成功,但是出现生态危机;文化胜利了,但是自然失败了;人类的技术获得成功,但是这种以经济上的胜利表现的成功等于生态上的失败……为什么会产生这些极为矛盾的现象呢?

美国著名生态学家康芒纳(Barry Commoner)1974年在《封闭的循环》一书中指出:在人类成就的每一个例子上,新技术的应用都加剧了环境与经济利益之间的冲突。"新技术是一个经济上的胜利——但它也是一个生态学上的失败。"

而且，正是技术上的成功导致生态上的失败。为什么会这样？他说："如果现代技术在生态上的失败是因为它的既定目标上的成功的话，那么它的错误就在于其既定的目标上。"

汽车、化肥、农药、核导弹等，它们的技术是成功的。但是同时，水污染、烟雾、全球性的放射尘等，宣告着生态上的失败。显然，生态失败与现代技术有关，因为生态系统同汽车不一样，它们不能再划分成可以随意处置的几部分，而是一个有机的整体，正是我们的价值观以及处理方式制造了生态危机。

也就是说，我们的问题是由于人类活动违反了生态系统整体性观点，违反了生态规律的结果。自然不等于文化，许多自然事物不能现成地符合人的需要，人通过自己的实践改变自然使它适应自己的需要，引起了自然界变化，这是不可避免的。如果人类技术目标不恰当，其应用违反生态规律，必然带来生态灾难；如果按照生态规律办事，人类可以建设比自然生态系统有更高生产力的人工生态系统。

因此，虽然人类活动必然引起环境变化，这是不可避免的；但是破坏环境则不是不可避免的，这是我们就生态危机的哲学反思得出的主要结论。生态哲学起源于当代生态运动，根源于人们对生态危机的哲学反思。

2. 陷入浮士德式的困境

全球现代性社会经济的发展与人的迅速贬值，同时并存。全球经济增长所带来的环境污染，不可能真正提高人的生活质量，相反，人的生命安全受到了环境污染的严峻挑战。现代人陷入了浮士德式的困境。

（1）超越与执着的悖论

歌德创造的浮士德在灵魂深处寓于两种精神：一是不断超越自我，永不满足，超越自己的能力和极限，去完成所谓伟大的历史使命；二是用自己的血和魔鬼签订所谓契约，把灵魂出卖给魔鬼，以换取世间的权利、知识和享乐。这两种精神使人物性格充满矛盾，一个要"超越凡尘"，另一个"执着尘世"，代表了文艺复兴以来人类自我超越的迷茫和困境。人是安装了假肢的上帝，灵魂与肉体的分离，物质与精神的分离，意识与无意识的分离，语言与行为的分离，欲望与满足的分离，理想与现实的分离，生存环境与理想环境的分离，发展经济与保护环境的分离，使人的灵魂始终处在不和谐和不安宁的困境中。

浮士德的难题其实是人类共同的难题。人类在继承浮士德无限超越精神的同时，也继承了把灵魂出卖给魔鬼的行径。现代人其实陷入了一种浮士德式的怪圈，既无法逃脱，又难以选择。从"生产—赚钱"到"污染—损命"，现代人难以自拔。某种程度上，"在现代人的千年盛世说的背后，隐藏着自我无限精神的狂妄自大。"

这同西方现代性的世界观和人的无止境的欲望有关。西方消费主义运用了金钱和权力的杠杆，把人的欲望推向了极端，人的尊严、生命价值和自然界的一切价值都显得微不足道，资本主义的圈地运动把原本适于人居住的生存环境肆意践踏，"它对人，对劳动的浪费，却大大超过任何别的生产方式，它不仅浪费血和肉，而且也浪费神经和大脑"。人的迅速贬值，颠覆了古希腊智者普罗泰戈拉（Protagoras）提出的"人是万物的尺度"的观念。人类创造了现代性文明，签署了浮士德式的契约，开始了撒旦替代上帝统治世界的时代。虚无主义、消费主义、享乐主义、权力主义、拜金主义等拿走了人的灵魂，"实际上，贪欲、虚荣、淫欲等都是一种精神病，即使人们并没有把这些算作疾病"。

（2）现代性世界观的危机

西方现代性世界观在全球的传播已有几百年的历史，特别是启蒙运动的强大之光，"促进了人类的自由和解放，同时使一切知识朝着科学和理性的方向发展，理性成为社会的中轴"。

而西方现代性世界观的所谓"标准化的理性工具和商品消费社会"的机制与"人类追求自由解放"的精神，存在着难以调和的矛盾。一方面，由标准化的理性工具驾驭社会组织形态，把人驯服为理性工具和商品人格，由既定的社会商品消费模式，规范人的消费行为。另一方面，人的自由意志和狄奥尼索斯的精神，始终要冲破意识形态的语言之牢，而西方启蒙运动的自由之光被资本和理性工具主义扑灭，导致人异化为经济动物。由商品广告引导人的消费，不断膨胀人的欲望，具有拜物教的性质。如马克思所揭示的："劳动产品一旦表现为商品，就带上拜物教的性质，拜物教是同这种生产方式分不开的。"西方消费主义和功利主义及GNP的增长压倒了生态伦理、道德伦理和精神自由，人们难以跳出"浮士德式的困境"。

资本主义的现代性所推动的是社会的生产资料和生活资料转化为资本，使人民群众转化为雇佣工人或劳动贫民，因此，资本主义的现代性更多给人类带来的是苦难。如马克思所揭示的："要使资本主义生产方式的'永恒的自然规律'充分表现出来，要完成劳动者同劳动条件的分离过程，要在一极使社会的生产资料和生活资料转化为资本，在另一极使人民群众转化为雇佣工人，转化为自由的'劳动贫民'这一现代历史的杰作，就需要经受这种苦难。如果按照奥日埃的说法，货币'来到世间，在一边脸上带着天生的血斑'，那么，资本来到世间，从头到脚，每个毛孔都滴着血和肮脏的东西。"资本问世以来，人从此不再安宁，自然界由此遭到践踏。人的超越性表现出对自然资源无止境的掠夺性，其结果必然受到大自然的惩罚，这反映了西方现代性世界观的危机。

3. 生态学的发展

生态哲学，就其学术背景来看，它来源于生态学的发展。人类依赖自然界生活。这需要有关生态学知识。人的生态学知识是随着人对自然界的活动一起发展的。生态学的发展为生态哲学的产生作了积累知识的准备，并提供其基本的要素。

从生态走向生态学是人类发展史上一大进步。在人类历史长河中，生态学的形成与发展大致经历了三个时期——萌芽与积累期、创建与发展期、深化与创新期。生态学萌芽与积累期从17世纪初上溯到古代，在漫长的岁月中，人类积累和记载了大量关于植物形态与生态环境、动植物等生态现象与水土气候之间关系的知识，为生态学的创建作了知识上和思想上的准备。

从17世纪初到20世纪50年代是生态学的创建与发展期。这一时期经历了从个体生态观察研究向群体生态研究的过渡、再到生态系统研究的进步，一大批生态学家提出了许多有价值的生态学理论，创立了不少生态学分支学科。譬如，波义耳（Boyle）研究的低气压对动物影响的成果成为动物生态学的开端；雷米尔（Reaumur）根据气温和昆虫发育生理关系的研究成果创立了昆虫生态学；洪堡根据气候与地理因子的影响研究、植物分布规律以及群落的外貌与特征，成为近代植物地理学和植物群落学的创始人；达尔文（Darwin）发表的《物种起源》巨著，大大推动了生态学和进化论的发展；海克尔（Haeckel）率先把"生态学"界定为"是研究有机体与其周围环境之间相互关系的科学"，这个定义奠定了生态科学研究的基础，影响生态学的发展进程长达一百多年。继海克尔之后又产生一些有价值的概念，如莫比乌斯（Mobius）的"生物群落"概念，施罗特（Schroter）的"个体生态学"和"群体生态学"概念，约翰逊的"生态位"术语以及随后格里内尔（Grinell）对"生态位"的定义，埃尔顿（Elton）的"食物链"概念，坦斯利（Tansley）的"生态系统"概念，蒂内曼（Thienemann）的"生产者、消费者和分解者"关系理论，波格等人（Birge, et al.）的"能量收支"概念，林德曼（Lindemann）关于生态系统"能量流动"理论，等等。

从20世纪60年代至今是生态学深化与创新期。这一时期生态学的发展态势呈现出以下三个特点。

1. 生态理论不断发展与完善

1935年，英国生态学家坦斯利提出了生态学界迄今为止最具创造性的"生态系统"概念，明确了生态学的研究对象，使生态学研究走向系统化和整体化。20世纪50年代以后，生态学家广泛吸收了系统论、控制论、信息论的概念和方法，深入研究生态系统的结构和功能，生态系统中物质能量和信息的交换，生态系统的自我调节机制和抵抗干扰的能力，生态系统的发育和演化过程，使生态系统理论成为生态学以及相关学科最有价值的理论之一。围绕生态系统的理论，一些相关的概念诸如生态平衡、耗散结构、生态位以及生态系统整体性等相继出现，进而揭示了生态系统的发展规律与运行机制。

2. 研究重心的转移

现代生态学由中观水平向微观与宏观两个方向、两个深度拓展与延伸，催生了一批新的前沿研究学科。微观上，生态学与分子生物学、分子遗传学、生理学、微形态解剖学结合，借助高科技精密仪器观察细胞内部的结构变化。宏观上，生态学由研究个体、种群、群落、生态系统的中观范畴，向生物圈概念扩展。生物圈是指所有生物存在的地方（包括地圈和大气圈），是整个人类生命和其他所有生物存在的维持系统。生物圈是宇宙在几十亿年中进化出来的有机系统，它把地球外部物质环境、地球上的无机物和生物种群协调为一个自我平衡的和谐整体，这个整体在每一个层次上都有其特殊性和同一性，每一物种所具有的特性都是对生物圈中某一特殊环节适应的结果。每一生命形式的进化都对其他生命形式的进化以及生物圈系统功能的完善做出了自己的贡献。没有任何一个物种可以单独生存和发展，它们只能在大的合作背景下相互竞争和相互利用，在共同维护生命支持系统存在、促进生物圈稳定的前提下来实现自己的生存发展。

3. 交叉渗透力逐步增强

生态学原理作为指导世界环境问题的理论基础，已经成为生态学者的共识。生态学地位的提高激发了人们向生态学寻求解决问题途径的热情，促使生态学朝应用科学的方向发展。现代生态学既巧妙地糅合了宏观、中观、微观研究，又紧密地把生态学理论研究与应用研究联结在一起，与许多学科发生新的联结，产生新的生长点，派生了大量分支学科，为生态学发展带来了新的刺激，使之迅速成长为一门综合性很强的学科，成为当代门户林立的庞大科学群中最活跃的前沿学科之一。

生态学经历了向自然科学和社会人文学科交叉和渗透的发展过程，与自然科学的学科融合形成了许多生态化的自然边缘学科，诸如数学生态学、物理生态学、化学生态学、分子生态学、城市生态学、环境生态学、生态工程学等；与社会科学的学科融合形成了许多生态化的社会边缘学科，如生态经济学、行政生态学、企业生态学、品牌生态学、生态汉语学、教育生态学等。可见，生态学研究几乎涉及人类生活的方方面面，在生态保护、生态管理和生态建设的实践中发挥了重大作用，使人类社会实践符合自然生态规律，使人和自然和谐相处、协调发展，为人类谋求更大的利益。

生态问题引发生态运动，生态运动又极大地推动了生态学的发展，特别是生态学研究的重点从研究以生物为主体的生态转向研究以人为主体的生态，即从普通生态学发展到人类生态学。

人类生态学进行有关人、社会和自然相互作用的研究。这不仅表示生态学向后现代科学发展，运用所有最新科学技术成就，解决现代化发展的负面影响，即人类后现代社会面临的主要问题，如人口、资源、环境等当代全球性问题；而且表示生态学向哲学领域的扩展。它不仅筑起自然科学与社会科学的桥梁，进一步发展生态系统整体性观点，而且把价值概念引入生态学研究。在人与自然关系上，不能把自然界作为征服、战胜和统治的对象，而应是尊重的对象；不仅要开发利用自然，而且要保护和建设自然。因而，要摒弃人统治自然的价值观，树立人与自然和谐发展的价值观。这预示了哲学范式的转变。

科布指出："生态运动在帮助掌握科学思考和常识的现代世界观上具有重要意义。早期的各种反应主要起着限制和否定的作用，但总的来说还是接受了现代世界观。因而，生态学为后现代世界观提供了最基本的要素。"

也就是说，生态学的发展表明，不能用机械论的观点理解生命和世界。而且，生态学向人类生态学发展，这是生态学走向哲学。这是因为：①人类生态学已经不是纯自然科学，而是自然科学、技术科学与社会科学的结合；②传统科学不涉及自然界的价值，或否认自然界的价值，它认为科学是价值中立的；而人类生态学关注自然界的价值，认为人类活动是在自然界的价值的基础上创造文化价值，我们要保护自然界的价值；③传统科学以机械论的分析性思维为特征，强调科学分化；人类生态学以整体论有机思维为特征，强调科学整体化的发展；④传统科学依据二元论，强调主客对立，为人统治自然提供论证和途径；人类生态学，超越人与自然的主客对立，走向人与自然的和谐发展。这样，生态学就成了一种世界观。

（二）生态哲学的界定

生态哲学（ecological philosophy，eco-philosophy，philosophy of ecology）是一门相对独立的哲学学科。它本质上是一种理性的反思活动，是对思维的思维。它间接地面对生态学，以生态学的研究成果为基础，是借助哲学概念体系和思维方法，经理性的抽象和概括而建构的理论体系。生态哲学的研究对象包括一切生物体在内的周围事物及其存在的环境，本质上是生态环境或系统；其研究目标是，通过人与人态环境之间关系问题的理性思考，阐明人在生态系统中所处的地位、人生存的基础和条件、人对人态环境的认识和改造、人态环境对人的价值、人对人态环境的责任和义务，以及人生的价值和意义等隐藏于纷繁复杂的生态现象背后的哲学内涵。生态哲学在发展过程中已经形成了自身的理论体系，这个体系包括存在论、认识论、价值论、社会实践和社会生产生活方式五个层面的内容。

存在论是一种内在关系存在意义上的本体论，它强调人与自然本源性及本然性的有机联系。存在论认为，宇宙万物都是在自组织演化过程中产生和发展的，其中人是作为具有相对独立性、目的性和创造性的存在主体参与自然演化的进程，人的自然本性就是在"人—社会—自然"复合生态系统的自组织演化过程中生成和发展的，人和人类社会作为关系的产物，与自然万物存在着千丝万缕的生态关联。

认识论是关于人与自然、社会关系的认识。在这种关系体中，人是认识主体，人认识实践活动的对象是自然及其他事物。但人与自然并不是一种单向度的主客体关系，而是一种以自然为中介的"主体（人）—客体（自然）—主体（人）"的认识和价值关系。其中，主体与环境的关系是重要的变量。人作为认识活动的主体应当发挥能动性和创造性作用，主导人与自然、社会的关系。人的生存活动不能割断自身认识实践活动与其他生命的生存活动的有机联系。人应当承认在生态环境内不同存在物之间相互依存、相互作用的存在性关系，同时承认人对其他存在物负有责任和义务。

价值论是关于文化价值的取向，涉及价值主体、存在论、认识论等方面内容。价值论是连接文化观念和社会实践的中间环节，它直接关乎人类的世界观和认识世界的方式。近现代文化价值论建立在主客二分的认识论基础上，着重强调人自身的价值，而忽略自然万物的目的和价值，造成日益严重的生态环境危机。生态价值论认为，生命和生态系统都是潜在的价值主体，生态系统本身是一个存在和价值不可分离的系统,生态系统内部不同生命之间存在着相互依存、相互作用的价值关系,任何生命都是生态系统中有机的组成部分,在自组织演化过程中不断创生,具有不可或缺、不可替代的存在价值。

社会实践是指实践主体、实践对象、实践工具等要素。生态哲学认为,社会实践应遵循自组织演化规律,而不是传统的线性因果规律。自组织演化规律是一种复杂的非线性规律,它强调各要素之间的非线性相互作用,强调系统整体的自协调、自选择、自组织活动及规律。线性因果规律是立足实体关于事物之间内在联系和变化发展的认识,它过分强调存在的实体性,认识事物之间外在的线性的联系,而遮蔽了内在的有机联系,在实践活动中容易造成顾此失彼的整体失衡。

社会生产生活方式是指生活世界中现实存在的社会生产和生活方式。社会生产包括粗放型生产和生态生产两种形式。粗放型生产是一种高消耗、高成本、低产出、低效益的生产模式,它以破坏环境和牺牲自然生态平衡为代价,而生态生产是通过技术创新、制度创新和管理创新,节约资源,减少污染,实现生态效益、经济效益和社会效益的综合提高。生活方式可分为两种消费模式。传统生活方式是片面追求"消费享受型"的物质生活,这种生活方式如同传统的生产模式,消耗了大量的自然资源,给环境带来沉重的压力;生态化生活方式是文明、健康、科学的生活方式,是自觉追求物质生活和精神生活平衡发展的生活方式。

生态哲学反思人与自然关系和演化进程,是从面向生态环境危机的严峻现实、展望人类生存发展的文明前景等一系列活动中提升出来的哲学新形态。生态哲学向纵深领域发展过程中,一个重要的走向是探索生态化综合的道路。生态化综合是指宇宙自然科学方法、人类文化学方法、社会历史学方法、物种生态学方法的整合化,是指生态地和整体地看待世界和生命、看待人的存在和世界的存在,以整体和生态的存在的观点作为思想视野、思想境界、价值取向和行动原则。生态化综合是人类精神探索全面走向的新的综合,是一种思维、一种认知方法和一种思想方法。生态化综合思维方法有三大特点。

1. 探索存在之境的终极目标

生态化综合以世界所有生命存在为基础,以人类的世界性存在为起点,以世界和人的存在为整体,探索通向新的存在之境的目标。

2. 用整体、立体、动态的眼光看待生命和事物

生态化综合方法把自然世界看成一个活生生的生命整体,把人和人类的每一生存行为作为这个生命整体的自身运动,为人类的世界性存在提供了更加广阔的

生存视野，引导人类真正突破静止、单一、平面化的和为我主义的生存状态，追求开放性、多元化、立体化的生存创生。

3. *弘扬跨学科的研究方法*

生态化综合方法弘扬一种整体生态观和生态整体观，全力摒弃那些根深蒂固的、局部性的、学科性的、领域性的观念，消除那些陈旧的"科学"观念和"学科"意识，使之达成对世界与人、生命与自然、现实与历史之整体视域。

总之，生态哲学的方法论已经日益渗透到现代科学体系的各个层次和各个领域，为其他学科提供了一种全新的思维方式，架设了一座桥梁，跨越了自然科学和社会科学之间的鸿沟，为人们提供了观察分析复杂多变的社会、政治、经济、教育等现象的工具，帮助人们在更广泛的范围内进行科学的思考、判断和决策，在更大程度上推动科学的发展。

（三）当代生态哲学思潮的基本观念——可持续发展观

20世纪80年代以来，全球人口和财富激增，人类行为领域不断拓展，人与自然的矛盾更加突出，因此必须禁止那种不顾子孙后代而任意糟蹋自然资源的行为，建立一个可持续发展（sustainable development）的社会势在必行。

西方生态哲学对人与自然关系问题的思考，促进了可持续发展观的形成，丰富了生态哲学的研究内容。

1987年，以挪威首相布伦特兰（Gro H. Brundtland）为主席的联合国世界环境与发展委员会（WECD）发表了《我们共同的未来》（*Our Common Future*）的报告。联合国世界环境与发展委员会特别会议也称"布伦特兰委员会"（Brundtland Commission），提出"可持续发展观"，旨在保护环境的条件下既满足当代人的需求，又不损害后代人的需求为前瞻性的发展模式。可持续发展也称"永续发展"，其内涵是"既能满足我们现今的需求，又不损害子孙后代能满足他们的需求的发展模式"。

根据可持续发展观的考察，20世纪60年代，南美和非洲土地流失问题严重。一些发达国家在南美和非洲大量收购农地种植咖啡和甘蔗，由于土地开发过度，缺乏规划，令咖啡和糖期货在短时间内贬值。南美各国经济顿时崩溃，水土流失严重、滥用农药及过度消费行为持续扩大，令土地贫瘠，甚至沙漠化，引致饥荒。可持续发展观的提出，为人类敲响了警钟。可持续发展观强调，经济与社会的发展要符合地球生态系统的动态平衡法则。

可持续发展观包括三个要素和七个特征。

可持续发展观的三大要素包括：一是环境要素（environmental aspect），尽力减少对环境的损害；二是社会要素（social aspect），满足人类生存的基本需要，并非要人类回到原始社会；三是经济要素（economic aspect），扶植环保经济项目，避免损害环境资源。

可持续发展观的七个特征包括以下几方面。

①实现代际公正，指人类在世代更替过程中对利益的享有应保持公平，当代人在获取利益的同时，还要考虑到后代人的生存和发展需求，对后代人负责。

②实现代内公正，指当代人在利用自然资源、谋求自身利益和发展的过程中，要把大自然看成全人类共有的家园，平等地享有地球资源，共同承担维护地球的责任。即当代一部分人的发展不应损害另一部分人的利益。

③经济与社会的发展要符合地球生态系统的动态平衡的法则和资源可持续利用的原则。

④改变不合理的资源消耗式的消费模式。解决全球的贫穷问题，提高穷人的生活质量。

⑤根治地球环境恶化问题。

⑥在平等公正和尊重国家主权的前提下解决国际争端，以对话代替对抗。

⑦依靠科技进一步解决可持续发展中的问题，建立节约资源型、环境友好型的社会。

可持续发展观，针对全球人口增长、生态危机、能源危机、资源匮乏等人与自然关系的严重问题提出的对策，对于深刻认识地球生态系统的动态平衡法则，避免因发展经济而牺牲环境，正确处理人与自然的关系，具有重要的现实意义。

二、生态视角下翻译教学的理论基础——生态翻译学

生态学是研究有机体与其环境之间相互关系的科学。生态学理论通过刷新人们的思想观念，为社会科学研究提供了新视角，而且通过现象类比和概念移植等具体方法向众多学科渗透，产生了一系列新兴的交叉学科。生态翻译学就是近年来兴起的一种崭新的翻译研究范式。

所谓生态翻译学，可以理解为一种生态学途径的翻译研究，也可理解为生态哲学视角的翻译研究，是以生态整体主义为视角，以翻译生态系统为研究对象，探讨文本生态、翻译生态和"翻译群落"生态及其相互作用、相互关系的跨学科研究。为了更好地分析和预测生态哲学视角下的翻译教学发展，对生态翻译学的深入探讨成了必不可少的环节。

（一）生态翻译学的哲学基础

凡事只有上升到哲学高度，才有可能通达自然或万物的内部秘境，进而体悟宇宙生化变易的真谛。当人们对生态概念进行本体论化的审视与阐发之后，就可以发现，原来"生态"就是物的最基本的存在方式。中国哲学界对生态问题研究的主要贡献集中体现在以经典为依据来挖掘出古代生态思想资源。许多学者非常认真地梳理了儒、释、道、墨、管等古代思想，由此发现，中国古人的生态思想是非常丰富、璀璨的，为我们如今解决各个领域的生态问题提供了宝贵的精神遗产。当代西方知名学者卡普拉（Fritjof Capra）也曾明确谈道："依我看来，在诸多伟大的传统中，道家提供了最深刻的而且最完美的生态智慧。"大量《道德经》英译本的出现也从一个侧面佐证了这一点。

"中和思维"是中国古代哲学体系最为重要的思维方式之一，是指在观察分析和研究处理问题时不偏执、不过激的思维方法，注重事物发展过程中各种矛盾关系的和谐、协调、平衡状态。在中国古代，几乎所有的哲学家都把"中和"这种平衡、和谐、适中、适应等看作事物内在的最好也最理想的状态。

哲学家研究的对象是客观存在的世界秩序，提出"中和"思想，则是人们为了维持已经建立起来的世界秩序，并保持它的平衡或和谐的体现。"中和"思想的核心是平衡与和谐。

"中和思维"源于《周易》。"中和"一词，最早见于《礼记·中庸》。《中庸》中有言："中也者，天下之大本也；和也者，天下之达道也。致中和，天地位焉，万物育焉。"

在中国哲学中，"中"即中正、不偏不倚，是说明宇宙间阴阳平衡统一的根本规律以及做人的最高道德准则的重要哲学范畴；"和"即和谐、和洽，是说明天、地、人和谐的最佳状态以及人类所共同向往的社会理想境界的哲学范畴。

"中"与"和"的概念虽略有差别，但有密切联系，常常互为因果、并举并用。与"中和"相关的概念有中庸、中行、中道、时中、和调、和洽、平衡、平和等，这些都是中和思维的某种体现。

中和思维的基本特征是注重事物的均衡性、和谐性、互动性、行为的适度性和平正性。平衡和失衡是事物发展过程中的两种状态。所谓平衡就是指事物或现象不偏邪、不越位、不杂乱、不孤立，无过无不及，处在均势、适度、协调、统一的状态，也就是处于中和的状态；反之就是不平衡，就是背离中和状态。由此，我们不难看出，中国古代的"中和思维"所推崇的，从某种程度上来说，和生态翻译学所提倡的"平衡、和谐、适中、适应"具有一致性,我们可以将其视作生态翻译学的哲学基础之一。

中国古代可资借鉴的丰富的古代生态智慧远不止于上述的"中和思维"。备受孔子推崇的尧教导舜的"允执其中"(《论语·尧曰》),孟子明确提出的"万物皆备于我"(《孟子·尽心上》),韩非的"世异则事异,事异则备变"(《韩非子·五蠹》),刘禹锡所主张的"天人交相胜"思想(《天论》),戴震的"人也者,天地至盛之征也"(《原善》),王阳明提出的"天地万物而为一体"(《大学问》),以及近代严复的"物竞者,物争自存也;天择者,存其宜种也""动植如此,民人亦然"(《原强》)等观点都包含了古典形态的"自然""生命""生存""中庸""人本""尚和"等生态思想,成为孕育和形成生态翻译学的宝贵智慧源泉。这些早已引起了众多国际哲学家和思想家高度重视的原始典籍,成为中国译界学者提出生态翻译学理念的重要哲学基础。

"中庸之道"本是华夏儒家道德规范。中庸、平衡之道作为优化决策的方法论,不论是用于翻译操作过程,还是用于翻译理论研究,都是适宜的。且不说翻译过程中过分的直译或意译、过分的异化或归化、过度诠释或欠额诠释等都是不可取的,就是译论研究本身也不能走向极端。

人本思想是中国政治文化思想的滥觞。华夏文明中的儒家文化,在整体功能上强调的就是要争取和保持人与人、人与自然、人与身心的和谐。由于翻译理论的根本问题之一就是如何描述和解释译者在翻译过程中所扮演的角色,译者问题就是翻译研究中的一个永恒的话题;又由于生态翻译学研究的对象就是译者与翻译生态环境的相互关系问题,所以译者问题便成为生态翻译学研究的一个中心议题。在翻译研究中,以人为本思想的体现就是译者主导的理念。译者主导不仅主张译者是翻译的主体,回答了谁在译的问题;而且主张翻译过程是以译者为中心主导的,译者是翻译成功的根本因素。

美国知名学者成中英曾从方法学的视角在中国哲学和文化中归纳出三个方法论原理:整全性原理(principle of wholeness)、内在性原理(principle of internality)、生机性原理(principle of organicity),并认为三者合而观之,实可视为中国式思考理路的方法学范例。

中国古有"往古今来谓之宙,四方上下谓之宇"之说,认为宇宙是一个开放的、交融互摄、旁通统贯、有机联系的整体,是创进不息、常生常化的。中国传统文化的精髓之一就是整体性思维,它强调的是变化和不变的规律。这对于翻译生态系统来说,隐喻类比的启迪意义颇为明显。

综上，以"天人之合""道法自然""中行无咎""以人为本"为特点的中国古代生态智慧为中国译界学者所倡导的生态翻译学观念提供了朴素而深厚的哲学基础。

（二）生态翻译学的产生背景

1. 生态维度的学科发展

全球性的"返璞归真""回归自然"的大趋势，使得越来越多的人崇尚生态食品、生态家居、生态旅游，以及健康平衡的生态环境等。而随着生态学成为一种科学的思维方法，生态二字有了更深的含义和更广泛的群众基础。

生态建设、生态工程、生态恢复、生态文化、生态建筑、生态城市、生态林、生态政治、生态运动……"生态"几乎成了近年来国内外报刊媒体、政府文件乃至街谈巷议中出现频率最高的词汇之一。

在学术界，"环境主义已超越了科学、地理、社会科学的疆界而进入了'人文领域'"，人们正"努力地将对文化的关注转向更加广阔的生存环境"。在这样的发展趋势之下，具有生态学性质的各类学科研究如雨后春笋般地出现。

除了众多学科如生态批评学、生态美学、生态文艺学、生态政治学、生态哲学、生态图书馆学、生态马克思主义、生态城市学、生态社会经济学等学科之外，单是与翻译研究关系较为密切的语言学科的研究就有环境语言学、绿色语法、语言环境学与环境语言学、生态词汇学、语言与生态研究、语言习得生态学、语言演变生态学、语言多样性与生物多样性研究等。

既然包括语言学、文化学、文艺学等在内的人文社会科学研究都引入了生态学的理念，而且也都开展了相应的交叉学科或跨学科的研究，那么，作为具有很强跨学科性质的生态翻译学能否尝试进行相关研究呢？这种启示的"压力"和探索的欲望也成为生态翻译学初期开始研究时的一种"动力"。

2. 生态"术语"的翻译研究

（1）国内的相关研究

在国内，虽然没有大量的生态视角的翻译研究和论述，但近年来在谈及翻译理论、翻译质量以及翻译行业发展问题时，也不断有人借用"翻译生态"的术语。中国三峡出版社还出版了《翻译生态学》，尽管该书里关于生态学的研究内容罗列较多，而且作者本人也把"翻译生态学"归类为生态学的一个分支研究，但在一定程度上也说明了关注生态视角研究的学者在不断增多。

很多翻译学者在研究和描述中，都采用"喻指"或"实指"的方式，使用了典型的生态学意义上的"生态""环境""生存""适应"乃至"翻译的生态"等术语和概念，从一个侧面表明了运用"生态术语"的翻译研究，已被译界不少学者所接受。可以看出，上述这些研究，尽管还只是运用了生态学方面的相关术语，也还只是处于表层，但也为生态翻译学研究铺平了道路，为进一步的相关研究奠定了基础。

（2）国外的相关研究

国外在这方面的研究开始得较早，主要学者的研究结果如下所述。

① 1988年，彼得·纽马克（Peter Newmark）在翻译研究过程中将文化介入分为五大类，其中的第一大类就借用了"生态学"的翻译特征。

② 1999年，戴维·卡坦（David Katan）进一步明确和细化了翻译生态文化的分类，将气候、物理环境、政治环境、食品、所构建的环境、空间、服饰、嗅觉以及临时场景等纳入了翻译的"环境"之中。

③ 米歇尔·克罗尼恩（Michael Cronin）在《翻译与全球化》（*Translation and Globalization*）一书中提出要对语种"翻译的生态"（ecology of translation）的问题进行关注，呼吁在不同语种的翻译之间要保持"健康平衡"。

④ 乔治·斯坦纳（George Steiner）曾将翻译理论分成"普适"（universalist）理论和"局部"（relativist）理论两大类，并认为这种分法类似于整体环境适应与局部环境适应问题。

⑤ 安德烈·勒菲费尔（Andre Lefevere）与苏珊·巴斯奈特于1990年提出了著名的"文化转向"命题。

⑥ 罗森纳·沃伦（Rosanna Warren）提出，翻译是一种认知和生存模式。当把文学作品从一种语言移植到另一种语言的时候，它们必须像个人或民族的适应和成长那样才能生存下来。

⑦ 沃尔夫拉姆·威尔斯则把翻译过程视为两个高度复杂的阶段，具体如下。

第一个阶段是对"由环境决定的文本输入"的分析。第二个阶段是在复杂的回馈处理机制框架内对输入文本的操纵，而通常这种操纵行为是多层次的。他还呼吁译界对翻译决策过程的研究，应当对翻译任务的特征、客户的需求、翻译者及其决策能力等各种环境因素集中关注。

3. 译论研究的局限与缺失

从生态翻译学的视角来看，目前译学研究中的局限和缺失大致上体现在以下几个方面。

（1）生态视角翻译学的系统研究不足

国内外学者运用自然生态的术语或概念描述翻译活动的持续性研究，不仅表明翻译界对生态类比的翻译研究已有一定的共识，而且为进一步的系统研究奠定了基础。然而，从总体上看，现有研究的不足和欠缺颇为明显，具体表现如下。

①散而不专，从生态视角考察翻译的研究迄今还只有"散论"或"偏论"，系统的生态视角的翻译学专题研究尚很少。

②"引"而未"发"，一些研究还只是停留在引用生态学相关术语表达的阶段，尚没有依据生态学的基本内涵对翻译活动给予系统的、深入一致的描述和阐释。

③狭隘单一，尚缺乏多维度的、对更多的问题做出更多的诠释和概括。

④未成体系，尚没有将翻译活动作为翻译生态的整体而做出系统的探讨和描述，因而学术影响力不大。

⑤一些研究还只是就事论事，没有将相关研究放在全球性的生态趋势和学术思潮的时代背景下综观考察和研究。

因此，在总体的翻译学研究中，从生态学视角系统探讨翻译学的专题研究稍显不足。而翻译研究中"生态维度"的缺失和系统研究的不足，不能不说是一种缺憾。

（2）"文化转向"研究中若干议题的忽视

就译学发展而言，研究视野的"文化转向"具有里程碑的意义。然而，"文化转向"的翻译研究中也或有某些局限和盲点。文化转向"过于强调文本背后的文化渊源，'文化'好像无所不包，很容易模糊翻译研究与文化研究的分野"；"在抽象的理论论述之后，它（文化视角的翻译研究）没有提供具体的翻译模式、翻译方法和技巧，对翻译过程的探索也是微乎其微的，其理论基础薄弱和推论环节缺位"。

目前，文化研究与翻译研究的结合还有很多内容未被涉足，深度也有待于加强。譬如，尽管"译者生存境遇和译者能力发展"对翻译学研究举足轻重，但对之系统研究并不是"文化转向"的中心议题；尽管"翻译生态系统内部的结构及其之间的相互关系"对翻译学研究至关重要，但对之系统研究并不是"文化转向"的关注焦点；尽管"翻译发展与人类认知演变"对翻译学研究不可或缺，但对之系统研究并不是"文化转向"的重点取向；尽管"翻译生态系统的整体性研究和协调性研究"对翻译学研究势在必行，但对之系统研究并不是一般意义上"文化转向"的主攻目标；等等。

可以说，大至宇宙生态圈，小至译者生存生态，都不是"文化"一词所能一言蔽之的。用狭义上的"文化"去解读生态学视角的翻译生态环境也不免失之"牵强"。

另外，文化视角的翻译研究主要探讨的是翻译中的文化现象以及文化现象对翻译的影响，它既是一种具体的文化层面的翻译研究，也是一种具体的翻译层面的文化研究。相比较而言，生态学是"元科学"，生态取向是一种综合学科取向。生态视角的翻译研究则是生态理性观照下的翻译研究，或者说是运用生态哲学进行的翻译研究（如整体平衡原理、共生共存法则、多样统一规律等），它是一种具有哲学意义上的和方法论意义上的翻译研究。

文化视角的翻译研究是翻译中的文化学研究；但生态视角的翻译研究则不是翻译中的生态学研究，而是从生态视角对翻译现象进行重新阐释，是对翻译生态整体和翻译理论本体给以新的描述和解读，使生态翻译研究具有生态理性。

可以看出，就翻译研究而言，前者的文化视角和后者的生态视角应该是不在一个层面上的。从这个意义上我们也可以说，文化视角的翻译研究较多地呈现出"社会现象的""文化现象的"特征，因而为翻译研究所提供的"哲学意义"上的提升和"方法论意义"上的观照显然有一定的局限性。

（3）跨学科整合研究中"龙头"学科的未定

除上述之外，近年来虽然已有不少学者论及翻译研究的综合性、多学科性和跨学科性，其中不乏洞见，但遗憾的是，有的只是一般性地提出问题或认识议论，有的将几种相关内容糅合变成另一种或几种并列的模式，有的基本上停留在类型学的描述、拆解和重构上，而没有深入探讨相关学科内在的逻辑联系及其整合基础等。这样一来，如果仍然只是停留在某单一学科内"自转"或只是诸多相关学科的累加，"从各门学科各自为政地进行探索，往往影响总体研究的成效"，那么，即使声称是对翻译学研究的整合，但因缺少"龙头"学科，缺少相关学科公共的基础和一致的归宿，也难以真正地达到综观整合。译论研究的繁荣与困惑，促使人们从现有研究中相对薄弱或有所忽视的方面开展研究，特别是努力探寻与翻译学密切相关学科的公共基础和一致归宿。

总之，在全球性生态思潮的影响之下，由于受到相关领域学科发展的激励，以及译学界"生态取向"翻译研究的促进，再加上现有译学理论的局限与缺失所产生的"使命感"的驱使，因而生态翻译学研究便在这样的国际、国内，以及研究者个人思想基础的背景之下应运而生。

4.全球视野的生态思潮

纵观学术研究的历史,不难发现,任何一种理念的提出,都有其深刻的时代背景和社会思潮。而生态翻译学的发生与发展,也是顺应了时代、社会和学术的发展方向。

(1)经济社会转型在译学研究方面的一种反应

人类社会自 20 世纪 60 年代开始逐步关注生态文明。1972 年,联合国《人类环境宣言》发布;1987 年,《我们共同的未来》发布。而在饱受自然灾害之苦后,我国也在 20 世纪 70 年代开始重视生态环境问题。此后提出了可持续发展方针与科学发展观等。

随着经济和社会的发展,在全球可持续发展的大趋势之中,"生态"维度被引入包括翻译学在内的不同研究领域。

(2)现代思想与哲学转型的必然结果

由人类中心到生态整体、由主客二分到主体间性是 20 世纪以来思想与哲学领域发生的转型,具体表现在以下方面。

①"中心也就并非中心"观点的提出。法国哲学家雅克·德里达(Jacques Derrida)于 1967 年提出了"中心"既可在结构之内又可在结构之外的观点,也被称为"中心也就并非中心"的观点。

②"深层生态学"(Deep Ecology)理论的提出。这一理论由挪威知名生态哲学家阿恩·纳斯(Arne Naess)于 1973 年提出,他将生态学发展到哲学与伦理学领域,并提出生态自我、生态平等与生态共生等重要的生态哲学理念。

③"生态存在"理念的提出。这一理论由美国生态哲学家戴维·格里芬(David Griffin)于 1995 年提出,这也表明了生态存在论哲学非正式问世。

以上哲学的发展表明,当代哲学面对的是从认识论到存在论、从人类中心到生态整体的转向。而在这种转向中,翻译研究者实现了"翻译生态"视角和思路的延展,进而催生了生态翻译学的研究路径。

从上述生态翻译学发生和发展的背景不难看出,这是一种社会需要、一种文化需要、一种学术需要,也是翻译学研究视野进一步拓展的一种必然。总之,在全球性生态思潮的影响之下,生态翻译学研究应运而生。

(三)生态翻译学的基本概念

生态翻译学站在生态学的角度,从一个崭新的层面阐释了翻译活动。它着眼于翻译生态系统的整体性,以生态翻译学的叙事方式,对翻译的本质、过程、标准、原则、方法以及翻译现象等做出了新的描述和解读。由此，翻译活动有了一个全新的理论指导。

社会的发展、学术的发展等，都与生态翻译学的前进方向息息相关。几百年来，人类从工业文明逐步走向人、自然与社会和谐发展的生态文明，生态翻译学恰恰反映了文明的进步。基于翻译适应选择论，在达尔文的生态进化论的启发下，生态翻译学探讨了在整个翻译生态系统中，处于中心地位的译者的适应行为和选择行为的关系和变化规律，从适应与选择这一新的视角重新解释了翻译活动。生态翻译学对于翻译的定义如下："翻译是'译者适应翻译生态环境的选择活动'。"这明确体现了"译者中心"这一理念。

1. 生态翻译学提出了"适应"和"选择"的理念

该理论指出，翻译的生态环境包括翻译生态和翻译环境，而译者应根据翻译的生态环境，以达尔文的自然进化论作为理论指导，对译文进行定向选择。

翻译生态指的是翻译产业中的各项环节，包括原文作者、译者、读者、翻译发起人、赞助人、出版商、编辑、营销者、译评人、疑问审查者和版权人，他们都是翻译生态中缺一不可的要素，相互制约而又相依而存，共荣共生。

在这个生态环境中要取得成功，译者首先要适应翻译环境，并与翻译生态中的各个主体和谐共生。否则，没有了翻译生态中各个主体的合作，翻译活动不会顺利有序地进行。

翻译环境主要包括自然环境、经济环境和社会文化环境等，翻译身处其中成为不可或缺的一个单元，因此译者都需要适应相应环境，与其融合成一体。

翻译生态与翻译环境和谐共生，是不可分割的一个整体，需要译者适应其动态性、层次性以及个体性等特性，根据文本翻译所处的生态环境，进行相应的翻译策略和译文选择，才能够进行有效成功的翻译，达到预期的翻译效果和目的。

翻译已然不仅是把处于不同语言文化背景的作品从一种语言过渡到另一种语言，而且是从一个更高的基点上反映出源自不同文化背景下各种思想意识形态的碰撞。从一个新的意识形态的角度讨论译者的翻译活动，扩大了翻译研究的范围，从以前"纯粹的文本翻译的研究"跳跃到"在一个宏观的文化背景下更深入地开展对于翻译活动的研究"，能使读者意识到翻译理念中所蕴含的各种翻译思维和精髓。

生态翻译学从"适应"和"选择"的视角，系统探讨了翻译活动中译者的适应与选择的问题,即译者在翻译过程中,既要从语言维、文化维层面去理解原文的意思及文化内涵,又要从交际维层面正确领会原作者的主观意图及对读者产生的客观效果;不仅要从语言与文化的层面去完成译文,而且要从交际层面评估译文的读者反应。

因此,在评估一部翻译作品时,我们不应该被平时所了解到的范式翻译理念所束缚,而应该在参照其历史因素的基础上深入调查其成因,从生态视角综观翻译的研究范式,这样才能使外语翻译变得更加多样化、合理化,使越来越多的学者对翻译产生兴趣。

2. 生态翻译学认可语言的多样性,也认可各种语言在表达作用上的通性

在认可语言是共性的、可译的情况下,生态翻译要求平等地对待世界各国各民族的文化,以确保世界语言文化的多样性,反对单一语言的强势,反对语言的生态失衡。生态翻译就是要保持语言地位及文化交流的平衡。在不同文化群体之间进行无障碍交流,减少语言转换中的误差是"功能对等"理论和生态翻译理论的共同目的。

生态翻译理论力求在源语、译本和目标语之间达成和谐一致,构建和谐统一的生态翻译环境,从而体现出语言功能和谐统一的生态翻译思想。源语、译本和目标语之间的和谐统一就是要求译者在翻译过程中不仅要达到语言形式层面的和谐,而且要达到语言内部功能的和谐。在方法上,生态翻译语言要完成适应性转换,即译者在翻译过程中对语言形式的适应性选择转换。这是基于尽管不同文化下的语言形式各具特色,但语言功能都是同等或类似的,具有的表达力也是相同的。

3. 译者并非唯一主体

在生态翻译学当中,译者的主体地位得到了保证,但并未忽视翻译活动中其他因素的作用,对翻译活动各部分有一个新的全面的评价,减少了译者在翻译过程中的主体性,强化了其他翻译生态因素的地位。

该理论缩小了译者的主体作用的范围。译者只有在与原文作者、文本以及译文读者之间进行有效对话之后,才能在一个合适的框架内,在尊重原文的生态结构的基础之上,进行再创作与发挥,进行成功的翻译活动。

生态翻译学也对译者的角色进行了重新定位。该理论并未否认译者在翻译活动中占主体地位,但认为译者并不是唯一主体,而且这一点是十分确定的。在任何活动过程中,都不会仅有一个中心或一个主体,都是各个中心和各个主体互相合作、共同作用完成某一活动,当然,翻译活动也不例外。在这个过程中,翻译

的生态环境影响了译者的选择与态度，而译者的选择与态度又决定了翻译生态的和谐程度。

因此，译者只有充分了解了文本的生态环境与结构，才能正确选择翻译策略，译出适应翻译生态环境的译文。由此可见，翻译主体的唯一性的消解，并不代表我们不再把译者作为主体，生态翻译学对过去的译者中心的理论是一种补充扩展，对于该方面的理论发展有重要作用。

译者翻译的最终目的是希望其作品能够在不同的文化土壤中生根发芽。因此，翻译人员在翻译创作中，需要搭建一个合适的生态环境来适应从一种语言过渡到另一种语言的翻译作品，否则就丧失了翻译的意义。译者需要全方位考虑到各种语言、文化、政治、社会等多方因素，同时还要把这些因素有机地结合起来，不断进行取舍或适应，目的是为其翻译作品创造一个良好的生存平台。

（四）生态翻译学的研究对象、内容与方法

1. 生态翻译学的研究对象

（1）生态翻译环境

一般情况下，翻译环境和翻译生态是以一个整体存在的。在特定的生态环境中，译者无时无刻不在起作用，但是译者也受其他翻译主体的制约。译入语文化规范和社会政治权力对译文有所牵制。翻译生态环境对所有翻译主体来说都不可改变、逾越，属于一个统一体。例如，单单只是追求个人利益，对严格审校制度不在意、眼光局限、借他人之手改写他人文章和抄袭名著名译等，这些行为都会颠覆翻译生态环境的序列与翻译环境的秩序，与翻译伦理相违背，破坏了翻译生态环境的整体要求。

宏观、中观和微观是翻译生态环境的三个层次。一般情况下，翻译研究中的环境主要是宏观的"大环境"，或是一般环境。从宏观角度看，不同国家有不同的语言政策和社会政治制度，不同的语言群体有不同的翻译政策。从中观角度看，即使是同一个国家，在翻译生态环境中，文学翻译和应用方面也不完全相同。从微观角度来看，翻译研究的是自身的内部结构，如批评、理论、应用与历史等。而不同个体的翻译生态环境又有很大的不同。源语、原文和译语系统是译文生存状态，是翻译生态环境的要素，同时也体现了译者的生存状态。

生态翻译学的关键术语是翻译生态环境。这主要是由于在早期生态翻译学的研究中，译者对文本通过翻译描述进行移植而进行了选择活动。选择活动的目的是适应翻译生态环境，翻译的过程可以被理解为译者的适应与选择。因此，源语、

译语、原文所展现的"世界",即社会、语言、文化、交际,还包括读者、作者、委托者等相互关联协作的整体,这指的是"翻译生态环境"。

(2)文本生态

文本的生命状态和文本的生态环境是文本生态。在语言的生态翻译中,原始语言和目标语言是两个文本生态系统。生态系统的原始文本包含文化生态学、语言生态学、社会生态学等原始系统;译语的文本生态系统中包含译语系统里的文化生态、语言生态、交际生态等。

(3)译者生态

翻译的各个生态系统之间一定要彼此相互关照,进而有效地相互帮助、相互促进。以译者为代表的"翻译群落"是个整体,翻译生态系统不仅具有关联、平衡、整体动态性,同时生态翻译学也研究重视"人"的因素,重视译者的优势和特点。

译者在"翻译群落"生态系统中有义务管理好各种关系,承担起实现生态理性的责任,履行维护生态和谐、保持生态平衡的义务。或者是说,译者可以通过对翻译群落、文本和翻译生态环境等外在因素承担责任,从生态理性的视角和生态整体主义检测自己和"他者"之间的关系,这样可以在翻译活动之中融入一种更大的责任意识。

(4)"三生"主题

翻译生态、文本生态和译者生态是"三生"的含义,讲的是以"生"字为线索展开研究和论证阐述,表明"生"是生态翻译学发展之基石。

生态翻译学是翻译适应选择论的继续和深化,"译者为主导""译者为中心"不是翻译适应选择论所选择的翻译中心。

所谓"三者",顾名思义,讲的是"译境""译本""译者"三者之间的关系问题,它以"关系"为线索展开研究和论证阐述,表明生态翻译学是探讨此三者关系的"关系学"。尽管立论线索不同、观察视角各异、研究指向有别,但上述"三生"和"三者"都基于"译境""译本"和"译者",而这些是相通的,都是生态翻译学的核心内容和研究对象。

2.生态翻译学的研究内容

生态学是奠基于整体主义的科学,其研究方法强调相互关联、相互作用的整体性。以生态学的整体观为方法论而进行整体性研究是生态翻译学的主要思想之一,对翻译生态系统的综合性论证与整合性研究是研究的重要内容。

生态学的整体观是一种有机整体论思维,具有整体性、有机性、关系性和过程性等特征。其整体性思维体现在以下方面。

①它否定整体功能等于各部分功能之和的简单机械观念，认为系统是由内在各要素之间非线性的复杂相互作用构成的有机整体，具有自身特质。

②在整体与部分的关系上，生态整体观认为部分的性质是由整体决定的，因而整体是决定性方面。其所走的路线主要是由整体到局部的认识思维路线。相对于主客二分的主体性思维，生态整体论则是一种主客一体的整体性思维；相对于实体性思维，生态整体论则是一种关系性、过程性思维。生态整体论是将整体看作由系统内部不同要素相互关联构成的有机整体，将整体理解为自组织演化的动态过程，反对将整体看作静止不变的存在。任何事物的存在都是在一定生态环境中的存在，其产生、性质、存在状态、发展趋势，都是在环境系统自组织演化的过程中产生、形成、发展的。不同系统之间、不同层次的系统之间存在着广泛的非线性复杂相互作用。

生态系统是指在一定空间内生物与环境构成的自然、开放的生态学基本单位。在这个单位中，生物与其非生物环境相互竞争、相互作用、相互依存，形成健康有序的统一整体状态。

从生态学视角出发对翻译活动进行系统综合研究的生态翻译学认为，翻译生态与自然生态之间的类似性和系统特征方面的同构性是显而易见的。参照类比生态系统术语和概念，生态翻译学界定了翻译生态系统概念，即翻译生态系统是指由特定空间内翻译链中各元素组成的具有一定结构和功能的翻译生态学单位，系统内部之间和各系统之间的双向互动联系、动态平衡、相互适应、互利共生等。这些既表明自然生态与翻译生态之间有相似的规律可循，反过来也提示我们，适用于自然生态系统的某些规律也可能同样适用于翻译生态系统。

不论自然生态系统还是翻译生态系统，一般都具有互动性、适应性、平衡性、整效性等基本特征。作为整体的翻译生态系统，其中的大多数元素形成了互利共存共生的关系，构成了一种互动共进、平衡稳定、富有活力的和谐整体。由于翻译生态系统是一个和谐统一的整体，这个系统中的每一个小系统里也应当是和谐统一的。从系统的整体出发，翻译生态学着眼于整体与局部之间、部分与部分之间、整体与外部环境之间的相互联系、相互作用、相互制约关系，力求综合、精确地研究对象，在处理问题时找到更有效的途径。

生态学认为，任何一个生态系统都是多个要素组合而成的系统整体。系统整体性主要有以下三个论点。

①整体大于各部分之和。当要素按照一定规律组织起来且具有综合性的功能

时，各要素在相互联系、相互制约、相互作用下出现了不同的性质、功能和运动规律，尤其是涌现出新质（emergent properties），这是各要素独立存在时所没有的。

②一旦形成了系统，各要素不能再分解成独立的要素存在。如果要硬性分开的话，分解出去的要素就不再具有系统整体性的特点和功能。

③各要素的性质和行为对系统的整体性是有作用的，这种作用是在各要素的相互作用过程中表现出来的。各要素是整体性的基础，系统整体如果失去其中一些关键性要素，也难以成为完整的形态而发挥作用。

生态翻译学也对这种系统整体性效应有类似的阐述：翻译是一个整合一体、和谐统一的系统。由于系统内各个组成成分之间相互作用的结果，使系统成为一个统一的整体，并且这个整体所表现出来的功能不等于各个组成成分功能的简单相加，而是大于各个组成成分功能之和。这种"牵一发而动全身"的特征，可以充分说明，一种生态行为的产生会受到全局性的多因素影响，这都是整体效应的体现。

鉴于生态翻译学认识到翻译是一个复杂的生态系统，翻译生态与自然生态具有相似性和同构性，且生态学是奠基于"整体主义"的科学，其研究方法强调相互作用的整体性，那么，对翻译生态系统的综合性论证与整合性研究就应该是研究的重要内容。所以，尝试借助生态整体观和系统观审视翻译现象，也许能让我们看出许多以前被忽视或没能发现的问题，提高对翻译现象的解释力。将此视角延伸到翻译教学领域，也能对一些传统教学理念带来新的启示。

3.生态翻译学的研究方法

（1）矛盾法

矛盾法则告诉我们，矛盾的共性具有普遍意义，但矛盾的共性又包含于矛盾的个性之中。作为一个整体性的研究，生态翻译学相较于普通翻译学，是一种"特殊性的"和"个性的"探究。因此，从方法论的角度来看，可以说，凡是适用于一般翻译研究的常规的、通用的、共性的方法，对于生态翻译学这一"个性的"或"特殊性的"研究而言都是适合的。与此同时，在一定程度上，生态翻译学与以往的翻译研究有很大的不同，有其独特的翻译研究方法，这充分展现出生态翻译学的"个性"和特色。

（2）相似类比

"相似类比"是生态翻译学研究的重要方法之一。采取相似类比方法，在某种程度上具有实施性，主要表现为一定程度上翻译生态和自然生态以及它们之间存在的联系、类似和同构。研究表明，在很多层面上自然生态和翻译生态有很强的类似性。

①生态学强调生态环境与生物体相互影响、相互作用,而翻译生态也是如此。②生物与生物之间、生物与生存环境之间在自然界中彼此相互作用进而达到生态平衡,翻译生态也是如此。③在不同种类的两个个体之间存在互利共生,这是一种生物间的互惠互助关系。在自然生态中,人类有目的、有意识的活动能够对生态关系或多或少地起到改造、促进、抑制和重建的作用。在翻译生态中,相同的"翻译群落"的有目的、有意识的活动也能够对翻译生态环境起到改造、促进、抑制和重建的作用。④相似的适用原则在两个生态体系中存在。⑤类似的现象和运作方式在两个生态体系都存在。

(3)概念移植

既然"相似类比"的方法在生态翻译学研究中运用是有根据的、可行的,那么,"概念移植"作为生态翻译学研究的另一个重要研究方法,也就顺理成章了。这里所说的生态概念移植,包括多个层面,既可以是生态原理的移植,又可以是生态术语的移植等。但这些不同层面的移植,本质上又都是一种生态概念的移植。

"整体思维"的哲学理念必然会作为方法论反映在中国学者的研究行为之中。只要是从生态理性、生态系统的角度重新审视翻译,那就一定要思考系统的平衡协调、关联互动与整体和谐,否则便不是生态视角的翻译研究了。

(五)生态翻译学的伦理原则

翻译作为一种跨语言、跨文化的"以译者为主体的制度化的社会行为",与伦理有着不可分割的联系。随着当代译学的发展和翻译研究的深入,翻译伦理越来越受到学者们的关注。

在参照现有研究,特别是基于翻译实际并针对生态翻译学的研究对象和主体内容的基础上,笔者提出生态翻译学的翻译伦理观所涉及的几个基本原则。

1."多维整合"原则

"多维整合"原则,主要指评判译文的标准,不再只是忠实于"原文",也不再只是迎合"读者",而是要在保持文本生态的基础上,为实现译文能在新的语言、文化、交际生态中"生存"和"长存"所追求的译文整合适应选择度。

所谓"整合适应选择度",是指译者产生译文时,在语言维、文化维、交际维等多维度的"选择性适应"并继而照顾到其他翻译生态环境因素的"适应性选择"程度的总和。在一般情况下,如果某译文的"选择性适应"和"适应性选择"的程度越高,那么,它的"整合适应选择度"也就越高;相对而言,最佳翻译就是"整合适应选择度"最高的翻译。

生态翻译学的翻译方法简括为"多维转换"，具体落实到语言维、文化维、交际维的"三维"转换，也是依理而出，以实为据。

①从理论角度来看，语言学、文化学、交际学的翻译途径是基于翻译实际的系统研究，而语言、文化、交际也一直是翻译理论家们关注的焦点。例如，从功能语言学角度来看，语言维关注的是翻译的文本语言表达，文化维关注的是翻译的语境效果，交际维关注的是翻译的人际意图，这就与韩礼德（Halliday）的意念功能（ideational）、人际功能（interpersonal）、语篇功能（textual）以及语场、语旨、语式等语域理论有着相当程度的关联和通融。

②从实践角度来看，语言、文化、交际一直是翻译界普遍认同的要点，是翻译过程中通常需要重点转换的视角；译者也往往是依照语言、文化、交际不同阶段或不同顺序做出适应性的选择转换。

③从逻辑角度来看，翻译是语言的转换，语言是文化的载体，文化又是交际的积淀，因而语言、文化、交际有着内在的、符合逻辑的关联，这也体现了翻译转换的基本内容。

④从保持"文本生态"的角度来看，译者通过"选择性适应"和"适应性选择"，既要有责任尽量保持并转换原文的语言生态、文化生态和交际生态；同时，译者通过"选择性适应"和"适应性选择"，又要有责任尽量使转换过来的语言生态、文化生态和交际生态能够在译入语的翻译生态环境中"生存"和"长存"。而保持原文和译文的语言生态、文化生态和交际生态的协调平衡，这些又都与翻译操作方法中的"三维转换"相对应，从而最终实现原文和译文在语言、文化、交际生态中的"平衡"与"和谐"。

鉴于翻译生态环境的种种因素对译文的形成都会不同程度地起到作用、产生影响，因此，如果这些因素在译文评定的标准和做法中未能体现、缺乏显示、未予整合，那就应当看作一种不足，因为这样既不符合翻译的实际，也有失评判的公允。正因为如此，"多维整合"伦理原则提出，对译文的评判标准和具体做法来说，从理论上和整体上予以关注，使之赋予道义和伦理责任。

2."多元共生"原则

"多元共生"原则主要指译论研究的多元和不同译本的共生。根据生态学原理，共生性是生物存在的一种基本状态，即生物间相互依存、共同发展的状态。如同自然生态中的生物多样性和生物共生性一样，多样性和共生性体现了各个事物个性的千差万别而又共生共存。同样的，以生态整体论和生态理性为指导的生态翻译学，倡导翻译理论研究的多元化和不同译本的共生共存。而且，翻译理论研究的多元化和不同译本的共生共存应该成为翻译学发展的一种常态。同时，多元的翻译理论和不同的翻译文本在翻译生态环境中会遵循"适者生存""优胜劣汰"的自然法则，不断进化发展。

一方面，译论研究就是一种学术研究，而学术研究就要讲求"同而且异"。中国早就有"天下同归而殊途，一致而百虑"（《周易·系辞》），"君子以同而异"（《睽卦·象传》）的古训。因此，译论研究讲求多元，既符合翻译理论研究的现实，又符合华夏学术伦理的传统。美国学者劳伦斯·韦努蒂也提出过"存异伦理"的概念，并认为"异化"是道德的，差异是对文化他者的"尊重"。

可以说，译论研究"多元"的伦理，体现了对翻译理论研究者"构建权"的尊重。

另一方面，文本生态、翻译生态、"翻译群落"生态的生态环境是动态的、变化的。因此，为了适应不同层次翻译生态环境的种种变化，或者为了保持文本生态、翻译生态、"翻译群落"生态的平衡与协调，翻译活动中不同翻译文本的共生共存是翻译活动中的"自然现象"，是翻译行为的一种常态。

在这方面,不同翻译文本共生共存的生态翻译伦理原则印证了这样一个事实:"适者生存""汰弱留强"的自然法则在人文研究领域里与在自然界里的情形是不完全相同的。自然界里的物种（动物和植物）适应自然环境、接受"自然选择"的"淘汰"是绝对的，是生物物种意义上的"绝迹""消失""灭绝"。例如，恐龙的灭绝、南极狼的绝迹、种子蕨的消失等。然而，翻译界里译者/译品适应翻译生态环境、接受翻译生态环境选择的"淘汰"则是相对的，是人类行为意义上的"失意""落选""舍去""取代""未中""失落"等。这就是说，翻译活动中译者/译品的所谓"适"或"不适"、"强"或"弱"，都不是绝对的，而是相对的。同时，不同的译本、不同的译文，由于它们适应了不同的翻译目的、不同的读者对象，因而又有可能共生共存。这里的"汰弱留强"和"共生共存"都是符合生态学的基本原理的。

可以说，翻译文本的"共生"伦理，体现了对译者、对不同译本共生共存的"翻译权"的尊重。

（六）生态翻译学的发展走向

1. 交叉融汇的学术追求

不论哪个研究领域，研究者们都致力追求"古今贯通""中西合璧"的目标和境界，这无疑也是生态翻译学研究的学术追求。事实上，在翻译适应选择论基础上发展的生态翻译学,一直力求和坚持具有"古今贯通""中西合璧"的理论特征,致力于使之显现为"文化转向"之后翻译学研究的一个新的研究范式。

(1)"古今贯通"的学术追求

生态翻译学的产生和发展不是孤立的,它将中国传统生态智慧置于当代翻译理论研究的时空坐标中,追求传统哲学文化思想与现代翻译理念的联结。这种联结如下所述有着多方面的体现。

①中国传统翻译中的"适应"思想,与当代翻译适应选择论中的"适应"和"选择"理念一脉相承。翻译自古讲求适应,中国自古以来翻译中的"适应"与"选择",与生态翻译学的奠基性研究——翻译适应选择论中的"翻译即适应与选择"的基本理念并无抵牾,可以说是一脉相承的。例如,道安于公元382年在《摩诃钵罗若波罗蜜经钞序》中指出:"然《般若经》,三达之心,覆面所演,圣必因时,时俗有易;而删雅古以适今时,一不易也。"这说明,"圣人"本是按照当时的习俗进行说法的,而今时代不同,所以要改古以适今。而近代,严复的翻译,更是体现了适应与选择的思想。

②生态翻译学与西方古代的生态整体思想也颇为一致。我们知道,生态翻译学的发展以"翻译适应选择论"为基础,从生态学视角对翻译进行综观整合性研究,关注和强调翻译生态系统的整体性。而这种生态整体观,古已有之。古希腊的"万物是一""存在的东西整个连续不断"等可谓生态整体主义的最早发端。即使在近现代,学者们对整体、关联的研究和论述也从未间断,如美国生态学家巴里·康芒纳(Barry Commoner)提出了四条"生态学法则"。

③生态翻译学是一种后现代语境下的翻译理论形态。它具有现代性,表现在它不仅是一种跨学科的、多学科交叉的产物,而且是当代翻译学理论研究的延伸与转型,是翻译学由传统单一学科视域转向当代跨学科整合一体的发展趋势的反映。

可以看出,古今中外关于适应、选择、生命、生态、生态系统等基本概念和思想具有一致性和继承性,体现了包括翻译学者在内的当代学人对"古今贯通"的学术追求。

(2)"中西合璧"的学术追求

"中西合璧"是中西密切的文化交流的结果,它使得"我中有你"和"你中有我"成为一种必然。在经济越来越全球化和国际化的今天,这种"中西合璧"的研究情形更是如此。在这样的情势之下,学术研究呈现以下两种情形。

①许多领域研究中越来越提倡和推崇中西兼容的研究视角和研究结果。

②各领域研究中纯粹西方的或纯粹中国的已很难严格地区分。

在生态翻译学研究的过程中,"中西合璧"可以说是其始终如一的学术追求。这一学术追求明显地体现在以下几个方面。

①虽然生态翻译学显示了浓重的"中国情结",但这并不表明它忽视或排斥西方学术思想和翻译理论。事实上,生态翻译学不仅借鉴和吸收了西方现代翻译理论研究的精神和方法,而且该理论另外两个重要的哲学基础——当代生态学的理论基础、生态整体主义都是来自西方的科学思想。因此,生态翻译学研究在理论基础、研究方法等方面的"中外互见"和"东西交融"便显得很自然了。

②生态翻译学的奠基性研究"翻译适应选择论"发端于中国香港,而香港是"中西交汇"之地;生态翻译学全面展开于中国澳门,而澳门又是"华洋融合"之城。这些并非巧合的现实,无疑又为生态翻译学的产生和发展徒增了地理环境、人文氛围、哲学渊源等方面的浓厚色彩和隐形支撑。

③生态翻译学的命题是由中国学者首先提出的,生态翻译学也是首先使用中国话语的叙事方式书写的,因此可以说,生态翻译学显示了浓重的"中国情结"。尽管理论的抽象性和普遍性使得理论本身不具备明显的国别特征和特定的文化指向,但理论学家们却有着他们各自的国籍和成长的文化环境。如同不少人文社科理论(如后殖民主义、女性主义等)都会不同程度地折射出各自文化背景和研究者主观印记的情形一样,由中国学者创导的生态翻译学也必然会打上中国文化的烙印,并体现着"中国话语"和思维方式。

综上不难看出,生态翻译学的提出和构建在一定意义上体现了"中西合璧"的特征。由此,我们也希望在翻译学研究领域里,生态翻译学研究能够成为"中国话语"与"西方话语"平等对话交流的话题和契机。

2. 开放性/普适性的范式特征

作为一项从生态视角对翻译进行综观审视的整合性研究,生态翻译学已初显其开放性和普适性的基本范式特征。

(1)开放性的范式特征

生态翻译学是开放性的、整合性的。所谓"开放",是指多种不同事物间进行物质、能量、信息交换,以不断地壮大自己。开放不仅是生存规律,也是生态原则。把这个原则用于生态翻译学研究,表明生态翻译学虽然有自己的范式,但这个范式不是固定的而是开放的,要通过对外来文化和"他者"翻译理论的不断吸收和包容,不断使自己的范式得以完善。

西方各种翻译理论派别的理论有许多精彩和合理的方面,是时代的新的理论创造,新的理论成果;但是由于受时空、地域、文化、视野的限制,也都有它的不足或不能整体适用的方面。因此,在阐释生态翻译学的基本理论时,我们一直把吸收与扬弃、整合与超越、传承与发展的基本原则作为构建生态翻译话语体系的指导原则。我们努力吸收各个翻译流派合理的内核,扬弃其失之偏颇部分;整合生态翻译学的理论共识,力求超越不同流派的局限;传承中西译学传统的智慧,把翻译研究作为发展生态翻译学的出发点和归宿。这是一种进行各种学派的理论整合、建构自己多元统一的理论范式。

(2)普适性的范式特征

由于生态学是"元"科学,生态取向是一种综合学科取向,生态学作为一种方法论对普遍的社会思维方式进行着支配,它既是一门对社会产生广泛影响的学科,也是一门对人类生存发展具有终极意义的学科。此外,由于生态视角的翻译研究是生态理性关照下的翻译研究,或者说是运用生态哲学进行的翻译研究(如整体平衡原理、共生共存法则、多样统一规律等),是一种具有哲学意义上的和方法论意义上的翻译研究;而作为从生态视角审视翻译的普通理论,生态翻译学又是一个涉及"译学""译论""译本"的整合性研究,因此它的普适性将会越来越明显地呈现。

三、基于生态哲学的翻译教学发展

传统的翻译教学法多以传统语言学理论为基础,从分析两种语言特点对比入手,然后分别介绍常用的方法技巧,如词性转换、词量增减、词义分合、语序顺逆等;教学顺序也多是从词法到句法,先讲词的词义选择、词性转换、词数增减,再讲句子的分合、换序,后讲段落篇章的衔接连贯。以这种理念安排教学活动,似乎符合由浅入深、从易到难、循序渐进的学习规律,可以有条不紊地选择翻译材料,系统规范地完成教学计划。然而由于传统的翻译教学法多基于两种语言的词法、句法对比练习,学生的语言能力可能得到加强或提高,可是他们能否适应实际工作的需要却值得怀疑。也就是说,学生在课堂上接触了大量的译例,掌握了足够的翻译技巧,能随意举出增词减词、正反表达的例子,却不见得对真正从事翻译实践有多大的帮助。

从生态翻译学的视角看,出现脱节现象的根本原因是,技巧的运用与译例的选择脱离了翻译系统的整体性观照。生态整体论认为,部分的性质由整体决定,而双语对比与翻译技巧,多基于语言的语音层、词汇层、句子层等子系统层面,每一部分的译例和练习大多是相互独立、互不关联的。由于缺乏整体视角观照，一个译例应用某翻译技巧之后得到的译文，孤立来看，可能简洁精练、流畅可读，好像非此不成佳译。例如，讲授基于英汉语形合意合法对比的省译技巧时，往往建议不要将"as / when..."译为"当……的时候"，否则译文会啰唆拗口、句式欧化。然而，我们若考虑译文系统整体的功能和效果，上述建议便值得商榷。例如，有时为体现语体上的庄重舒缓，"as / when..."若仍用省译就不一定可取。因为在具体翻译实践中，作为翻译活动主体的译者所实施的任何增减分合等技巧，表面看是语言转换所致，实际是译者为适应当时的翻译生态环境而做出的程度不同的动态选择。翻译教学中应尽力重塑译者的翻译生态环境，才能使技巧的讲解与运用得到合理的定位。而基于静态的语法和语言对比所演绎出的翻译技巧，忽视了有生命的翻译主体与翻译生态环境的互动，把技巧当成了解决翻译问题的工具和灵丹妙药，结果必然出现翻译技巧学后无用、不教不学也一样会译的尴尬局面。

因此，为教学方便而分别教授的技巧方法，在具体应用时，应考虑到翻译活动的有机整体性。组成这一整体的内部各因素，应服从整体的独有特性和功能。判断某个翻译技巧或译例的价值，需整合考虑其所在系统中各因素之间相互影响的复杂关系，用系统的整体性视角衡量翻译技巧与译文的优劣得失，避免就事论事，脱离翻译生态系统整体效果和功能而做简单的优劣判断。

同样，按照传统语法讲授的体系，分别以字词、词组（搭配）、短语（习语）、句（分句、长句）、段落（句群）、篇章（话语）等作为翻译单位，循序渐进地开展翻译教学，也难以收到预期效果。首先，从词到篇的排列，反映的是语法结构由简单到复杂，而这并不意味着翻译难度在逐步增加，也就是说，译词不见得比译词组容易，译篇也不见得比译句更难。在翻译生态系统中，从词到篇，或从篇到词，总是处于不断相互影响、相互作用的状态，呈现出非线性排列的复杂性状态，形成一个统一的整体。不论以何种语法单位作为翻译单位的切入点，都只应看作方便开展教学活动的权宜之计，难免带有一定的主观随意性。如果说，上述语言单位的有规律排列对于单纯的外语教学具有一定的科学性，但将其移植到跨语言、跨文化、甚至跨时空翻译生态系统中时，其合理性已很难被保留下来。

如前所述，生态学的整体观不认为整体的功能等于各组成部分功能之和。当要素按照一定规律组织起来且具有综合性的功能时，就会由于相互联系、相互作用而出现不同的功能，涌现出新的特质，这是各要素独立存在时所没有的。所以，从生态整体论的整体与部分的功能关系来看，分别讲授词、词组、短语、句、段落、篇章等翻译单位的简单组合，不一定能实现某一特定翻译活动的整体功能。像翻译这样的复杂活动，翻译的整体效果绝非是所有以词句为单位的译文相加就能够实现的。

此外，翻译教学中的译文正误辨析常被认为是提高翻译水平的重要手段之一。正误对比分析的确能让读者有所收获，并且有利于对原文的理解。如前所述，传统翻译教学观念多基于传统的语言语法教学体系，因而语言理解与表达方面的错误自然也成了翻译错误的主要讨论对象。教学双方津津乐道于误译和正译的对比分析，包括词义误解、习语误读、语法误析、文化失误等，这些多是由外语水平不足所致，多与译文表达无关。也就是说，即使他不翻译，问题依然会通过其他方式表现出来，而所谓的译文充其量只是让这些问题通过双语对比更直接地暴露出来而已。不言而喻，这种误译分析是否能提高学习者的翻译能力也有待考量。

从整体的系统论观点看，翻译（语言）错误、翻译批评与译文整体风格、综合效果不一定存在线性因果关系。也就是说，一词一句的翻译可能做到语法准确、语义无误，但如果将其置于整体翻译环境中，就可能发现所谓的错误要么无伤大雅，要么与翻译活动无关。正如一些学者所说，"如果只要找出一定量的翻译错误就可以否定一位译者的话，则中国的翻译大师们可能无一幸免，而中国的翻译业也将会寸步难行，这是我们翻译界人，尤其是翻译批评界人值得特别警醒的"。当然，此言绝无意提倡不顾忠实的胡译、乱译，而是意在表明如果把翻译错误定位于语言理解与表达的失误上，那么尽管译者把每个词都译得准确得体，却不见得能合成一篇浑然一体的佳作。

其实，如果我们把错误分为二元性错误与非二元性错误，那么语言使用错误当属于前者，翻译错误则应属于后者。非二元性错误不是"非对即错"，而是不同选项相对而言得体程度不同而已。可见，二元性错误为语言能力不足所致，而翻译活动的前提是译者已具备足够的双语能力，否则翻译活动无从谈起。虽然双语能力尤其是外语能力的提高永无止境，但人类出于交际需要而进行的翻译活动并不是以提高译者的语言能力为目标的。所以，翻译教学中由于双语语言能力不足所导致的原文理解错误以及译语表达失误，都应视为非翻译过程错误。真正发生在翻译过程之中的所谓错误则关涉到译者的选择问题，而这些选择受制于译者意识到或未意识到的多重因素，如译者的文化观、意识形态操控、翻译策略的选择等，呈现出非二元性。明确这种非二元性，就是承认翻译活动的创造性和人文性，这才是提高翻译能力的关键。

第二节 高校翻译教学的发展策略

一、树立正确的翻译学习观念

新时期教育文化体制不断改革，翻译教学应该在教师的指导下展开以学生为中心的教学，充分强调学生主体作用，并充分发挥教师的指导作用。通过具体的调查结果可知，在目前的高校翻译课堂上，教师的授课时间占了较大的部分，留给学生自己的时间相对较少。因此必须要树立起正确的翻译学习观念，培养学生自主学习的能力。

（一）从教师的层面来讲

1. *加强学习方法的指导*

学生在进入高校学习以后，中学阶段的学习方法已经不能够满足高校学习生活的需要。高校学习是专业性的学习，不同学科之间在性质和难度上存在一定的差异性，需要运用不同的学习方法。对于外语专业而言，翻译是其中难度较大的一门课程，不仅需要掌握一般的学习方法，而且需要具备一定的认识论方法基础。对此，高校教育工作者必须要给予高度重视，要在课堂教学阶段引导学生运用科学的学习方法进行学习，并且在现有学习方法的基础上探索出符合自身学习情况的学习体系。比如，教师在培养学生的翻译能力时，要将自身总结出来的学习经验告知学生，让学生有计划地独立展开预习。同时教师要突破教材的体系和具体的教学内容，利用丰富的课外知识帮助学生巩固翻译知识，引导学生形成自己的思路，建立独立的知识体系。

2. *深化教学范式的改革*

学习的根本在于发挥学生的主观能动性，想要从根本上提高教学质量、提高学生的翻译能力，就要教会学生学习。首先，教师要教育学生正确地理解和处理知识、能力和智力三者之间的关系，在传授知识的同时开发学生的智力，改进学生的学习方法。其次，教师要帮助学生掌握智力劳动的具体方法。比如，在翻译能力的培养上，要引导学生通过多种途径主动获取知识，不只是从教辅书上学习，还可以阅读课外参考书、字典、词典、索引等各种和翻译相关的资料汇编工具书，或通过听广播、看电影等各种形式的实践活动学习翻译知识，要让学生掌握观察、分析、比较、判断等各种锻炼记忆力的方法。最后，教师要注意自身的示范作用和教学方法，调动学生的积极性，让学生养成正确的学习态度，形成良好的学习习惯。

（二）从学生的层面来讲

1. 树立起全面学习的观念

树立正确的学习观，学生自身的作用尤为重要。首先，学生要树立起全面学习的观念，全面学习包括了两个方面的含义：一是要学习德才兼备，二是要处理专精和了解之间的关系。当今社会是现代科学技术飞速发展的社会，学生想要胜任未来的工作，就必须要在基础知识之上进一步学习专业内容，拓展知识面，加深知识的认知程度，朝着全面化的方向发展。对于外语专业的学生而言，既要保证拥有扎实的知识理论基础，而且要具备精深的专业知识和翻译技能，这样才能够成为翻译领域的专家。

2. 树立起终身学习的观念

终身学习的观念是将学习贯穿到人的一生之中，形成一个连续不断的学习系统，而且要把学校学习拓展到家庭学习和社会学习，形成一个一体化的学习体系。终身学习的思想在中国古代就已经出现雏形，《论语》中更是体现了孔子终身学习的思想。在国外，古代的哲学家和教育家也提出了终身学习的思想。随着时代的发展，终身学习成为新世纪的生存概念，对大学生提出了全新的要求。外语专业的学生要在接受高等教育期间掌握翻译所需要的工具性知识和学习技能，养成学习的习惯，形成综合性和整体性较强的学习方法和学习结构，从而提高自身的翻译能力。

3. 树立起数字化学习的观念

21世纪是网络信息时代，数字化媒体已经成为国民学习、交往的重要工具。同时，数字化媒体也为人们带来了丰富的资源宝藏，其中数字化图书馆、数字化光盘、网络讨论区等资源具有形式多样化、获取时效性较强等特点。这些都让学习成为一种自主、平等的选择，为学生提供了方便快捷的学习工具。因此，在网络信息时代，高校学生要学会利用数字化媒体进行学习。比如，外语专业的学生可以利用网络和国外的网友进行在线交流，增加自己的词汇量，了解外国人的语言习惯。这样一来在翻译过程中也能够更加顺利，准确性也会逐渐提高。

（三）从高校的层面来讲

1. 营造良好育人环境

就目前高校翻译教学存在的主要问题来看，有学者认为，问题的关键在于我们对高校翻译教学缺乏正确的认识与定位。对高校翻译教学目标加以科学的定位，则教学指导思想的确立、教学设计的完善、教材的建设、教学队伍的培养、教学方法的改革都有了一个基本的出发点。只有这样，高校翻译教学才有可能摆脱目前在应用语言学的束缚下难以展开的尴尬局面，向科学系统的方向迈进。

在这种情况下，首先，学校要明确自身的人才培养目标，这也是学校教育工作的首要任务。人才培养的质量是高校生存和可持续发展的关键，只有保证培养出来的人才符合社会需求、就业顺利，才能够形成良性循环。其次，学校制定的人才培养目标应该凸显出人才培养的特色。以英语专业为例，想要让培养出来的学生脱颖而出，形成自身的核心竞争力，学校就要从国家经济发展的需求出发，按照社会和经济发展的需求设置具体的专业。如可以设置商务英语、旅游英语等专业型、复合型和应用型的专业，为区域和地方社会的发展培育高素质人才。

2. 注重学生"三观"教育

兴趣和需求会调动人的学习积极性。在调查中可知，能够驱动大学生学习的动机大多数属于较低层次的直接性动机，而时代使命感和责任感等远景性动机的驱动力相对较弱。因此，高校必须要加强思政教育工作，注重对学生世界观、价值观、人生观的教育，利用多年来中华民族的优秀传统文化教育学生形成远大的理想，引导学生构建正确的三观。此外，学校还要让思政教育工作渗透到学校的各项工作中。比如，学校可以对思政课进行改革，在原有教材内容的基础上进一步深加工，让思政课的教学内容符合市场经济发展建设的需要，让学生更容易接受思政课程。

3. 加强校园文化建设

校园文化是一个学校意识形态的综合，包括了学校全体人员的思想素养、道德素养、价值取向等多个方面。加强校园文化建设，是从文化的角度对大学生的观念进行影响，可以起到一定的干预效果，且这种非强制性的干预更容易被大学生接受。高校中的文化活动内容对大学生的心理健康有着直接的感染力，同时文化活动也是高校的特色和魅力所在。以班级为例，班级是高校的基本单位，班风的好坏会对班级整体和个体的发展造成影响。因此，高校必须确保组建健全的班集体，保证班级成长方向正确、目标明确、机构健全，保证成员具有组织性、纪律性，以此保证班级的个体在一定的约束下展开校园生活。

二、提升教师的教学素养

（一）开展"专项式"翻译实操校本教研活动

为了推动教师教学素养的提升，应积极开展外语翻译专项校本教研活动。应打破传统的教研模式，结合高校教研室、初等教育教研室、应用外语教研室等多个教研室活动的内容，去粗取精，将优化后的内容应用到外语翻译教学中，从根本上达到教研的目的。

传统的教研活动大多是会议形式，由本系优秀教师进行讲解，其他教师聆听。但是这种"灌注"式教研活动很难激起教师的学习欲望。要提升教研质量，就要摆脱传统的教研禁锢，从教学实践出发，确定问题、重塑情境、分析讨论、归纳提升。

专项教研活动的提出以不断吸收先进的学科精髓和跨学科知识为目标，将多学科教学手段、课程设置等有机整合，是一个不断提高、不断发展的新型教研活动形式。教师们应把握教学新动向，互通有无，从国际国内新形势出发，从学生的就业岗位需求出发，更新教学理念，选用符合时代发展的教材，增加实操项目的有效性，从而为我国翻译事业发展做出更多贡献。

（二）创建"名师工作室"

目前高校外语翻译优质教师资源短缺，解决这一问题既需要长远的手段，也需要目前的解决办法。创建"名师工作室"是目前解决该问题的有效手段之一。

名师工作室是由我国教育行政部门根据相关文件指导建设的教育教学研究与实践的业务组织，该组织名称由教学名师或技能名师的姓名加专业组成。名师工作室由普通教育开始创办，随着高校教育改革的深入，国家和社会对高校教育名师工作室建设工作越来越重视。

高校翻译教学名师工作室的建设由本领域教学名师带头，成员由骨干教师、行业专家组成，负责人才培养和社会培训等工作。高校外语翻译名师工作室的成员在教学名师工作室成员基础上增加企业技术骨干、院校青年教师，主要负责学生技能大赛指导工作。在工作室建设中坚持执行"引进来""走出去"的政策，在合作中求发展，在竞争中得双赢。名师工作室的教师可以互相学习，交流教学手段与理念，达到提高集体教学水平的理想效果。

1. 名师工作室的教学功能

名师工作室的功能如下。创建名师工作室可以汇集外语翻译教师到一起，大家带着不同的教育理念和实际工作经验，共同为教学谋发展、促进步，优秀资源的整合会弥补资源匮乏的不足。同时，名师工作室的创建可以衔接各系乃至各院校的教研活动，使之从独立的个体活动演变成跨系、跨校、跨区域的大团队综合性教研活动，共同解决外语教学中存在的问题。

2. 名师工作室的社会功能

名师工作室可以根据其专业特点，借助企业专家的技术建立翻译服务中心、翻译培训基地，为在职人员、退伍军人、出国务工人员、在校大学生等提供服务。

根据联合国教科文组织资料，新学科知识的更新周期一般是 2～3 年。因此，教师在教学中满足现状、停滞不前就等于落后，教师只有不断地学习新的知识、提高自己的教学水平才能够保持教学的与时俱进。

（三）搭建"研修一体化"服务合作平台

在科技高速发展、信息传递飞快的时代，解决各高校教学交流问题的方法有很多。在同一区域各高校间、各院系间搭建一个交流平台，满足"云交流"的需求，可以为本地区高校长远发展做出贡献。通过查阅资料，有学者发现很多地区都搭建了"研修一体化网络平台"。

该平台依托云建设，给各院校的老师提供优秀教学案例视频、教案课件材料等教学资源，满足教师教学需求；并开辟教师交流版块，帮助教师分享教学经验，是一种有效先进的教学资源展示平台。

该平台以区域经济发展需求为导向，为高校专业教师提供信息技术支持。"云计划"的实行使教师成为教研活动的主体，打破了地区局限，使教师可以随时随地进行教研活动，不再拘泥于固定的时间、地点、人物，方便交流与学习。

三、编写和选用符合时代要求的翻译教材

纵观我国几十年外语专业教材和外语教学的发展状况，翻译一直未受到足够重视。在教材编写方面，对翻译技巧的处理和练习完全局限于课后的句子翻译。翻译练习在很大程度上只是作为巩固课文中所学语言知识的手段，是被用来检查学生对语言知识的理解程度的。同时，很多教材在汉英翻译练习的设计中尚存在汉语句式覆盖面过窄的问题，在一定程度上弱化了这种练习形式的作用。另外，高校翻译教学所采用的材料大多局限在综合外语教材中课后的翻译练习。而这些

教材译例的选择又大多倾向于文学题材，导致学生在课外翻译实践中对涉及本专业的翻译个案常常感到束手无策。要改变这种状况必须要编写符合时代要求的高校外语翻译教材。

教材是教学内容的重要载体，也是教师教学的主要依据。教材的编写在很大程度上反映了教学的指导思想。教材编写时，既应考虑把翻译练习作为一种教学手段运用于高校外语教学以促进学生语言综合运用的能力，又应考虑在每单元练习中适当增加一些翻译理论和翻译技巧，同时配备多种形式的翻译练习以提高学生的翻译能力。在高科技迅速发展的今天，外语知识的传授应当适当增加科技、经济、国际政治等专业方面的内容，以及对一些新兴专业、高新技术词语进行翻译练习，这尤其具有现实意义。

（一）教材编写要加强对翻译理论的重视

在翻译教材的编写上，可以由权威机构牵头组织人力编写系列翻译教材。教材应理论联系实际，并且应补充新的理论观点与方法；材料要新，教学内容和语言能够反映快速变化中的时代；练习应多样化；教材不仅要着眼于知识的传授，而且要有助于学生的鉴赏批评能力、思维和创新能力的培养。

现在大多数的翻译教学材料都以介绍翻译技巧和翻译方法为主，而回避了翻译理论对翻译实践的指导作用。翻译理论的指导性在于减少实践的盲目性、因循性而提高科学性、功效性。在高校外语教材中编写翻译理论部分时，既要考虑教学目的，又要照顾学生的知识结构现状。适当导入翻译理论能提高学生的技能意识和跨文化意识。中国的翻译理论从玄奘的"既需求真又需喻俗"到近代严复的"信、达、雅"，皆为行家们从翻译实践中得来的宝贵经验，对于指导翻译实践十分有用。同时要注意教材所涉及的翻译理论不宜过深，但应比较全面和广泛。

（二）翻译教材的选用要强调翻译的实用性

随着我国对外开放的程度越来越深入，社会对相关外语专业高校毕业生的外语综合应用能力要求越来越高。对既懂专业又会翻译的复合型人才需求旺盛。国内已有高校为了满足时代的需要开设了高校外语实用翻译选修课程。在这个阶段，高校或教师可结合本专业的特点选择适当的教材，若没有相关内容的翻译教材，也可选择涉及专业内容的书籍或文章来让学生进行翻译练习。对于这一阶段所使用的教材，有学者认为其应该具有以下特点。

1. 教学内容结合学生所学专业

高校或教师要处理好专业知识、语言训练和相关学科知识之间的关系。比如可以根据社会的需要，结合学生所学专业的特点进行一些实用型文章的翻译。这样一来，由于学习主题与现实息息相关，学生能把所学的知识和技能直接运用于实际，因此也就有了更大的动力去学习翻译。

2. 倾向实用性翻译技巧

教学内容要有较强的实用性和针对性。教材无论从技巧讲解还是从练习材料选编，都要既考虑到全面性以便让学生切实打下翻译基础，又要考虑到实用性使之适合外语专业的学生毕业后工作上的需要。

3. 配备大量贴切的练习

翻译是语言转换的实践活动，是一种需要不断练习的技能。我们的教学实践证明，只有亲手动笔，经过大量各种文体的翻译练习才有可能掌握翻译技巧、提高翻译能力。因此，翻译教材中应该配备大量有针对性的、贴切的练习。

四、加大跨文化教学的力度

加强对比教学，能够帮助学生更好地进行翻译工作。而想要加强对比教学，就需要加大跨文化教学力度。

按照语言单位的大小，词汇翻译是外语翻译中最基础的内容，但是仅仅依靠纯语言学习，并不能够满足交流的需求，因为文化也是语言学习的重要的组成部分。因此，在高校外语翻译能力培养中，实行跨文化教学有着十分重要的意义。

通过相关的调查和研究发现，现阶段高校的翻译跨文化教育开展情况不容乐观，对学生学习外语文化、提高翻译能力造成了严重的阻碍，因此必须要改变这一现状。

（一）明确跨文化教学的重要作用

在高等教育中，教师作为知识的传授者，其素质和观念对学生的学习观和价值观都有着十分重要的影响。因此，高校翻译教学要注重教师国外文化的掌握情况，才能够对学生进行影响，而想要教职人员明确跨文化教育的重要性，就要做到以下几点。

①高校外语专业的任课教师要充分认识跨文化教育的本质和意义，进而了解跨文化教育的重要性，以此提高教师对跨文化教育的重视程度，并且将这种重要性告知给学生，提高学生对跨文化学习的积极性，保证跨文化教学工作顺利开展。

②高校需要为跨文化教学工作的开展提供相关学习设备，创设学习环境，保证翻译能力培养工作具备开展跨文化教育的基础条件。以某高校为例，为了提高校内外语专业学生的实用技能，额外设立了翻译课程以及翻译教室，在教室内布置相应的教学设备，并且聘请国外教师，开展外教课，让学生更好地体会到了国外文化，了解到国外的语言方式，翻译水平得到了全面的提高。

（二）提高教师自身的素质和文化

跨文化教育的良好开展不只需要教师和学生正确认识跨文化教育的重要性，还需要提高教师的自身素质。教师要在正确对待多元文化的基础上，提高自身的素质和修养。对于翻译教学和外语教师而言，教师的外语教学能力和应用能力很大程度上直接决定了教学效果和学生对外语的态度。因此，想要在翻译教学中开展跨文化教育，就需要提高教师的跨文化教学能力。比如，某高校就极为重视对教师的继续教育，教师要在工作过程中总结工作经验，深入学习，顺应跨文化教育的需求，同时该高校还开展了优秀翻译培训示范课，让教师们针对教学方法、文化词汇、翻译知识等内容进行讨论和学习，从而保证为学生带来准确的知识和正确的学习观念、学习方法等。

除了要积极参加学校组织的培训活动，教师还要通过各种途径自学外语文化知识，包括听讲座、和国外教师交流等途径，不断地汲取外语文化知识，充实完善自身的跨文化知识结构，提升自身跨文化修养，以此在教学过程中，为学生提供更加丰富的翻译教学和文化学习资源，以及能够在教学中转变思维方式，避免汉语思维模式对学生造成影响，并且通过在日常教学过程中帮助学生掌握外语思维和外语文化语境，培养学生养成外语文化思维方式，提高学生的翻译能力。

（三）营造良好的跨文化翻译学习环境

翻译能力的培养不仅需要学生在课堂上学习相关的技巧和知识，而且需要学生能够在翻译过程中保证翻译结果的规范性和有效性，能够将所学的知识技能合理应用在跨文化翻译的实践中，因此，教师和学校要尽可能多地为学生创造跨文化交流和学习的平台。比如，学校可以定期举办"英语角"等翻译学习活动，鼓励留学生等母语为英语的人参与其中，营造出良好的英语氛围，不断提升学生的英语表达能力以及跨文化翻译水平。

不仅如此，学校还要组织丰富的课外活动，鼓励学生阅读外语课外读物，观看外文电影。高校外语教师要为学生推荐适合学生阅读的英文书刊或者杂志，在这些课外读物中含有着课堂上无法学习到的知识和内容，能够丰富学生的阅历，帮助学生养成良好的阅读习惯，在此基础上，学生的外语翻译和应用能力也会得到全面的提高。同时，学校还要开展电影赏析、戏剧表演、台词翻译等多种外语比赛表演等活动，为学生营造出良好的跨文化翻译学习环境，帮助学生发展外语翻译素质，提高跨文化交际能力，为社会提供混合型人才。

五、改进翻译教学方法

长期以来，我国外语教学界在教学方法的选择上存在诸多争议，翻译教学也不例外。有学者认为，任何教学方法都有它的长处，也存在一定的片面性。所谓"教学有法，但无定法"。斯克里夫纳（Scrivener）曾指出："实际上没有任何科学根据可以让我们描述一种理想的教学方法，在高校翻译教学中也是如此。"学者不可能罗列所有的教学方法，也不可能确定最好的方法。

目前的高校翻译教学多采用 3P（Presentation、Practice、Production）方法，即讲授、练习和表达/运用，一般多结合例证解释翻译技巧，然后让学生进行课堂操练课，之后再布置一定的翻译任务进行练习。

总之，翻译教学中这种机械的操练模式在一定程度上受"行为主义刺激—反应论"的影响，虽然也有一定学习效果，但与我们以学习者为本、强调互动的教学理念有很大差距。在高校翻译教学的实施中，我们可以取长补短，采用多种教学方法及手段，以学生为主体，以现代教育技术为依托，创设互动合作的学习氛围，鼓励翻译理论学习和技能训练，并在实践中检验教学和学习效果。具体阐释如下。

（一）倡导自主学习的教学方法

该教学方法主要以人本主义教育理念为依据。教师在课堂上一方面关注学习者的整体需求，另一方面考虑学习者之间的个体差异因材施教，激发其学习动机和兴趣，培养其自主学习能力。

依据这一观点，在高校翻译教学中，应该针对学生的学习需求激发其学习兴趣和动机，结合其年龄、性别、性格、焦虑、认知风格、学习策略等方面的不同，根据教学内容设置相应学习任务，使整体性教学与个别化教学相结合，顺利完成教学目标。

此外，教师有责任指导学生选择有效的学习方法和学习策略，鼓励学生确定学习目标、培养自我评估意识，使其能够在一定范围内控制学习内容、指导自身的学习行为。

（二）鼓励合作探究的教学方法

该方法主要以建构主义和合作学习理论为依据。该方法强调在翻译教学中以任务为中心。一来因为翻译实践性和跨学科性较强，以任务形式组织教学活动有助于增强教学效果；二来目前任务型教学理念已经比较普及，大学生早在基础教育阶段对该教学模式就有所接触，且了解其程序及功能，有助于开展教学。

该方法应用范围较广，无论是翻译理论学习还是翻译实务演练，无论是知识建构还是技能操练，都可以进行任务型合作探究。

具体说来，我们可以围绕某个学习主题设定某个教学目标，将学生进行分组，组织他们按照一定的程序、顺序、进度，运用相关教学资源和学习策略，在合作探究中完成某项活动，完成一定的学习成果并达到评估要求。

（三）重视互动的教学方法

互动的教学方法强调了社会交互作用及其对学习过程的影响。学习者在学习过程中互为启发、相互影响、主动构筑知识结构。在具体教学中，这种交互作用可以体现为课堂学习活动、教师、学生与学习环境之间所存在的相互作用，而这些因素之间的积极互动必然会促进学习者知识的认知与技能的训练。如查有梁所述："教学中师生与课程师生与环境都在相互作用。只有在教学互动、互助、互联、互促的过程中才能达到预定教学目标。"这种交互作用在传统的注入式教学中是不可能的。因为在传统的学习环境（以黑板、粉笔、教材为主）中，教师一般占据主体地位，占有学习资源（如教材），在课堂上拥有话语权；而学生处于被动接受的地位，在课堂上几乎没有话语权。这时的信息交流是单向的、缺乏民主互动的。我们应该在教学中营造宽松的民主氛围，优化教学和学习环境，促进各教学因素之间的交互作用，提升教学效果。

（四）选择出贴近生活的翻译内容

建构主义理论中最为强调的内容就是学生的主体性，要求学生能够主动地思考、探索，并且发现问题，在主动学习的过程中体会知识、学习知识，承担课堂的主体任务。比如情景模拟、角色扮演等教学方法，都是一种实践性较强的方式，有利于提高学生的翻译能力，激发学生的创造力。

但同时这种方式也对翻译的内容提出了较高的要求，传统的翻译材料基本都是文学名著中的段落和句子，在实际生活中并不常见。和传统的翻译教学不同，在实践性较强的教学方法中，所选择翻译材料也具有一定实用性和应用性，可能会涉及政治、经济、文化、科技、旅游等多个方面。比如，某教师让学生翻译广告语或者一些企业介绍，将时下最流行的句子和内容放到课堂上，调动学生的积极性，此外还让学生主动寻找，选择一些自己较为熟悉或者感兴趣的翻译材料，以此提高教学效果。这种真实的翻译情景，能够从根本上让学生的翻译能力和自信心得到提升，翻译材料和内容选择的主动权也都交给了学生。

（五）强化经验论和方法论的结合

翻译是一个综合性较强、实践性很强的能力，又是一个需要基本理论指导的能力。想要提高学生的翻译能力就要开展高效的翻译教学，系统地向学生介绍翻译的基本技巧和理论，结合大量的翻译实践内容，以此提高学生的翻译技能水平。教师在教学过程中要坚持科学的方法论和经验论，在翻译过程中，不能够以表面的形式对应实质，应该抓住翻译中的实质内容，对任何方法的使用，都要坚持基本的指导原则。教师要认识到虽然翻译是一种经验科学，但是经验主义并不具有广泛的实用性，要将方法论和经验论相结合，帮助学生更好地理解翻译理论。比如，教师在教学过程中，要告知学生以实际情况为基础，学会变通，不能够一味地依靠固定的学习模式，让学生从语法、语义、语用、文体上进行分析。

（六）组织多元化的翻译实践活动

翻译教学不只要选择好的翻译材料和课堂教学方法，还要组织丰富的实践活动。在建构主义理论中格外强调了协同学习的重要性，所谓协同学习，就是要在教师和学生之间建立学习共同体，一起分享学习资源、学习经验和学习效果，在这个过程中，教师充当着教师"中介"作用，和学生一起讨论问题、交流、了解学生的想法。比如，可以通过集体讨论的方式，锻炼学生主动思考问题，培养学生的思维模式，让学生在讨论的过程中，实现思维碰撞，翻译水平也会得到一定程度的提高。

除了课堂上的实践活动之外，还可以到事业单位进行翻译实训，或者成立课外翻译学习小组，以提升学生的实践能力。需要注意的是，在这个过程中，教师一直承担的都是协助者的身份，要让学生的主动性和创造力得到真正的体现，实现知识建构，积累实践经验，提升翻译能力。

（七）采用多样化的教学授课形式

基于建构主义理论下的翻译教学，学生成为主体。因此，传统课堂中的讲授环节就必须要有所缩减，转变为少讲、精讲、多练的形式；在保证课堂实践活动丰富的基础上，还要保证有效的授课形式。

首先，教师要压缩授课时间，提问一些探讨性问题和启发性问题，将时间留给学生思考。

其次，教师要有针对性地进行性授课。根据学生的实践，引导学生感受翻译，在忠于原文的基础上，让学生充分发挥自身的想象力和创造力。

对于翻译教学而言，最关键的是基础知识的积累，这些基础知识能够帮助学生更好地理解文本中的意义，而帮助学生建立这些基础知识就是教师的主要任务。比如，教师在讲解提示的过程中，可以保留部分内容，留给学生一定的空间，让学生进行思考，启发学生，提高学生的课堂参与度。

六、创新翻译教学模式

教学模式主要是指在特定教学理论或思想的指引下，构建起来的教学框架和程序框架，能够从宏观的角度把握教学整体和各教学要素的功能及关系，使教学过程更具可操作性和有序性。因此，在创新并构建翻译教学模式的过程中，需要将认知语言学作为外语教学的指导思想与指导理论，突出"现实—认知—语言"在翻译教学中的功能和地位，将学生的语言能力作为认知能力，以此提升翻译教学的质量。

在认知语言学的指导下，外语教师应将翻译教学作为学生认知社会、认知世界、认知自我的纽带，并重新规划翻译教学的内容、过程、条件及程序。

首先是教学目标。外语教师应将扩展学生国际化视野和满足社会经济发展需求作为翻译教学的宏观目标，将培养学生跨文化交际能力、语言翻译能力（口译、笔译、临时翻译）及知识应用能力作为中观目标。并根据学生的学习差异、教学实际，制定相应的微观目标，如生活翻译、语篇翻译、翻译问题等。

其次，明确教学程序。外语教师应激发学生的翻译激情和兴趣，以认知世界、文化体验、专业发展为导向，帮助学生逐渐形成独特的学习目标，随后结合认知语言学和现代信息技术，创新翻译教学模态，使翻译教学呈现出全新的发展特征，进而在创新教学手段、教学内容的基础上，增强翻译教学的实效性。

最后是教学评价，教师必须结合认知语言学的特征和特点，制定出与之相适应的评价体系。

此外，外语教师还要在教学理念上摆脱应试教育的束缚，将翻译教学、阅读教学、写作教学、语法教学有机地联系起来。

七、改善翻译教学条件

当今社会，信息已深入人们生活的每一个角落。信息技术给翻译教学带来了机遇，也带来了挑战。面向信息化，翻译教育首先应考虑如何借鉴和采用信息科学和技术、现代尖端设备和科研成果来促进自身的发展。例如，翻译教学过程的优化问题，应考虑如何利用现代多媒体技术和信息工程，为翻译提供更加优良的教学条件、改变教师的教学方式、提高教学的前瞻性。今后，翻译人员的工作在很大程度上将借助信息技术手段，因此，在教学中应吸收和引进机译系统和计算机辅助翻译技术，增加教师培训，使其掌握先进的翻译辅助方式。同时，网络资源的丰富为教学实践带来各种以前无法想象的可能性，教师要加强利用网络资源进行校内实践教学。

（一）建立网络实验室

网络翻译实验室除了具备普通网络实验室的功能之外，还应该可以运行机器翻译软件和翻译数据库，模拟现场翻译运作，如通过网络与客户建立联系，及时向客户通报翻译进度，了解客户的要求并调整翻译方案。利用翻译软件辅助翻译，进行文字校对、排版、打印，利用翻译数据库调取库存信息，以及及时将翻译更新存入数据库等功能，可以提高翻译效率和翻译的准确性。面对扑面而来的信息化浪潮，高校翻译教学也要跟上时代的步伐。要注意引进、消化、吸收和应用机译系统和计算机辅助翻译技术方面的新技术、新产品，重视利用网络信息技术（如网络资讯、网络翻译、电子邮件传输）来培养学生的基本技能，提高翻译绩效。

高校应加大翻译教师培训投入的力度，努力使翻译教师掌握现代信息技术，为翻译教学服务。从事翻译教学的教师掌握现代信息技术可以从以下几个具体的方面做起。

①进行教学课件制作培训，提高教师教学课件的制作水平。
②建立翻译教学主要涉及领域语料库。
③学习机器翻译辅助软件，如 Trados 等。有学者认为首先要有会这种软件的教师，才可能教出有这方面技能的学生。

（二）搭建有效的网络互动平台

多媒体技术的开发和出现，为翻译教学提供了全新的途径。高校应通过多媒体技术，加强对教学资源的管理，让信息技术和翻译课程进行有机结合，在最大限度上构架有效的教学平台，将网络当作师生交流的基础互动平台教学，提升教学质量。

1. 搭建师生互动平台

网络互动教学平台的建立，为师生之间的互动、交流提供了途径。比如，教师可以在平台设置相应的学习版块，让学生自主地展开学习，同时，在平台上对学生的学习情况做出成绩评估和意见反馈，使师生之间的距离缩短，沟通和互动明显加强，学生的学习自主性也会得到提高。

2. 搭建译者交流平台

在网络互动平台上，不只是师生之间可以进行交流，学生之间也可以进行交流，只要是对翻译有需要的同学都可以进入这个平台，实现在线交流，并且对作品进行评论或者指正。比如，学生可以在这个平台之上，发布自己的问题和译文，不只教师可以进行回答，学生也可以互相讨论。这样一来，不只可以达到资源共享、经验交流的目的，还能够锻炼学生的思维能力和分析能力，因为讨论的过程就是学生提高自身能力的过程。

3. 搭建在线作家平台

在平台之中，不只是学生和教师，还可以邀请原文作家参与其中。在平台之上，学生和教师可以和文本作者进行互动，以此对翻译内容和翻译知识的理解更加全面、具体。这也为教学内容设置和具体的翻译能力提供了参考和借鉴。比如，邀请英文原本作者进入平台，学生通过和作者进行交流后，可以更加理解译文的核心内容，在翻译过程中也会更加顺畅，以此培养在实际应用过程中所需要的翻译技巧。

4. 搭建供需联系平台

这种有效的教学网络互动平台，也是一种供需平台，能够加深知识理论和具体实践之间的关系，帮助学生有效提高自身的翻译能力。比如，企业可以将需要翻译的资料放在平台之上，供学生参考，在这过程中，学生就会思考自己是否适合企业所提供的职位，企业也可以通过学生的翻译情况，考察学生的实际能力，加深彼此之间的了解，形成双赢。

综上所述，在这种全方位、立体化和信息化的网络互动平台的指导和帮助下，学生对翻译的理解会更为彻底，实践和理论会得到有机结合，学生的学习兴趣会得到提高，学习的主观能动性也会不断提升，有效教学得以实现。

（三）利用网络资源进行校内实践教学

在网络高速发展的今天，翻译实践已摆脱了过去只有去公司才能实习的局面。目前，一些翻译公司招聘兼职译员。同时还有很多专业平台如"威客"等提供在线翻译服务。教师可以组织学生利用网络，进行实践。要做好这一点，要注重以下几个方面。

1. 教师组织、合理安排

在学生没有此类经验之前，教师应组织学生进行相关实践。例如，首先制定投标方案或者以翻译小组名义向翻译公司投递兼职翻译求职信和简历。然后组织学生进行投标或者试译。通过后进行下一步，如果失败，及时总结经验、教训。第三步，学生分组翻译，提高能力。第四步，学生获得报酬，总结经验。

2. 将网络实习成绩纳入考核方式

以前的翻译考试，一张考卷定终身，但是由于翻译考试形式单一，有时考试内容涉及上课教师讲授的部分，因此很难完全体现学生的翻译水平。将网络社会实践的成果纳入考核评价机制，有助于体现公平原则，工作量和报酬则是社会对学生翻译价值的体现。同时，这种考核还可以提高学生的学习积极性，使学生爱上翻译，主动解决翻译过程中遇到的问题，真正做到求知若渴。

3. 将网络实践和课堂教学结合起来

由于学生的主要任务还是学习，因此课堂教学依然起到提纲挈领的引导作用。万万不能使学生把大部分时间花在网络接活、挣钱上。网络是媒介、手段，但不是全部。教师要正确引导学生利用实践锻炼自己，应用所学翻译知识，发现问题，解决问题，总结经验，而不是一味地埋头苦翻。

八、完善教学评价机制

教学评价是教学过程的重要组成部分。它根据教学目标制定评价标准，运用技术手段对教学活动的过程、结果进行测量，进行价值判断。在相关研究中，有学者通过反复听课，并根据课堂实际情况完善评价内容，对教学效果综合性评定，改进外语翻译教学。教师在教学过程中多根据本学科特点对学生进行思想教育，板书设计规范合理，运用多媒体教学。教师多能够遵照认知规律选择教学方法，对多种教学方法优化组合，形成性练习题数量简洁、文字精练、表达准确、便于检测。通过表格细化评价角度，能够帮助教师从各个方面改进教学。

评价是对学生学习成绩、教师教学质量和课程进行评价。评价方式在原有分值计算方式基础上［期末成绩100%=平时成绩80%（出勤、课堂表现、作业）+期末成绩20%（试卷）］加以细化，将进行阶段性的考查成绩计入总成绩。考察可以通过随机测试、检查作业、口头提问等形式，考试可以安排在课前，也可以在课中、课后。评价多采用多元化外语翻译课程评价方式。

高校外语专业的学生个体存在诸多差异，主要体现在知识基础和能力水平两个方面，教师的评价机制不采用统一标准，必须要因个体的动态发展为基准，建立完善评价体系，全面照顾个体的特征指数而进行考核。

传统的评价方式以成绩作为基础指标，新的教学目标将学生创新能力、团队协作精神、个人心理素质及情绪把控等因素作为评价参考，将评价机制划分为质、量两个部分，最终形成总结性评价。教师对学生课堂表现打分，对阶段实操训练打分，对期末考试理论与实操两部分打分，对学生的职业规划与岗位角色建立度等多方面表现打分，最终形成学生的总体性价。高校从大一开始对学生评价进行记录，形成档案制管理，结合上次评价，与本次评价进行对比，形成本次最终评价，使课程评价成为学生发展的内部需求。

参考文献

[1] 秦礼峰. 中西文化差异下的英汉翻译技巧研究［M］. 成都：电子科技大学出版社，2017.

[2] 马予华，陈梅影，林桂红. 英语翻译与文化交融［M］. 长春：吉林人民出版社，2017.

[3] 郝彦桦，李媛. 当代英语翻译与文学语言研究［M］. 成都：电子科技大学出版社，2017.

[4] 张晶，张建利，刘英杰. 英语教学改革与翻译实践研究［M］. 长春：吉林美术出版社，2017.

[5] 任林芳，曹利娟，李笑琛. 中外文化翻译与英语教学研究［M］. 西安：世界图书出版西安有限公司，2017.

[6] 黄俐，胡蓉艳，吴可佳. 英语翻译与教学实践创新研究［M］. 成都：电子科技大学出版社，2017.

[7] 陈雪松，李艳梅，刘清明. 英语文学翻译教学与文化差异处理研究［M］. 西安：西安交通大学出版社，2017.

[8] 高苗. 多元视角下的英语翻译教学研究［M］. 北京：九州出版社，2017.

[9] 郭蕾. 英汉语言对比与中西文化差异研究［M］. 北京：现代教育出版社，2018.

[10] 李雯，吴丹，付瑶. 跨文化视阈中的英汉翻译研究［M］. 长沙：湖南师范大学出版社，2018.

[11] 孙宝凤. 英语翻译多维视角探究［M］. 北京：九州出版社，2018.

[12] 张景华. 当代西方翻译理论的借鉴与反思［M］. 湘潭：湘潭大学出版社，2018.

[13] 武光军. 翻译教学中的学习者因素研究［M］. 上海：上海交通大学出版社，2018.

[14] 阮榕榕. 中外文化翻译教学与实践研究［M］. 长春：吉林人民出版社，2019.

[15] 苏辛欣. 跨文化交际视域下的翻译教学［M］. 长春：吉林人民出版社，2018.

[16] 蔚然，赵韶丽，杜会. 当代英语翻译理论与实践的多维视角研究［M］. 北京：中国商务出版社，2020.

[17] 杨馨，朱彦臻，田申. 英语翻译理论与方法研究［M］. 长春：吉林人民出版社，2019.

[18] 郑丹，张春利，刘新莲. 当代大学英语教学体系建构与实践研究［M］. 北京：中国纺织出版社，2019.

[19] 侯晓丹，刘亮，蒙玉鸾. 新时期英语翻译教学方法与策略［M］. 长春：吉林人民出版社，2019.

[20] 佟丽莉. 语言学与英语翻译教学的多维度探析［M］. 西安：陕西科学技术出版社，2020.

[21] 陈杰. 浅谈翻译理论在翻译教学中的运用［J］. 佳木斯职业学院学报，2016（09）：298-299.

[22] 田宏标. 英语翻译理论与实践课程教学方法研究［J］. 中国民族博览，2019（10）：119-120.

[23] 孙佳佳. 以培养应用型人才为目标的大学英语翻译教学改革探索［J］. 产业与科技论坛，2020，19（15）：126-127.

[24] 黄永平. 功能翻译理论引入大学英语教学的实践与思考［J］. 教育教学论坛，2020（02）：229-230.